Marianne Giesert/Tobias Reuter/
Anja Liebrich (Hrsg.)
Arbeit mit Sinn
Für ein erfülltes
(Arbeits-)Leben

VSA: Verlag Hamburg

www.vsa-verlag.de

Institut für Arbeitsfähigkeit GmbH – Giesert, Liebrich, Reuter
Marianne Giesert
Tobias Reuter
Anja Liebrich
Fischtorplatz 23
D-55116 Mainz
Tel: +49 (0)6131 603984-0
Fax. +49 (0)6131 603984-1
Mail: gutentag@arbeitsfaehig.com
www.arbeitsfaehig-in-die-zukunft.com
www.facebook.com/arbeitsfaehig

Druck und Buchbindearbeiten: Beltz Bad Langensalza GmbH
ISBN 978-3-96488-059-8

Marianne Giesert/Tobias Reuter/Anja Liebrich (Hrsg.)
Arbeit mit Sinn

I Inhalt

▌ Erfolgsfaktoren und unterstützende Ressourcen

▌ Ausblick

I Vorwort

 Wir befinden uns inmitten einer der größten und dyna-
mischsten Veränderungen der Arbeitswelt, die wir seit
der Industrialisierung und Automatisierung erleben.
Digitalisierung, künstliche Intelligenz und die Notwendigkeit einer nachhaltigen Wirtschafts- und Arbeitswelt
prägen unsere Arbeitsgegenwart. Unternehmen entwickeln innovative Ansätze, um zukunftsfähig zu bleiben, aber auch
um attraktiv für Arbeitnehmer und Arbeitnehmerinnen zu sein. Viele
Beschäftigte legen zunehmend Wert darauf, dass ihr Arbeitgeber einen
achtsamen Umgang mit Umwelt- und Arbeitsressourcen pflegt; sie
möchten, dass ihr Beitrag nicht nur ökonomischen Gewinn erzielt, sondern auch sinnstiftend ist. Arbeit hat damit nicht mehr nur den Zweck
der reinen Existenzsicherung, sondern erfüllt oftmals auch ein Streben
nach Selbstverwirklichung und Sinnhaftigkeit.

Mit den großen Veränderungen der Arbeitswelt geht oft ein Gefühl
der Verunsicherung einher. Menschen brauchen Sicherheit im digitalen Wandel und die Gewissheit, dass ihre Arbeitskraft auch weiterhin gebraucht wird. Deswegen hat die rheinland-pfälzische Landesre-
gierung einen Rat zur Gestaltung und Begleitung des Strukturwandels
ins Leben gerufen, um die Veränderungen der Arbeitswelt so zu gestalten, dass Unternehmen und Beschäftigte gleichermaßen davon profitieren. Gemeinsam denken wir die Arbeit der Zukunft neu und das geht
nur, wenn alle Beteiligten diesen Prozess mitgestalten. Durch Weiterbildung werden Arbeitnehmende auf Veränderungen vorbereitet, weiter-
qualifiziert und damit gestärkt. Eine engere Vernetzung von Wirtschaft
und Wissenschaft treibt Forschung und Innovation voran und sichert
damit die Arbeitsplätze der Zukunft. Digitalisierung bietet dabei große
Chancen. So können beispielsweise flexible Arbeitsmodelle dazu dienen, Umweltbelastungen zu verringern, die klügsten Köpfe aus nah und
fern für attraktive Arbeitsplätze in unserem Land zu gewinnen und die
Vereinbarkeit von Privatem und Beruf zu verbessern.

Das vorliegende Buch liefert Denkanstöße, Instrumente und Strategien für eine sinnstiftende, wertschätzende Unternehmenskultur in
einer zunehmend digitalisierten Arbeitswelt mit dem Ziel, die Arbeitsfähigkeit und Gesundheit der Beschäftigten zu erhalten und zu fördern.

Ich wünsche allen Leserinnen und Lesern eine bereichernde Lektü-
re mit vielen Impulsen für ihr berufliches Wirken.

Malu Dreyer, Ministerpräsidentin von Rheinland-Pfalz

Marianne Giesert/Tobias Reuter/ Anja Liebrich
Einführung

Das Jahr 2020 und vielleicht auch die folgenden werden wegen der Corona-Pandemie in Erinnerung bleiben. Wir können schon jetzt bilanzieren, dass diese Krise erheblichen Einfluss auf unser gesellschaftliches, individuelles Leben und die Arbeitswelt hat. Sie zwingt viele Betriebe in die Kurzarbeit oder gar in die Insolvenz und auch die Arbeitslosenzahlen gehen in die Höhe, Existenzängste nehmen zu. Auch wird Arbeit zwangsweise neu gedacht. Vor allem das Homeoffice, wenn es die Tätigkeit zulässt, erfreut sich hoher Beliebtheit, um der Krise zu begegnen. Viele Betriebe signalisieren schon jetzt, dass sie es auch nach der Krise ihren Beschäftigten im verstärkten Maße anbieten möchten. Und zuletzt rücken die sogenannten strukturrelevanten Berufe in den Fokus. Wir merken, wie wichtig es ist, dass die Supermärkte geöffnet haben. Wir applaudieren den Pflegekräften und Ärzten für ihre Arbeit und zollen auch den LKW-Fahrern und der Müllabfuhr Respekt. Die Corona-Krise verändert den wahrgenommenen Wert der eigenen Arbeit, aber auch den Wert der Arbeit von anderen. Vielleicht führt diese Krise dazu, dass zum einen über die Bedeutung von Arbeit aber auch deren monetären Wert neu gedacht wird. Wir werden sehen, wie nachhaltig diese veränderte Wahrnehmung ist und wieviel Wertschätzung – auch monetäre – am Ende wirklich bei diesen Beschäftigten ankommt.

Auch vor der Corona-Krise standen bereits die Themen Wertschätzung und Sinnhaftigkeit der Arbeit vermehrt im Fokus. Unternehmen treibt das »Streben nach Sinn« um, da sie auch in Zeiten des Fachkräftemangels oder des »War of Talents« ein attraktiver Arbeitgeber sein möchten. Arbeit muss hierfür kritisch reflektiert und neu gedacht werden. Die Frage, wie »sinnvolle« Arbeit aussieht, beschäftigt dabei nicht nur Unternehmen und Behörden. Die Frage nach sinnvoller Arbeit ist ein politisches Thema, in dem neue Möglichkeiten und Strategien für eine »neue« Arbeit diskutiert und entwickelt werden.

Bereits in den 1948 verkündeten Menschenrechten der Vereinten Nationen finden sich Andeutungen und Forderungen nach sinnvoller Arbeit. Im Artikel 23 wird formuliert: »Jeder hat das Recht auf Arbeit, auf freie Berufswahl, auf gerechte und befriedigende Arbeitsbedingungen sowie auf Schutz vor Arbeitslosigkeit.« In Artikel 10 der »Allgemeinen Erklärung der Menschenpflichten«, die als Ergänzung der Menschenrechte 1997 durch das InterAction Council den Vereinten Nationen vorgelegt wurde, wird noch präziser formuliert:»Alle Menschen haben die Pflicht, ihre Fähigkeiten durch Fleiß und Anstrengung zu entwickeln; sie sollen gleichen Zugang zu Ausbildung und sinnvoller Arbeit haben.« Die Ermöglichung des Zugangs zu sinnvoller Arbeit als allgemeine Menschenpflicht – dieses Ziel verdeutlicht noch einmal mehr die politische und gesellschaftliche Dimension der Frage danach, was sich hinter dem Begriff der »sinnvollen Arbeit« verbirgt, und ob diese auch wirklich zu einer »besseren« Arbeit führt.

Einen Ansatz zur Näherung bietet die arbeitsbezogene Sinnforschung mit unterschiedlichen Sinnquellen (vgl. z.b. zusammenfassend Ehresmann/Badura 2018). Demnach nehmen unterschiedliche Aspekte Einfluss auf das Sinnerleben. Hier sind es unsere Überzeugungen, Werte und Gefühle, die wir als Beschäftigte mit in das Unternehmen einbringen. Wir stellen uns z.b. die Frage, ob unsere eigenen Ziele denn überhaupt zu den Unternehmenszielen passen. Kann ich meine Persönlichkeit im Unternehmen entfalten und kann ich mich weiterentwickeln? Dies führt auch direkt zur Arbeitstätigkeit an sich bzw. zum Arbeitskontext. Führen wir eine Tätigkeit durch, die wir als sinnvoll erachten? Die wir verstehen und auch als einen gesellschaftlichen Beitrag begreifen? Wird meine Sehnsucht einem höheren Zweck zu dienen gerecht? Welche Werte werden im Unternehmen gelebt? Im Weiteren spielen unsere Kolleginnen und Kollegen oder auch unsere Führungskräfte eine wichtige Rolle. Fühle ich mich sozial gut aufgehoben im Unternehmen? Habe ich das Gefühl von Zugehörigkeit? Und selbstverständlich auch diese Fragen: Macht mir meine Arbeit Freude; fühle ich mich wertgeschätzt; fühle ich mich gerecht behandelt?

Sinn bei der Arbeit ist also ein sehr komplexes Thema, dem man sich aus unterschiedlichen Perspektiven nähern kann. Aber diese Diskussion und ihre Weiterentwicklung lohnt sich. Es ist erwiesen, dass »sinnvolle« bzw. »nicht sinnvolle« Arbeit Einfluss auf die Gesundheit, Arbeitsfähigkeit und Motivation der Beschäftigten hat. So weisen Studien darauf hin, dass erlebte Sinnhaftigkeit und Aspekte wie Commitment, Arbeitszufriedenheit, Arbeitsleistung und Effizienz korrelieren (Hu/Hirsh 2017; Geldenhuys et al. 2014). Gleiches gilt auch für das Thema Gesundheit. So gibt es Zusammenhänge mit dem psychischen Wohlbefinden, Stress und Burnout, Ängstlichkeit, Depression (Arnold et al.

2007; Fairlie 2011; Ommen et al. 2008). In einer Studie von Ehresmann und Badura (2018) wird in einem Strukturgleichungsmodell aufgezeigt, dass Organisationsklima, Beziehungsklima, Führungsqualität und Führungsposition Einfluss auf die Sinnhaftigkeit der Arbeit haben und diese wiederum Einfluss auf Burnout, Fehlzeiten und innere Kündigung. Welche Möglichkeiten und Strategien können wir in den Unternehmen entwickeln, um mehr »Sinn« in die Arbeit zu bringen? Mit diesem Band möchten wir hierzu einen Diskussionsbeitrag leisten und dabei die Beschäftigten in den Vordergrund rücken.

Die ersten Grundlagen für das Thema »Sinn bei der Arbeit« liefern Franziska Stiegler und Anja Liebrich. Franziska Stiegler geht dabei aus unterschiedlichen Perspektiven auf die Frage ein: »Wie stiftet Arbeit Sinn?« Anschließend erörtert Anja Liebrich das Potenzial der Arbeitsgestaltung für mehr Sinnerleben. Jürgen Walter und Lisa Hennerkes zeigen aus sportpsychologischer Sicht, dass »alles im Kopf geschieht« und dass Entscheidungsträger so einiges von erfolgreichen Sportlern lernen können. Regina Laudel beschäftigt sich mit dem wichtigen Thema der unterschiedlichen Generationen im Betrieb und fokussiert dabei besonders die Generation Y und deren Werte und Einstellungen in Bezug zur Arbeitswelt. Ein sehr vernachlässigtes Thema ist »Basic Work«, früher »Einfacharbeit« genannt. Sie wird auch in Zukunft nicht einfach durch digitale Techniken zu ersetzen sein. Auch hier gilt es, eine sinnvolle und gerechte Arbeit zu gestalten. André Große-Jäger und Bruno Zwingmann stellen in ihrem Beitrag vor, wie sich die Politik zu diesem Thema aufstellt und agiert. Arno Georg, Gerd Peter und Kerstin Guhlemann gehen auf den »Wert der Autonomie« ein. Sie beschreiben den andauernden Prozess der Restrukturierung der Arbeit und die hohe Relevanz der individuellen Befindlichkeiten, Werte und Antriebe. Die Subjektivierung bekommt einen zentralen Stellenwert und bedarf dabei neuer arbeitspolitischer Initiativen.

Im nächsten Abschnitt werden Ansätze beschrieben, wie und mit welchen Strategien Arbeit sinnvoll gestaltet werden kann. Hans-Ueli Schlumpf stellt anschaulich sechs Gestaltungsprinzipien für sinnorientierte Selbstorganisation vor. Reinhard Lenz schließt daran an und diskutiert den Sinn gemeinsamen Handelns im individuellen Kontext. Tobias Reuter, Anja Liebrich und Marianne Giesert rücken das Thema Betriebliches Eingliederungsmanagement (BEM) als Instrument zur Gestaltung sinnvoller Arbeit in den Fokus. Daran anknüpfend zeigt Ina Riechert wirksame Maßnahmen des BEM im Kontext von Beschäftigten mit psychischen Beeinträchtigungen. Ebenfalls mit Blick auf die Individualität und Besonderheiten der Beschäftigten verdeutlicht Christoph Beyer die Notwendigkeit der »Inkludierten Gefährdungsbeurteilung« und beschreibt, auch an Beispielen, wie die Beurteilung arbeitsbedingter Belastungen bei Menschen mit Behinderung funktioniert.

Fallbeispiele aus der Praxis für die Praxis geben zudem Norbert Fröhndrich und Renate Czeskleba. Norbert Fröhndrich erörtert eindrucksvoll Sinnhaftigkeit und Werte in der Pflege und beschreibt Lösungsansätze auf die Frage: Kann Pflege in Deutschland »wert-voll« sein? Einen Blick nach Österreich können wir mit Renate Czeskleba werfen. Sie lässt uns durch Interviews mit verschiedenen Persönlichkeiten aus unterschiedlichen Unternehmen gute Beispiele nachvollziehen. Basis sind für sie die drei Dimensionen zur Sinnhaftigkeit der Arbeit von Joachim Bauer.

Im folgenden Abschnitt geben verschiedene Autorinnen und Autoren einen ganz persönlichen Einblick in ihr Sinnerleben bei der Arbeit. Christiane Wirtz beschreibt, »wieso Purpose für jeden, auch für Unternehmen, relevant ist«. Klaus Leuchter berichtet, was vor dem Hintergrund seiner jahrzehntelangen Berufslaufbahn für ihn sinnhafte Arbeit und Werte bedeuten. Jonas Bartel, Tischler von Beruf, hat für sich die ideale Arbeit gefunden und beschreibt, was sich damit für ihn verbindet. Bastien Theisen gibt uns Einblicke in die Polizeiarbeit aus der Innensicht eines Polizeibeamten. Ein für die Gesellschaft wichtiger Beruf, der nicht immer die Wertschätzung erfährt, die er verdient hat. Auch die unterschiedlichen Funktionen inner- und außerhalb eines Betriebes sollen gewürdigt werden. Evelyn Sonnberger zeigt uns anhand ihrer eigenen Lebensgeschichte den Sinn bei der Tätigkeit als Schwerbehindertenvertretung. In Sabine Schaefers Bericht aus ihrer Arbeit im Integrationsamt wird die Sinnhaftigkeit und Freude bei ihrer Tätigkeit deutlich.

Klaus Berg macht den Anfang beim Abschnitt »Erfolgsfaktoren und unterstützende Ressourcen«. Er zeigt, wie wichtig und sinnvoll die Vernetzung beim Betrieblichen Eingliederungsmanagement ist, um die Arbeitsfähigkeit und Gesundheit aller Beteiligten zu stärken. Er beschreibt die Arbeit der »Runden Tische« und deren Umsetzung und Nutzung. Mit der Initiative Neue Qualität der Arbeit INQA (www.inqa.de) existiert seit 2002 ein sehr nützliches Programm des Bundesministeriums für Arbeit und Soziales zur Gestaltung »Guter Arbeit«. Ein großes Netzwerk innerhalb dieser Initiative ist die Offensive Mittelstand, die die Zukunftsfähigkeit insbesondere von Unternehmen mit kleinsten, kleinen und mittleren Betriebsgrößen hat. Bruno Schmalen zeigt uns die Besonderheiten dieses Netzwerks unter dem Motto »Werte für Unternehmen – Offensive Mittelstand«.

Das Buch schließt mit einem Ausblick von Tom Weinhold, der den Wunsch-Arbeitgeber der Generation Z skizziert, gefolgt von den Schlussworten von Marianne Giesert, Tobias Reuter und Anja Liebrich. Wir möchten uns an dieser Stelle für die Beiträge der Autorinnen und Autoren recht herzlich bedanken. Nur durch ihre Arbeit ist dieses Buch möglich geworden. Bedanken möchten wir uns auch bei Marion Fisch vom VSA: Verlag für die gute und engagierte Zusammenarbeit.

Möge dieses Buch interessante Anregungen für die betriebliche Praxis geben sowie auch Impulse für eine persönliche Reflexion und Entwicklung beinhalten.

Literatur

Arnold, Kara A./Turner, Nick/Barling, Julian/Kelloway, E. Kevin/McKee, Margaret C. (2007): Transformational leadership and psychological well-being: the mediating role of meaningful work. Journal of Occupational Health Psychology 12(3): 193-203.

Ehresmann, Cona/Badura, Bernhard (2018): Sinnquellen in der Arbeitswelt und ihre Bedeutung für die Gesundheit. In: Badura, Bernhard/Ducki, Antje/Schröder, Helmut/Klose, Joachim/Meyer, Markus (Hrsg.), Fehlzeiten-Report 2018. Sinn erleben – Arbeit und Gesundheit. Berlin: Springer, S. 47-59.

Fairlie, Paul (2011): Meaningful work, employee engagement, and other key employee outcomes: Implications for human resource development. Advances Developing Human Resources 13: 508-525.

Geldenhuys, Madelyn/Laba, Karolina/Venter, Cornelia M. (2014): Meaningful work, work engagement and organisational commitment. SA Journal of Industrial Psychology 40: 1-10.

Hu, Jing/Hirsh, Jacob B. (2017): Accepting Lower Salaries for Meaningful Work. Frontiers in Psychology 8: 1649.

InterAction Council/Thomassen, Norbert (Hrsg.) (2017): Verantwortung – Die Allgemeine Erklärung der Menschenpflichten des InterAction Council in 40 Sprachen. Düsseldorf: Grupello.

Ommen, Oliver/Driller, Elke/Janßen, Christian/Richter, Peter/Pfaff, Holger (2008): Burnout bei Ärzten – Sozialkapital im Krankenhaus als mögliche Ressource? In: Brähler, Elmar/Alfermann, Dorothee/Stiller, Jeannine (Hrsg.), Karriereentwicklung und berufliche Belastungen im Arztberuf. Göttingen: Vandenhoeck & Ruprecht, S. 189-207.

Vereinte Nationen (1948): Allgemeine Erklärung der Menschenrechte. www.un.org/depts/german/menschenrechte/aemr.pdf

Grundlagen

Franziska Stiegler
Wie stiftet Arbeit Sinn?

Die Suche nach dem Sinn der eigenen Existenz und dem täglichen Tun ist so alt wie die Menschheit. Die Frage nach dem Sinn der Arbeit wurde lange Zeit für die meisten mit »Broterwerb« befriedigend beantwortet. Doch diese Antwort scheint immer weniger Menschen zu genügen. Laut Bundesverband der Personalmanager (BPM) suchen die rar gewordenen Fachkräfte in der Arbeit immer häufiger auch nach persönlicher Selbstverwirklichung. Im Kontext der Human Resources hat sich der Begriff »purpose« als Beschreibung des Unternehmenssinns, der Daseinsberechtigung, etabliert. Der BPM erklärt das Thema »Purpose« sogar zu einem von »sieben Trends für Human Resources« für das Jahr 2020.[1] Gerade im Zusammenhang mit »neuen Arbeitsformen« wird die alte Sinnfrage wieder aktuell und mit ihr die Versprechen nach einer einfachen, gestaltbaren Antwort.

Warum wird der Sinn auf einmal zum Trend? Was wissen wir über »sinnvolle« Arbeit? Und was heißt das für die Arbeitsgestaltung? Eine Spurensuche.

Wunsch und Wirklichkeit

»Arbeit ist für die meisten Beschäftigten eine Sinnressource – zumindest dem Anspruch nach«, fasst der Fehlzeiten-Report 2018 mit dem Titel »Sinn erleben – Arbeit und Gesundheit« die Ergebnisse einer repräsentativen Befragung von 2.030 Personen zwischen 16 und 65 Jahren zusammen. 93% Prozent der Beschäftigten wünschen sich demnach eine sinnvolle Tätigkeit (Badura et al. 2018: 41). Dabei waren den Befragten eine kooperative Arbeitsatmosphäre und Wertschätzung durch das Unternehmen am wichtigsten. Sie wurden zugleich auch

---

[1] Als weitere sechs Trends neben *Sustainability & Purpose* werden genannt: *Prepare* (mit Kompetenzaufbau Beschäftigungsfähigkeit sichern), *Digital HR* (Mensch-Maschine-Interaktion), *Recruiting & Employer Branding* (bewerberzentrierte Rekrutierung), *Diversity & Inclusion, Future Leadership, Future of Work.* Vgl. Die 7 HR Trends 2020 aus Sicht des BPM, 7.1.2020; www.bpm.de/meldungen/die-7-hr-trends-2020-aus-sicht-des-bpm (Abruf 30.6.2020).

am schlechtesten bewertet (Fehlzeiten-Report 2018: 44). Zwischen Wunsch und Wirklichkeit scheint also in Sachen Sinn noch etwas Luft nach oben zu sein.

Dass nicht alle Beschäftigten jederzeit dasselbe unter »kooperativer Arbeitsatmosphäre« und unter »Wertschätzung« verstehen, weiß wohl jede/r aus eigener (Arbeits-)Erfahrung. Empfinden die Einen klare Vorgaben und genaue Zuständigkeiten als »sinnvoll«, schreiben Andere möglichst kreativer und freier Arbeitsgestaltung den meisten Sinn zu. In der gängigen Managementliteratur sind zahlreiche Methoden und Angebote zu finden, die diesen Widerspruch in und um uns auflösen sollen. »Selbstorganisation« und »Agilität« versprechen den so verheißungsvollen Purpose. Dass es sich bei diesen Ansätzen (meist) nicht um den heiligen Gral der sinnvollen Gestaltung von Arbeit handelt, erkennt, wer sich auf die Suche nach der Herkunft der unterschiedlichen Bewertungen macht. Auf der Spurensuche wird auch deutlich, warum die Sinnversprechen derzeit in aller Munde sind.

Der Sinn und sein Zweck – die Orientierung

Beschäftigt man sich etwas eingehender mit dem Sinnbegriff, wird schnell klar, dass es sich um einen dieser Begriffe handelt, die sich gerade dadurch definieren, dass sie sich nicht eindeutig fassen lassen. Eine allgemeingültige Antwort auf die Frage: »Was macht Sinn?« ist nicht möglich, es sei denn, man gibt die Frage an den Glauben ab. Mit der zunehmenden Säkularisierung der Gesellschaft macht die Frage nach dem Sinn vor allem eins: Arbeit. Der Lohn für diese Sinnarbeit ist Orientierung.

Bereits rein biologisch dienen unsere fünf Sinne dazu, dass wir uns in der Welt zurechtfinden können, dass wir unterscheiden können zwischen dem, was uns gut- und was uns weniger guttut. Unsere Sinne setzen uns in ein Verhältnis zur Welt. Unser Hirn setzt diese Wahrnehmungen kontinuierlich in einen Zusammenhang, erkennt Muster, schließt Verbindungen und sorgt so dafür, dass wir das Wahrgenommene verstehen und verarbeiten können. Neben der Verstehbarkeit und der Handhabbarkeit ist das Empfinden von Sinnhaftigkeit für Aaron Antonovsky, den Begründer der Salutogenese, einer von drei Kernaspekten, aus denen sich ein gesundes kohärentes Lebensgefühl zusammensetzt (Antonovsky 1997).

Das Bedürfnis nach Sinn ist auch eine Frage der Werte

Aus psychologischer Perspektive ließe sich grob zugespitzt sagen: Neben unseren fünf Sinnen zur Orientierung in der Außenwelt sorgen unsere Bedürfnisse für Orientierung in unserer Innenwelt. Der US-amerikanische Sozialpsychologe Abraham Maslow hierarchisierte die menschlichen Grundbedürfnisse 1970 in einer achtstufigen Pyramide (Abbildung 1). Den physiologischen Grundbedürfnissen folgt das Bedürfnis nach Sicherheit und diesem das Bedürfnis nach Zugehörigkeit und Wertschätzung (Soziale Bedürfnisse). Es folgen Individualbedürfnisse, kognitive und ästhetische Bedürfnisse. Die Spitze bilden die Bedürfnisse nach Selbstverwirklichung und Transzendenz.

So oft zitiert und angezweifelt das Modell sein mag, sollen die Bedürfnisse hier als Auflistung dessen dienen, was uns ein »Motiv« gibt zu handeln. Die Erfüllung der Bedürfnisse ergibt psychologisch gesehen

Abbildung 1: Bedürfnispyramide nach Maslow

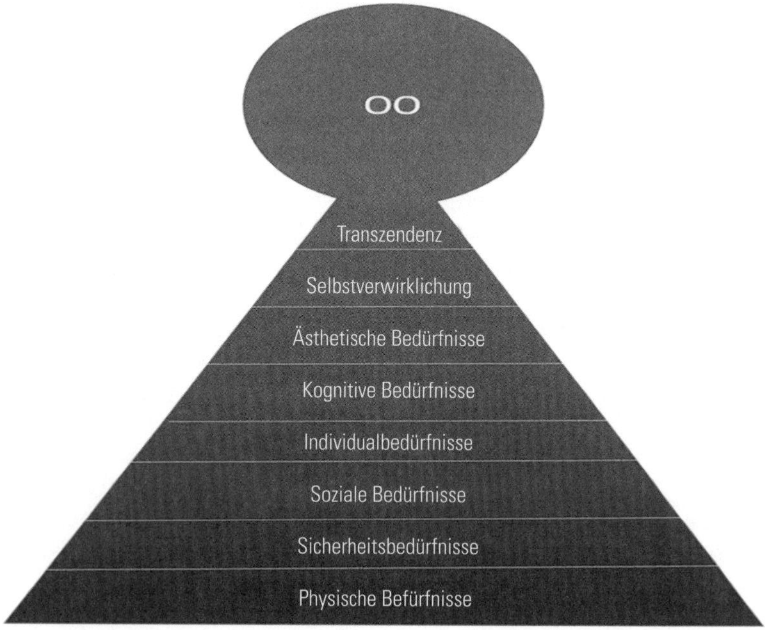

Eigene Darstellung

subjektiven Sinn. Ein gewisser subjektiver »Hunger« nach Sinn darf wohl unterstellt werden.

Doch wie den Hunger stillen? Bedürfnisse sind selten, wie oft verkürzt interpretiert wird, eindeutig bestimm- und stillbar. Sie sind von Geburt an nicht kontextfrei erlebbar. Folgt man psychoanalytischen Erklärungsmodellen, dann sind sie per se ambivalent. Menschliche Existenz steht so unausweichlich in einem Spannungsfeld verschiedener fundamentaler Antinomien.

Motive und Bedürfnisse existieren damit nicht neben- oder nacheinander, sondern sind miteinander verwoben, können einander bedingen oder sich gegenseitig hemmen. Unser Sicherheitsempfinden beispielsweise oszilliert stets zwischen dem Wunsch nach Zugehörigkeit (soziales Bedürfnis) und dem nach Autonomie (individuelles Bedürfnis) (Arbeitskreis OPD 2006: 106). Viktor Frankl, ein österreichischer Mediziner und Psychiater, der sich besonders ausführlich mit der Frage nach dem subjektiven Sinn auseinandergesetzt hat, brachte seine Erkenntnis in einem Satz auf den Punkt: »Wer die Antwort auf die Frage nach dem Warum hat, erträgt fast jedes Wie.« Ihm zufolge ist Sinn mit dem Selbstbezug von Psyche allein nicht zu erfassen (Frankl 2007). Neben der Erfüllung persönlicher Bedürfnisse (Motive) sei das Sinnerleben eng mit Werten verknüpft. Sinn könnte demnach als individuelles und situatives Wertempfinden der geistigen Person verstanden werden (ebd.: 330ff.). Und wann erleben wir Sinn? Auch dafür hat Frankl Hinweise und unterscheidet drei Wertekategorien, von denen eine stets zur Anwendung gelangen könne: Sinn erleben wir dann, wenn wir etwas Wertvolles schaffen (schöpferische Werte), etwas Einzigartiges erleben (Erlebniswerte) und/oder wenn wir im Einverständnis mit unserer eigenen Grundhaltung handeln (Einstellungswerte) (Petzold/Orth 2004: 20).

Die Suche nach einer »Sinnfabrik«

Folgen wir der These, dass Sinn immer im Rahmen eines spezifischen Kontextes subjektiv entsteht, dann erlebt das Individuum seinen »Sinnhunger« zwar subjektiv, ist für das Stillen des Bedürfnisses allerdings nicht auf sich allein gestellt; man könnte sogar behaupten, es ist auf einen Kontext, zumindest auf eine andere Person angewiesen. Aus sozialwissenschaftlicher Perspektive entsteht Sinn durch die Interaktion zwischen Individuen (Mead 1978).

Abbildung 2: Sinnfabriken

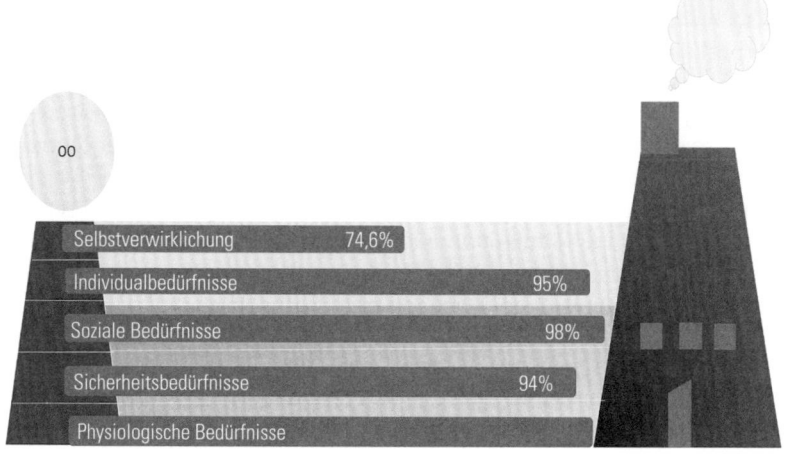

Quelle: Badura u.a. 2018, eigene Darstellung

Wir werden demnach in eine Kultur hineingeboren, die im Prozess der Sozialisation als eine Art »kollektiver Sinnspeicher« fungiert. Regeln, Werte und Normen bieten darin ein Orientierungsangebot, das Klarheit verspricht und individuelle Sinnarbeit erspart. Wirft man einen Blick auf aktuelle Diagnosen zur (Arbeits-)Kultur, dann werden die Sinnangebote immer grenzenloser. Wesentlicher Treiber dieser Entwicklung ist der technische Fortschritt. Der Arbeitsalltag ist zunehmend durch Volatilität, Unsicherheit, Komplexität und Ambiguität (»VUKA«) geprägt und auch die private und persönliche Lebenswelt ist fragiler geworden. Die Werte vermittelnden gesellschaftlichen Institutionen haben einen Bedeutungswandel durchlaufen. Familie, Kirche, Religion, aber auch Gemeinden und Nachbarschaften, politische Organisationen wie Gewerkschaften verlieren mit ihren Mitgliedern auch ihren Einfluss als Vermittlungsinstanzen für zentrale gesellschaftliche Werte und ihre Rolle als Orientierungspunkte, die Planbarkeit, Halt und damit auch Identität versprechen. Für eine Zeit recht klare, kulturell geprägte Grenzen (zum Beispiel zwischen Arbeit und Privatleben) verschwimmen zunehmend. Dabei fordert der Umgang mit steigender Komplexität, Zielkonflikten, Vereinbarkeitsfragen und der Informationsflut aus einer Vielzahl digitaler Medien von uns allen eine hohe und stetige Anpassungsbereitschaft. Den erfochtenen Freiheiten steht so heute ein großer Orientierungsbedarf gegenüber. Diese Orientierung suchen die allermeisten von uns (auch) in der eigenen Arbeit.

Sinnvolle Arbeitskultur

Damit haben wir erste Hinweise darauf gefunden, dass die Arbeitsgestaltung einen Einfluss auf das Sinnerleben der Beschäftigten hat. Sie bildet den Kontext, in dem wir Arbeit (er)leben. Man muss nicht gleich so weit in die Tiefe gehen wie Menzies Lyth, die Organisationen grundsätzlich die Funktion der sozialen Angstabwehr[2] zuschreibt. Unterstellt werden darf aber vielleicht, dass »jedem (Selbst-)Organisationsprozess (...) [ein] Bedürfnis nach Stabilität und Verlässlichkeit, d.h. Erwartbarkeit und Sicherheit in Bezug auf Zuständigkeiten und Handlungsroutinen, zugrunde [liegt]. Dieses Bedürfnis ist die teils unbewusste, teils bewusste Triebfeder im Ordnungsgeschehen.« (Jung 2020: 47) Arbeit verrichten die allermeisten von uns innerhalb von Betrieben. Ein Blick in die Form, wie wir unsere Arbeit innerhalb dieser Betriebe organisieren, müsste dementsprechend ein paar Antworten auf unsere Fragestellung ergeben.

Doch welche Form der Organisation von Arbeit verspricht Sinnerleben? Selbstorganisation! So lautet die beinahe euphorische Antwort der aktuellen Debatte der Managementlehre. Wenn in Zeiten ausbleibender Antworten auf die Sinnfrage plötzlich doch Sinn, noch dazu durch die Verbindung mit entlastender Selbstorganisation, möglich, ja geradezu machbar scheint, dann scheint das Allheilmittel doch auf der Hand zu liegen. Die Verbindung von Selbstorganisation und Sinn wird zum Hoffnungsträger für verunsicherte Führungskräfte (ebd.: 42). Haben wir die Antwort also endlich gefunden? Nun ...

---

[2] Der Begriff soziale Abwehr wurde von Menzies Lyth (1974) geprägt. In einer Untersuchung konnte sie zeigen, dass soziale Abwehrsysteme am Arbeitsplatz der Abwehr primitiver Ängste dienen (vgl. Kinzel 2002, S. 242f.).

Das »Agilitäts-Stabilitäts-Paradox« – oder: Es verspricht immer das mehr Sinn, was längere Zeit unterrepräsentiert war

Führt man sich die grundsätzliche Ambivalenz teils konkurrierender subjektiver Bedürfnisse und Werteorientierung vor Augen, wird deutlich, dass die Hoffnung in den Sinn der Selbstorganisation nur teilweise Sinn verspricht. Hans-Joachim Gergs, Arne Lakeit und Bodo Linke konstatieren in ihren Überlegungen zum »Agilitäts-Stabilitäts-Paradox«: [Auch] Organisationen oszillieren zwischen den Polen Agilität und Stabilität. Bei diesem Prozess des Oszillierens gibt es keinen archimedischen Punkt, keine dauerhafte Mitte. So wird verständlich, dass die normative Aufladung eines eigentlich wertfreien Ordnungsgeschehens – der Hype um die Agilität – für viele Sinn macht (Jung 2020: 47f.). Nüchtern betrachtet weist der Hype aber eher darauf hin, dass Organisationen den Pol Agilität eine Weile vernachlässigt haben. Die Arbeit an der Selbstorganisation macht also nur so lange Sinn, wie dadurch ein Gegengewicht für eine Imbalance geschaffen werden kann. Unpolitisch betrachtet macht die Selbstorganisation damit ebenso viel oder wenig Sinn wie die Hierarchie. Die Überbetonung einer der Pole macht demnach dauerhaft keinen Sinn – oder doch? Zumindest regt die Schieflage der Waage einen Diskurs über das Paradox einer sinnvollen Gestaltung von Arbeit an. »Führungskräfte von nachhaltig erfolgreichen Unternehmen schaffen es, diese Paradoxie produktiv zu nutzen.« (Gergs et al. 2018: 186). Nur wie?

Sinnstiftende Unternehmenskultur

Auf die fünf Schritte zur sinnstiftenden Unternehmenskultur werden wir wohl ewig warten – zumindest auf die eindeutigen. Ein paar Orientierungspunkte lassen sich aus den Überlegungen zum Sinn der Arbeit für ihre Gestaltung dennoch ableiten.

Organisatorisches Gestaltungshandeln fördert das Gefühl von Verstehbarkeit und Handhabbarkeit des Arbeitsgeschehens. Ob auch das Gefühl von Sinnhaftigkeit angesprochen wird (vgl. das Konzept der Salutogenese bei Antonovsky 1997), hängt indes sehr vom »Ziel des Ordnungsgeschehens ab« (Jung 2020: 49).

Als erstes Zwischenergebnis ließe sich also festhalten: Sinn kann weder angeordnet noch ein für alle Mal organisiert werden. Sinn wird

gemeinsam erfunden, zum Beispiel im Prozess der Entscheidungsfin-
dung darüber, wie Entscheidungsprozesse innerhalb der Organisation
organisiert werden. Agile Methoden haben dafür dann Potenzial, wenn
sie ein Gegengewicht zu eingefahrenen Strukturen bieten.
Doch was helfen die Hinweise im Arbeitsalltag? Was meinen die
Beschäftigten, wenn sie sich sinnvolle Arbeitsverhältnisse wünschen?

Auf dem Boden der Tatsachen

Jenseits der Zuschreibung einer höheren Bedeutung der Arbeit gibt es
eine Reihe von Erkenntnissen, die als Eckpunkte sinnvoller Arbeitsgestaltung dienen können.
Messbare Zustände, für die in der Forschung bereits positive Zusammenhänge mit dem Sinnerleben gezeigt werden konnten,[3] sind das
Arbeitsengagement und das psychische Wohlbefinden. Das Projekt
psychische Gesundheit in der Arbeitswelt (psyGA) hat im Jahr 2019
Faktoren ermittelt, die diese Zustände bei den Beschäftigten positiv
beeinflussen. In Kombination werden sie als arbeitsbezogenes Wohlbefinden bezeichnet. Die Ergebnisse zeigen: Fast die Hälfte (48%)
berichten hier von gutem bis sehr gutem arbeitsbezogenen Wohlbefinden. 16% schätzen ihre eigenen Kräfte als sehr gering ein. Etwas
mehr als 36% der Beschäftigten bilden eine Gruppe, deren Engagement und deren Wohlbefinden verbesserungswürdig sind. Was macht
den Unterschied? Für den psyGA-Monitor hat das Team vom MIPH
(Mannheimer Institut für Public Health, Sozial- und Präventivmedizin)
untersucht, welche Faktoren einen Wechsel von der Gruppe mit gerin-
gerem in eine Gruppe mit höherem arbeitsbezogenen Wohlbefinden
beeinflussen (Projekt psyGA 2019).
Das Ergebnis: Steigt die Qualität von Führungsverhalten, wird die
Arbeitsorganisation als fair erlebt und können Gestaltungsspielräume
und Weiterbildungsangebote wahrgenommen werden, dann steigt die

---

[3] May et al. (2004) konnten in ihrer Untersuchung mit Versicherungsmitarbei-
tern nachweisen, dass die psychologische Bedingung Sinnhaftigkeit einen starken
Zusammenhang mit Engagement aufweist; Zika und Chamberlain (1992) sowie
Isaksen (2000) belegen, dass es einen positiven Zusammenhang zwischen empfundener Sinnerfüllung und Gesundheit gibt.

Wahrscheinlichkeit des Arbeitsbezogenen Wohlbefindens signifikant und damit auch das Sinnerleben der Beschäftigten.

Sinnvolle Führung

Führungskräfte beeinflussen durch ihr Führungsverständnis und -verhalten maßgeblich die Kommunikations- und Kooperationsstile und damit insgesamt das Klima und die Kultur im Unternehmen. Dabei werden die Handlungsfelder, auf die sich ihre Entscheidungen beziehen, zunehmend komplex, mehrdeutig und instabil. Die primäre Aufgabe von Führungskräften ist es, Entscheidungen »im Sinne« der Organisation zu treffen und die Verantwortung dafür zu tragen. Was »im Sinne der Organisation« meint, ist mal mehr und mal weniger explizit definiert, manchmal sogar nur durch den Ausschluss dessen, was keinen Sinn machen darf.[4] In dieser Umgebung Entscheidungen zu treffen, wird für Führungskräfte zunehmend belastend, besonders für diejenigen, die ihre Entscheidungen mit mehr als einem »Basta« rechtfertigen müssen. Entscheidungen abzugeben, klingt da für einige verlockend, kann so doch sowohl Entscheidungslast als auch Verantwortung etwas breiter verteilt werden. Doch auch betriebliche Selbstorganisation benötigt Rahmenbedingungen, um ein ausreichendes Maß an Stabilität zu gewährleisten. Voraussetzung für sinnvolle Selbstorganisation wäre dann eine sozial-kompetente Moderation der Selbstorganisationsdynamik. Eine bedeutsame Rolle kommt dabei der kommunikativen Kompetenz der Führungskräfte zu, oder wie der Soziologe Prof. Dirk Baecker es ausdrückt: »Führung (ist) im Wesentlichen Erwartungsmanagement (...): das Management der Erwartungen der Geführten.«

Die Führungskräfte in den Organisationen beantworten also, im Idealfall im Austausch mit ihren Mitarbeitenden, aufgabenbezogen die Frage nach dem »Warum«.

---

[4] »Don't be evil« galt lange als Verhaltenskodex von Google, der früher auch als Motto vorangestellt wurde.

Gestaltungsspielräume sinnvoll organisieren

Die Beteiligten am Organisationsgeschehen müssen eine Möglichkeit zur Realisierung der individuellen Wertvorstellungen sehen. Auch
hier geht es darum, den neuralgischen Punkt zwischen vorgegebener
Struktur (Sicherheitsbedürfnis/Erlebniswerte) und gestaltbaren Handlungsfeldern (Bedürfnis nach Selbstverwirklichung/schöpferische Werte) zu finden. Gestaltungsspielraum ist kein 1- oder 0-Phänomen. Mehr Einfluss
bedeutet also nicht per se mehr Sinn. Ob eine Entscheidung als sinnvoll erachtet wird, hängt mit dem Grad der Übereinstimmung des individuellen Sinnempfindens mit Ziel und Begründung der Entscheidung
ab. Diese ist nicht eindeutig, sondern oszilliert zwischen unterschiedlichen Polen. Analysiert werden kann lediglich das Potenzial, inwiefern
die gewählte, diktierte oder zufällige Form der Organisation mit dem individuellen Werteverständnis der Belegschaft übereinstimmt. Eine Analyse, die in den meisten Organisationen eher implizit (Flurfunk) stattfindet
als explizit geführt wird. Diese impliziten Hinweise in die Kommunikation
zu bringen, gehört zur alltäglichen »Sinnarbeit« von Organisationen.

Organisationale Gerechtigkeit

Besonders hohe Einflusswerte sprachen die Beschäftigten dem Faktor »Fairness« bezüglich ihres arbeitsbezogenen Wohlbefindens zu.
Bezieht man die individuellen Bedürfnisdispositionen in die Überlegungen zur organisationalen Gerechtigkeit mit ein, dann muss man
davon ausgehen, dass die Haltungen dazu, was innerhalb der Organisation als fair erlebt wird, ebenso wenig deckungsgleich sind wie jene
dazu, was als sinnvoll erlebt wird. Die Forschung zum Thema zeigt: Das
Empfinden der Beschäftigten ist zwar individuell unterschiedlich, es lassen sich aber trotzdem drei Dimensionen der Organisationalen Gerechtigkeit identifizieren, die die wahrgenommene Fairness beeinflussen:
Verteilungsgerechtigkeit (wahrgenommene Fairness der Ressour-
cenzuordnung), Verfahrensgerechtigkeit (Wahrnehmung fairer Verfahren) und Interaktionsgerechtigkeit (Fairness im persönlichen Umgang)
(Cohen-Charash/Spector 2001).
Die Dimensionen zeigen, dass weder der einzelne Beschäftigte, ihre
Vertretungen, noch die Führungskraft, oder die Geschäftsleitung allein

direkt die Faktoren zum Einfluss auf das Empfinden von Fairness und damit auch auf das Sinnempfinden beeinflussen können. So ist die Verteilungsgerechtigkeit häufig eine Entscheidung der Gesamtleitung, in mitbestimmten Betrieben das Ergebnis eines Aushandlungsprozesses. Nirgends kann sie unabhängig von der Marktumgebung und zum Beispiel von Tarifordnungen betrachtet werden. Die Verfahren, wie Arbeit organisiert wird, sind zwar ebenfalls im Verantwortungsbereich der Geschäftsleitung, wie »gerecht« diese gelebt werden, ist allerdings das Ergebnis alltäglicher Arbeitsprozesse. Die empfundene Fairness im persönlichen Umgang wird zwar maßgeblich, aber dennoch nicht allein von Führungskräften bestimmt, sondern entsteht in einer Dynamik aller miteinander Arbeitenden.

Die Gestaltung von Sinn und Fairness findet so im laufenden Arbeitsalltag täglich statt, unabhängig davon, ob wir sie bewusst steuern oder nicht. Sind wir uns dessen bewusst, haben wir die permanente Herausforderung, den kreativ-produktiven Umgang mit dem Sowohl-als-auch von Stabilität und Wandel sinnvoll zu gestalten. Dabei schadet es nicht, über den ganz normalen Wahnsinn auch einmal herzlich gemeinsam zu lachen.

Literatur

Arbeitskreis OPD (2006): Operationalisierte Psychodynamische Diagnostik OPD-2. Das Manual für Diagnostik und Therapieplanung. Bern: Verlag Hans Huber.
Antonovsky, Aaron (1997): Salutogenese. Zur Entmystifizierung der Gesundheit. Erw. dt. Ausg. von A. Franke. Tübingen: dgvt-Verlag.
Badura, Bernhard/Schröder, Helmut/Klose, Joachim/Macco, K. (Hrsg.) (2018): Fehlzeiten-Report 2018: Sinn erleben – Arbeit und Gesundheit. Heidelberg: Springer-Verlag.
Cohen-Charash, Yochi/Spector, Paul E. (2001): The role of justice in organizations: a meta-analysis. In: Organizational Behavior and Human Decision Processes 86(2): 278-321.
Frankl, V. E. (2006): Der Mensch vor der Frage nach dem Sinn. Eine Auswahl aus dem Gesamtwerk. 19. Aufl. München: Piper Verlag (Erstveröffentlichung 1979).
Frankl, V.E. (2017): Ärztliche Seelsorge. Grundlagen der Logotherapie und Existenzanalyse. 7. Aufl. München: dtv (Erstveröffentlichung Wien 1946; Erstveröffentlichung der »Zehn Thesen über die Person« 1950).
Gergs, Hans-Joachim/Lakeit, Arne/Linke, Bodo (2018): Agilität braucht Sta-

bilität. In: Zeitschrift Führung + Organisation, 87 (5), S. 314-319.

Isaksen, Jesper (2000): Constructing Meaning Despite the Drudgery of Repetitive Work. In: Journal of Humanistic Psychology 40 (3), Juli, S. 84-107.

Jung, R.-H. (2020): Selbstorganisation und die Sinnfrage. In: Geramanis, Olaf/ Hutmacher, Stefan (Hrsg.): Kooperationskonzepte für eine dynamische Arbeitswelt. Gabler Verlag.

Kinzel, Christian (2002): Arbeit und Psyche. Konzepte und Perspektiven einer psychodynamischen Organisationspsychologie, Stuttgart.

Krejci, Gerhard P. (2016): Dirk Baecker beobachtet die Organisation im Wandel. In: Zeitschrift für Organisationsentwicklung, 13.5.2016; www.zoeonline.org/meldungen/dirk-baecker-beobachtet-die-organisation-im-wandel/ (letzter Abruf 13.2.2020).

Maslow, Abraham H. (1981): Motivation und Persönlichkeit. (Originaltitel: Motivation and Personality, Erstausgabe 1954, übersetzt von Paul Kruntorad), 12. Aufl., Reinbek bei Hamburg: Rowohlt.

May, Douglas R./Gilson, Richard L./Harter, Lynn M. (2004): The psychological conditions of meaningfulness, safety and availability and the engagement of the human spirit at work. Journal of Occupational and Organizational Psychology, 77, 11-37.

Mead, G.H. (1978): Geist, Identität und Gesellschaft aus der Sicht des Sozialbehaviorismus, 3. Aufl. Frankfurt a.M.: Suhrkamp.

Petzold, H.G./Orth, I. (Hrsg.) (2004): Sinn, Sinnerfahrung, Lebenssinn in Psychologie und Psychotherapie. Bd. II. Bielefeld/Locarno: Aisthesis, S.403-460.

Projekt »Psychische Gesundheit in der Arbeitswelt (psyGA)« der Initiative Neue Qualität der Arbeit. Monitor »Arbeitsbezogenes Wohnlbefinden«, 2019, www.psyga.info/fileadmin/Downloads/PDF-Generator/Handlungshilfe_BGM/psyGA_Monitor_Wohlbefinden_28_WEB.pdf.

Zika, S./Chamberlain, K. (1992): On the relation between meaning in life and psychological well-being. In: British Journal of Psychology, 83, 133-145.

Anja Liebrich
Sinnerleben in der Arbeit – über das Potenzial der Arbeitsgestaltung

Die Fragen nach der Sinnhaftigkeit der Arbeit, danach, wann und warum dieser Sinn erlebt wird und vor allem, was getan werden kann, damit Beschäftigte ihre Arbeit als sinnvoll erleben, sind aktueller denn je. In der Debatte rund um die digitale Transformation und den Wertewandel in der Gesellschaft rücken sie immer mehr in den Fokus. Arbeitnehmerinnen und Arbeitnehmer stellen die Sinnfrage, Unternehmen betreiben »Purpose-Management«.

In diesem Kontext erscheint es sinnvoll, einen genaueren Blick in die Arbeits- und Organisationspsychologie sowie die Arbeitswissenschaft zu werfen. Hier zeigen sich vor allem in der Arbeitsgestaltung, in Motivations- und Arbeitszufriedenheitstheorien gewinnbringende Ansätze, um das Sinnerleben bei der täglichen Arbeit zu unterstützen und die Bedeutsamkeit der Arbeit und die eigene Autonomie erfahrbar zu gestalten.

Was ist sinnvolle Arbeit?

Auf diese Frage gibt es keine eindeutige Antwort. Je nach Disziplin und Forschungsansatz können sich die Interpretationen unterscheiden. »Sinnvolle Arbeit wird in verschiedenen Diskussionen zum Synonym für ganz unterschiedliche Konzepte wie anständige, nicht-entfremdete, sozialökologisch verantwortungsvolle, persönliche Identifikation ermöglichende oder dem Betrieb oder der Gesellschaft nützliche Arbeit.« (Hardering 2015: 391)

Im deutschsprachigen Raum lassen sich vor allem drei Argumentationsstränge identifizieren: Sinnvolle Arbeit als Dimension der Arbeitsgestaltung (Hackman/Oldham 1975). Durch das Sinnerleben werden beispielsweise Motivation und Arbeitszufriedenheit gesteigert. Der zweite Strang setzt sich mit der Nützlichkeit bzw. dem Gebrauchswert von Arbeit auseinander (Ulich 2011). Letztendlich findet sich ebenfalls die

Interpretation des Sinnerlebens über die subjektive Bewertung einer Tätigkeit (Rosso et al. 2010). Im Folgenden soll vor allem das erstere Verständnis zugrunde gelegt werden. Es geht um die Frage, wann die Tätigkeit selbst als sinnvoll erlebt wird. Was ist ausschlaggebend dafür, dass Mitarbeitende ihre Arbeit sinnhaft erleben? Diese Frage beschäftigt die Arbeitswissenschaft schon seit Beginn des 20. Jahrhunderts, vor allem um zu begreifen, welche Auswirkungen die Veränderung von Arbeitsorganisation und die Fragmentierung von Tätigkeiten auf die arbeitenden Personen besitzt. In diesem Kontext zeigten Untersuchungen, dass auch vermeintlich von außen eher als »sinnlos« erscheinende Arbeiten von Personen als sinnhaft interpretiert wurden bzw. werden. Der Sinn einer Arbeit erschließt sich also nicht immer zwangsläufig dem Betrachtenden. Es liegt der Schluss nahe, dass die konkrete Arbeitsplatzgestaltung einen Einfluss auf das Sinnerleben besitzt, dieses aber nicht unbedingt determiniert (Hardering 2015: 395).

Die Interpretation, was sinnvolle Arbeit ist, bleibt letztendlich subjektiv. Jedoch zeigt die Arbeitsforschung, dass es Möglichkeiten gibt, ein solches Sinnerleben zu fördern – indem Arbeitstätigkeiten so gestaltet werden, dass sie ein sinnstiftendes Potenzial entfalten können. Um dies zu verdeutlichen, wird im folgenden Abschnitt auf die grundlegenden Arbeiten von Hackman und Oldham näher eingegangen.

Sinnhaftigkeit als Gestaltungsauftrag

Ein zentrales Modell der Arbeitsgestaltung ist das »Job Characteristics Model« (Hackman/Oldham 1975). Es postuliert, dass fünf Merkmale bzw. Motivationspotenziale der Arbeitstätigkeit, vermittelt über das psychologische Erleben, Einfluss auf Arbeitstätigkeit und Arbeitszufriedenheit nehmen. Da die Aussagekraft und Anwendbarkeit des Modells als empirisch gesichert gilt (Ferreira 2020: 44), erscheint eine genauere Betrachtung für die Frage nach den positiven Folgen eines Sinnerlebens während der Arbeitstätigkeit als besonders lohnend.

Nach Hackman und Oldham sind die folgenden Merkmale der Tätigkeit im Kontext einer guten Arbeitsgestaltung zu beachten (vgl. z.B. Hackman/Oldham 1975: 161f.; Ehrlich 2003: 53f.):

■ Anforderungsvielfalt der Arbeitsaufgabe: Das Ausmaß an Abwechslung, die mit der Ausführung der Aufgabe verbunden ist. Sie wird

höher, je mehr Fähigkeiten und Fertigkeiten mit der Erledigung einhergehen.
- Ganzheitlichkeit der Aufgabe: Das Ausmaß, in dem eine Aufgabe von Anfang bis Ende durchgeführt werden kann.
- Bedeutsamkeit der Aufgabe für das Leben und die Arbeit anderer: Diese wird bestimmt durch den substanziellen und erkennbaren Einfluss, den die eigene Tätigkeit für andere besitzt.
- Autonomie im Sinne von Kontroll- und Entscheidungsspielraum: Hier ist der Freiraum gemeint, den man bei der Bewältigung der Arbeitsaufgabe besitzt.
- Rückmeldung aus der Tätigkeit: Dies meint alle Informationen, die Rückschlüsse auf die eigene Effektivität und Leistung ermöglichen.

Diese Tätigkeitsmerkmale sind ausschlaggebend dafür, wie Mitarbeiter*innen ihre Arbeit erleben und welche Bedeutung sie ihr beimessen (siehe auch Abbildung 1). Hackman und Oldham bezeichnen dies als »psychologische Erlebniszustände«. So wirkt sich die Autonomie auf die wahrgenommene Verantwortlichkeit aus, also den Grad, zu dem

Abbildung 1: »Job Characteristics Model«

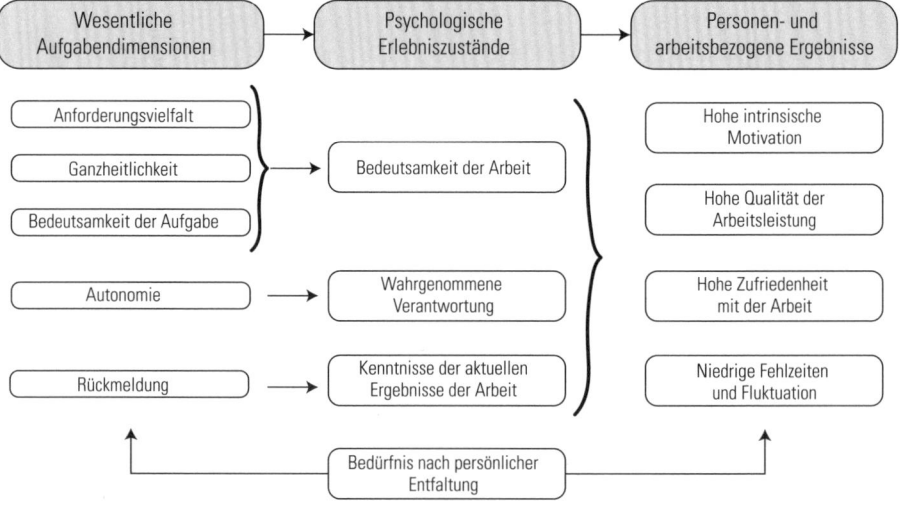

Quelle: nach Hackman/Oldham 1975: 161

Mitarbeitende sich persönlich für ihre Tätigkeit verantwortlich fühlen. Die Rückmeldung durch die Aufgabe ist wichtig, um die eigenen aktuellen Resultate der Arbeit, besonders die Qualität der Ergebnisse, einschätzen zu können.

Besonders interessant aber für die Frage nach dem Sinnerleben bei der Arbeit sind die Anforderungsvielfalt und Ganzheitlichkeit der Aufgabe sowie die Bedeutsamkeit der Tätigkeit. Diese drei Merkmale wirken zusammengenommen auf die persönlich erlebte Bedeutsamkeit der Arbeit. Diese wird beschrieben als der Grad, zu dem die eigene Arbeitstätigkeit als Ganze als bedeutsam, nützlich und sinnvoll erlebt wird.

Diese psychologischen Erlebniszustände beeinflussen letztendlich individuelle und organisationale Arbeitsergebnisse. Sie wirken sich beispielsweise auf die intrinsische Motivation von Mitarbeitenden aus. Aus diesem Grund werden die oben genannten Tätigkeitsmerkmale auch als »Motivationspotenziale der Arbeit« bezeichnet (vgl. Hackman/Oldham 1975), denn es ist die Tätigkeit an sich, die sich auf die Motivation der Ausführenden auswirkt, und dies ist zunächst personenunabhängig zu sehen. Die Aufgabe, die zu erledigen ist, kann für sich genommen motivierend gestaltet sein. Ebenso zeigen sich positive Zusammenhänge mit Arbeitszufriedenheitswerten und der Beurteilung der Qualität der Arbeitsergebnisse. Auf organisationaler Ebene wirkt sich eine motivationsförderliche Arbeitsgestaltung negativ auf Abwesenheiten und Fluktuation der Belegschaft aus.

Das Modell sowie die in diesem Kontext zahlreich existierenden empirischen Evidenzen zeigen deutlich auf, dass Arbeit dann motivierend ist, wenn sie ein Ergebnis produziert, das für andere Menschen nützlich ist. Über die genauen Verläufe dieses Wirkmechanismus wissen wir allerdings vergleichsweise wenig. Dick und Stegmann formulieren diesen Fakt wie folgt: »Dementsprechend wissen wir heute zwar mit ziemlicher Sicherheit, dass sich auf bestimmte Weise gestaltete Arbeit positiv auf die Arbeitenden auswirkt. Wir wissen aber deutlich weniger darüber, warum das so ist.« (Dick/Stegmann 2015: 51)

Sinnvolle Arbeit ist identitätsstiftend

Die arbeitspsychologische Forschung zeigt also deutlich, dass sinnvolle Arbeit positive Effekte auf die Person besitzt, die diese Tätigkeit ausübt. Das könnte nach Dick und Stegmann (2015) an der identitätsstiftenden Wirkung sinnvoller Arbeit liegen. Sie legen ihren Forschungen den »Social Identity Approach« zugrunde. Dieser beinhaltet zum einen die »Theorie der sozialen Identität« von Henri Tajfel und John Turner (1979), die postuliert, dass Menschen danach streben, eine positive Selbsteinschätzung zu erhalten oder diese zumindest zu verbessern. Die »soziale Identität« umfasst hierbei die Zugehörigkeit zu den verschiedenen Gruppen, in denen wir tagtäglich agieren und zu denen wir uns zugehörig fühlen. Unser Bild von uns selbst hängt demnach von unserer Gruppenzugehörigkeit und dem Vergleich mit anderen Gruppen ab.

Ergänzt werden diese Überlegungen durch die sogenannte Selbstkategorisierungstheorie (Turner et al. 1987), die besagt, dass je nachdem, in welcher Situation wir uns befinden, die hierfür jeweils wichtigste Gruppenzugehörigkeit die Wahrnehmung der eigenen Identität maßgeblich bestimmt.

Die Ergebnisse unterschiedlicher empirischer Untersuchungen weisen darauf hin, dass positive Effekte von wahrgenommener Bedeutsamkeit der Arbeit eine erhöhte Identifikation mit dem Unternehmen bewirken. Anders ausgedrückt: Das Erleben einer sinnvollen und bedeutsamen Arbeit führt dazu, dass sich Mitarbeiter*innen stärker mit ihrem Unternehmen identifizieren, und dies wirkt sich auf die Arbeitszufriedenheit und Kündigungsabsichten ebenso aus wie auf die Gesundheit von Beschäftigten im Sinne eines physischen und psychischen Wohlergehens (Dick/Stegmann 2015: 62). Diese Effekte zeigen sich unabhängig von Geschlecht, Alter oder Unternehmenszugehörigkeit.

Demnach hat die Einschätzung der Sinnhaftigkeit unserer Tätigkeit einen großen Einfluss auf unser Selbstverständnis und unsere Identität. Folgt man dieser Argumentation, ist die Sinnhaftigkeit, die wir bei der Arbeit erleben, ein wichtiger Grundpfeiler unserer eigenen Identität, unseres Selbstkonzeptes und nicht zuletzt eine Quelle, aus der sich unser Selbstwert speist. Hier zeigt sich erneut die überaus große Bedeutung der Arbeitsgestaltung. Sie wirkt sich auf die Art und Weise, wie wir über uns selbst denken und uns selbst wahrnehmen, aus.

Förderung des Sinnerlebens

Prinzipiell lassen sich drei zentrale organisationspsychologische Konzepte der Arbeitsgestaltung unterscheiden (vgl. Nerdinger et al. 2014: 375). In allen lassen sich Ansatzpunkte finden, die das Sinnerleben bei der Arbeit durch die bewusste Gestaltung der Arbeitssituation unterstützen können, vor allem, wenn man die Überlegungen von Hackman und Oldham zugrunde legt und die Gestaltung auf eine Steigerung der Ganzheitlichkeit, Vielfältigkeit sowie der Bedeutsamkeit der Aufgabe bzw. Tätigkeit abzielt.

Der soziotechnische Systemansatz versteht ein Unternehmen als ein System, das aus verschiedenen Teilsystemen – dem technischen und dem sozialen Subsystem – besteht. Um ein solches System durch z.B. Arbeitsgestaltung zu optimieren, müssen alle Subsysteme gemeinsam optimiert werden.

Für eine Gestaltung im Sinne dieses Ansatzes formuliert Ulich (2004) folgende Prinzipien:

- Bildung relativ unabhängiger Organisationseinheiten, denen ganzheitliche Aufgaben übertragen werden.
- Schaffung eines Zusammenhangs der Aufgaben in der Organisationseinheit, damit das Bewusstsein einer gemeinsamen Aufgabe entstehen kann.
- Einheit von Produkt und Organisation – dabei sollte der Ablauf so gestaltet sein, dass das Arbeitsergebnis auf die ausführende Organisationseinheit rückführbar ist.

Auch hier steht die Schaffung ganzheitlicher Aufgaben, die von Unternehmenseinheiten bearbeitet werden, im Vordergrund. Diese wissen, wie die einzelnen Arbeitsaufträge zusammenpassen und welche Auswirkungen die eigene Tätigkeit im Großen und Ganzen besitzt. Ebenso verweist Ulich explizit auf die Bedeutung der Rückmeldung, um seine eigene Leistung und seinen eigenen Beitrag einschätzen zu können.

Hinsichtlich tätigkeits- und handlungstheoretischer Konzepte der Arbeitsgestaltung zielt er vor allem auf die Erweiterung des Tätigkeitsspielraums ab. Durch die Veränderung von Arbeitssituationen sollen die drei Elemente Handlungs-, Gestaltungs- und Entscheidungsspielraum erweitert werden, um so positiv auf das Arbeitserleben einzuwirken. Ulich (2011) stellt unterschiedliche Gestaltungsmerkmale vor, um dies zu erreichen. Drei davon finden sich auch bei Hackman/Oldham: Ganzheitlichkeit, Anforderungsvielfalt und Autonomie. Darüber hinaus werden folgende weitere Merkmale in den Kanon mit aufgenommen: Möglichkeit der sozialen Interaktion, Lern- und Entwicklungsmöglichkeiten, Zeitelastizität und stressfreie Regulierbarkeit. Nicht zuletzt formuliert Ulich den Aspekt »Sinnhaftigkeit« als einen von sieben grundlegenden Gestaltungsansätzen. Das zielt vor allem auf die Stärkung der Erfahrung von Sinnhaftigkeit für Produkte und Produktionsprozesse. Erreicht werden kann diese Erfahrung beispielsweise dadurch, dass Produkte produziert werden, deren gesellschaftlicher Nutzen nicht infrage gestellt wird. Oder aber auch, dass die ökologische Unbedenklichkeit von Produkten und Produktionsprozessen überprüft und sichergestellt werden kann. Diese kann beispielsweise durch »Moralbilanzen«, wie die CSR (Corporate Social Responsibility/Unternehmerische Sozialverantwortung)-Berichterstattung oder die Offenlegung einer Gemeinwohlbilanz, unterstützt werden.

Von zentraler Bedeutung für eine Arbeitsgestaltung, die das Erleben von Sinnhaftigkeit fördert, sind motivationstheoretische Ansätze. Hackman und Oldham selbst liefern keine konkreten Hinweise zu Maßnahmen der Arbeitsgestaltung. Aus diesem Grunde wird in diesem Kontext häufig auf Maßnahmen anderer Konzepte, z.B. die Zwei-Faktoren-Theorie von Herzberg, verwiesen (vgl. Nerdinger 2014: 379). Auch hier lassen sich vielfältige Hinweise zur Unterstützung der erlebten Bedeutsamkeit der Arbeit finden: So zielt das sogenannte Job-Enlargement darauf ab, die ursprüngliche Tätigkeit mit vor- und nachgelagerten Aufgaben anzureichern. Dies bedeutet, dass weitere Tätigkeiten mit demselben Anforderungsniveau hinzukommen – eine zusätzliche Qualifikation ist also nicht nötig. Es handelt sich um eine horizontale Erweiterung. Unter dem Aspekt des Sinnerlebens ist diese Strategie eher bedingt geeignet, da die Beschäftigten hier oft nur zwischen wenig bedeutsamen Teiltätigkeiten wechseln können (vgl. ebd.). Die Strategie des »Job-Enrichment« ist in diesem Kontext als gewinnbringender zu interpretieren. Diese »vertikale Aufgabenerweiterung (vgl. Herzberg 1968, zit. n. Nerdinger 2014), bringt eine Erweiterung des Verantwortungsbereiches mit sich. Handlungs- und Entscheidungsspielräume werden erweitert und die Autonomie gestärkt. Ebenso wird durch die Tätigkeitserweiterung die Vielfältigkeit der Aufgabe gestärkt, was sich wiederum auf die wahrgenommene Bedeutsamkeit und somit auf das Sinnerleben auswirkt.

Es zeigt sich, dass es gute und umsetzbare Möglichkeiten gibt, das Sinnerleben von Beschäftigten durch Arbeitsgestaltungsmaßnahmen zu unterstützen.

Fazit

Die erlebte Bedeutsamkeit, die aus einer gut gestalteten Arbeitssituation resultiert, wirkt sich auf wichtige individuelle Aspekte der Arbeitstätigkeit, wie z.B. die Motivation, Arbeitszufriedenheit und Arbeitsfähigkeit, aus. Unabhängig davon, dass Beschäftigte offensichtlich motivierter, zufriedener und arbeitsfähiger sind, wenn sie ihre Tätigkeit als sinnvoll erleben, profitieren Unternehmen und Behörden auch direkt von einer Gestaltung von Arbeitssituationen, die das Sinnerleben unterstützt. Mitarbeiter*innen engagieren sich stärker und hegen weniger Kündigungsabsichten. Gründe hierfür können in der identitätsstiftenden Wirkung des Sinnerlebens und der damit einhergehenden stärkeren Verbundenheit gesehen werden.

Es existieren unterschiedliche Ansätze und Maßnahmen, die die Gestaltung von Arbeitssituationen in diesem Sinne unterstützen. Sie zielen auf das Erleben der Bedeutsamkeit der Aufgabe, die Übernahme von mehr Verantwortung und die Einschätzung der Qualität des eigenen Arbeitsverhaltens. Es ist also möglich, Mitarbeitende in diesem Punkt durch Arbeitsgestaltung gut zu unterstützen. Und schließlich profitieren alle von sinnvollen Tätigkeiten: Beschäftigte wie Unternehmen.

Literatur

Dick, Rolf van/Stegmann, Sebastian (2015): Sinnvolle Arbeit ist identitätsstiftend – zur Bedeutung der sozialen Identifikation als Wirkmechanismus zwischen Bedeutsamkeit der Aufgabe und Arbeitseinstellung. Arbeit, 24 (1-2), S. 49-65.

Ehrlich, Christian (2003): Erfassung und Gestaltung von Motivationspotenzialen als Aufgabe der Personalführung. München/Mehring: Rainer Hampp.

Ferreira, Yvonne (2020): Arbeitszufriedenheit: Grundlagen, Anwendungsfelder, Relevanz. Stuttgart: Kohlhammer.

Hackman, J. Richard/Oldham, Greg R. (1975): Development of the Job Diagnostic Survey. Journal of Applied Psychology, Vol. 60, No. 2, S. 159-170.

Harding, Friederike (2015): Meaningful Work: Sinnvolle Arbeit zwischen Subjektivität, Arbeitsgestaltung und gesellschaftlichem Nutzen. Österreichische Zeitschrift für Soziologie, 40, S. 391-410.

Harding, Friederike (2017): Wann erleben Beschäftigte ihre Arbeit als sinnvoll? Befunde aus einer Untersuchung über professionelle Dienstleistungsarbeit. Zeitschrift für Soziologie, 46 (1), S. 39-54.

Nerdinger, F.W./Blickle, G./Schaper, N. (2014): Arbeits- und Organisations-

psychologie. Heidelberg: Springer.
Rosso, Brent D./Dekas, Kathryn H./Wrzesniewski, Amy (2010): On the Meaning of Work. A theoretical Integration and Review. Research in Organizational Behavior, 30, S. 91-127.
Tajfel, Henri/Turner, John C. (1979): An integrative theory of intergroup conflict. In: Austin, William G./Worchel, Stephen (Hrsg.): The Social Psychology of Intergroup Relations. Monterey, CA: Brooks/Cole. S. 33-48.
Turner, John C./Hogg, Michael A./Oakes, Penelope J./Reicher, Stephen D./ Wetherell, Margaret S. (1987): Rediscovering the social group. A Self-Categorization Theory. New York, NY: Basil Blackwell.
Ulich, Eberhard (2004): Gestaltung von Arbeitstätigkeiten. In: Schuler, Heinz (Hrsg.), Lehrbuch Organisationspsychologie. Bern: Huber, S. 221-251.
Ulich, Eberhard (2011): Arbeitspsychologie. Stuttgart: Schäffer-Poeschl.

Jürgen Walter/Lisa Hennerkes
Alles geschieht im Kopf
Was können Entscheidungs-
träger*innen von erfolgreichen
Sportler*innen lernen?

Sportpsychologische Verfahren haben in der letzten Zeit vor allen vor dem Hintergrund der Leistungsverdichtung enorm an Bedeutung gewonnen. Mit sportpsychologischen Verfahren lässt sich dabei die individuelle mentale Regulationsfähigkeit trainieren, um in Leistungs- und Drucksituationen eine optimale Performance erreichen zu können. Selbst den besttrainierten Sportler bringt es ab einem gewissen Punkt nicht mehr weiter, wenn er nicht in der Lage ist, negativ empfundene Gefühle und Situationen durch kognitive Stärke und Vorstellungskraft ins Positive umzuwandeln. Dabei geht es nicht nur um Bewegungskontrolle, sondern auch um die Kontrolle von Emotionen und um die Fähigkeit, sich punktgenau konzentrieren oder entspannen zu können.

Themengebiete und Methoden der Sportpsychologie beziehen sich jedoch nicht nur exklusiv auf Leistungssportlerinnen und Leistungssportler sowie deren Umfeld. Personen, die sich in einem »high-performance environment« bewegen, also in ihrer Leistungsfähigkeit besonders gefordert sind, wie professionelle Musikerinnen und Musiker, Führungskräfte oder Ärzte, können ebenfalls von sportpsychologischen Aspekten und Methoden profitieren.

Mentale Stärke bedeutet dabei: »Das, was jemand grundsätzlich in der Lage ist zu tun, kann auch abgerufen werden, wenn's drauf ankommt.« Dabei ist es egal, ob ein Chirurg vor einer hochriskanten Operation steht, ein Sänger vor einem anspruchsvollen Auftritt, ein Rechtsanwalt vor einem entscheidenden Plädoyer, eine Führungskraft vor einer kritischen Verhandlung oder Präsentation oder ein Sportler vor einem wichtigen Wettkampf.

Mentale Trainings bestehen in erster Linie aus den Techniken Internalisierung und Visualisierung. Mittels dieser Techniken ist eine Person in der Lage, eine Handlungsabfolge zu verinnerlichen und zu optimieren, ohne sie dabei praktisch auszuüben. Dies entspricht der Fähigkeit, sich gedanklich in eine Situation hineinzuversetzen, ohne sich tat-sächlich in dieser Situation zu befinden. Das Mentaltraining fördert die Fähigkeit, Situationen vor dem geistigen Auge aufzurufen und diese im besten Falle mit verschiedenen Sinnesmodalitäten nachempfinden zu können. Bekräftigend kann dabei die Selbstinstruktion sein sowie das Hervorrufen von Erinnerungs- oder Vorstellungsbildern. Das hilft auch dabei, die Motivation, das Erregungsniveau oder zielführende Hand-lungsmuster zu verbessern und zu stabilisieren.

Hans Eberspächer (2004) hat auf den Punkt gebracht, woraus Men-taltraining besteht, und dieses durch das *»3-4-5-6-7-Prinzip«* erklärt:

- Es gibt *drei Ziele:* Den optimalen Eigenzustand zu erreichen, opti-mal zu handeln und eigene Ziele auf optimalen Wegen zu erreichen.
- Es gibt *vier Wege*, sich mental zu stärken: Das Beobachten anderer, das Sprechen mit sich selbst, die Visualisierung und das ideomoto-rische Trainieren. (Über das Visualisieren bezieht man alle inneren Sinne und Sinneserlebnisse ein.)
- Es gibt *fünf Schritte* des Trainings: Instruktion, Beschreibung, Verin-nerlichung, Knotenpunkte festlegen und markieren. Die sogenann-ten Knotenpunkte sind dabei nichts anderes als wesentliche Stellen eines Ablaufs oder einer Situation.
- Es gibt dann *sechs Wirkungen* des Mentaltrainings: Konzentration, Ordnung, Klarheit, Coping, Verfügbarkeit und Stabilisierung.
- Die *sieben Grundsätze*, die es zu verfolgen gilt, sind eine positive Einstellung, eine genaue und realistische Zielsetzung, Entspannung, Eigenerfahrung, Eigenperspektive, lebhafte Vorstellungskraft und die Kombination des Mentaltrainings mit motorischem Training.

1. Wirkfaktoren des mentalen Trainings

1.1 Motivation

Motivation leitet sich vom lateinischen Begriff »motivus« (»Bewegung auslösend«) ab und wird in der Psychologie als »die Bereitschaft (…), sich intensiv und anhaltend mit einem Gegenstand auseinanderzuset-zen«, bezeichnet (Hasselhorn/Gold 2009: 103). Durch Motivation kann Verhalten folglich auf ein Ziel ausgerichtet werden.

Es lassen sich grundsätzlich zwei verschiedene Arten von Motivati-on unterscheiden: die *intrinsische*, auch innere Motivation genannt, und die *extrinsische* Motivation, die von außen entsteht. Den Unterschied zwischen beiden Formen zu verstehen, ist essenziell, um an der eigenen Motivation arbeiten zu können.

⇨ Bei der *intrinsischen Motivation* geht es ausschließlich um die Befriedigung von persönlichen Wünschen oder Trieben. Sie kommt von innen und wird von uns selbst geleitet, es geht mehr um die Ausübung einer Tätigkeit als um das Ziel, das man damit erreichen möchte. Im Vordergrund stehen die Empfindungen: Spaß, Freude und Begeisterung. Man macht etwas, weil man es will, nicht weil man es muss.

⇨ Die *extrinsische Motivation* wird von außen gesteuert. Es sind äußere Einflüsse, die einen dazu bringen, bestimmte Dinge zu tun. Hierbei steht das Erreichen eines Zieles im Vordergrund und weniger die Art und Weise, wie dies erreicht wird. Dinge wie Geld, Macht oder Einflussnahme können Faktoren sein, die einen extrinsisch motivieren.

■ Häufig entwickelt sich auf dem Weg zum Ziel ein hoher Druck. Dieser kann sowohl von außen als auch von innen kommen, also von einem selbst ausgehen. Druck kann die eigene Leistung und auch die eigene Motivation hemmen.

■ *Fehlende, zu hohe oder zu niedrige Ziele* können ebenfalls zu einem Motivationsloch führen. Wenn man vor einer unlösbaren Aufgabe steht, kann man sich nur schlecht motivieren, überhaupt damit anzufangen.

■ Auch *unrealistische Ansprüche* sind motivationshemmend. Diese können zu negativen Gedanken führen, wodurch die eigene Leistungsentwicklung gebremst wird.

Die intrinsische Motivation gilt als die höchste Form der Motivation, da sie durch die Freude an der Aktivität selbst (z.B. Sport, Lernen, Vorträge halten, Musizieren) und deren Ausführung entsteht. Intrinsisch motivierte Personen fokussieren ihre Aufmerksamkeit lediglich auf den Moment und die aktuelle Handlung, ohne an potenzielle Konsequenzen zu denken. Daher plädieren neuere Theorien dafür, den Begriff »aktivitäts-bezogene Motivation« statt intrinsischer Motivation zu verwenden (Rheinberg/Engeser 2018). Das Phänomen der vollständigen Vertiefung in eine intrinsisch motivierende Aktivität wird auch als Flow-Erleben bezeichnet (Csikszentmihalyi 1975/2008).

1.2 Zielsetzung

Eine bekannte Bank warb einmal mit dem Slogan »*Jeder Mensch hat etwas, das ihn antreibt*«. Ziele sind essenziell für eine sich steigernde Leistungsentwicklung, denn ohne ein Ziel wissen wir nicht, wonach wir uns ausrichten und welchen Weg wir gehen müssen. Ziele beeinflussen maßgeblich direkt oder indirekt unser Verhalten. Im Kontext des Personal Trainings in Sport und Wirtschaft wird der Prozess der Zielsetzung als die effektivste psychologische Methode angesehen, um Leistung zu verbessern und Motivation zu erzeugen (Bueno u.a. 2008). Der direkte Ansatz (Locke/Latham 1990) besagt, dass Menschen durch die Setzung eines Ziels ihre Aufmerksamkeit auf für sie relevante Aspekte des Verhaltens, der Aufgabe oder des Produktes legen. Dadurch wird Motivation erzeugt, die wiederum das Erlernen neuer Fähigkeiten, Strategien oder Verhaltensweisen begünstigt. Indirekt können Ziele das Verhalten beeinflussen, indem sie Veränderungen individueller psychologischer Faktoren wie Selbstbewusstsein, Zufriedenheit oder Leistungsorientierung verursachen (Burton 1989).

Im Rahmen des Mentaltrainings kann eine effektive Zielsetzung erreicht werden, indem die Methode der »SMART Goals« angewandt wird (Doran 1981). Mit deren Hilfe können Ziele verständlich, deutlich und realistisch formuliert werden, um eine Veränderungsmotivation und -bereitschaft sowie die notwendige persönliche Betroffenheit zu erzeugen.

Spezifisch Messbar Akzeptiert Realistisch Terminiert = S.M.A.R.T

Spezifisch bedeutet, ein Ziel so detailliert wie möglich zu formulieren: »Was möchte ich erreichen? Wieso ist dieses Ziel wichtig für mich? Wo und wie werde ich es erreichen?«. Um ein Ziel *messbar* und damit objektiv überprüfbar zu gestalten, sollte in der Formulierung eine Maßeinheit hinzugefügt werden (z.B.: »Ich möchte meine Laufleistung um zwei Minuten steigern«, anstatt: »Ich möchte schneller werden« oder: Ich möchte meine Sprechgeschwindigkeit bei Vorträgen reduzieren, statt: Ich möchte besser präsentieren). Anschließend sollte geprüft werden, ob das Ziel der Motivation des Akteurs selbst entspringt *(akzeptiert)*. Ein Ziel sollte weiterhin stets *realistisch* formuliert sein, um es erreichen zu können und damit Misserfolge und Demotivation vorzubeugen. Dabei sollte das Ziel weder zu einer Überforderung noch zu einer Unterforderung des Zielsetzenden führen. Schließlich sollte der

Zielsetzung ein finales Ergebnis oder Enddatum *(terminiert)* hinzugefügt werden: »Bis wann möchte ich mein Ziel erreicht haben? Woran
kann ich erkennen, ob ich mein Ziel erreicht habe?«
   Da Verhaltensänderungen Energie, Motivation und kontinuierliche
Zuwendung benötigen, ist es hilfreich, das finale Ziel wiederum in Teil-
schritte zu differenzieren. So wird zum einen das Ziel noch detaillier-
ter beschrieben, aber auch greifbarer für die Akteure, indem das als
zunächst noch weit entfernt scheinende Endergebnis in niederschwel-
lige Handlungen oder Verhaltensweisen aufgeteilt wird.

1.3 Umfeldanalyse
Ein emotional belastendes Phänomen bei Leistungssportlern, das sich
auf viele andere Bereiche übertragen lässt, ist die Unfähigkeit zur Bestleistung trotz voll vorhandener sportlicher (fachlicher) Kompetenzen und
Fähigkeiten. Hierbei handelt es sich um eine mentale Blockade. Diese
kann anhand folgender Schritte gelockert oder sogar gelöst werden:
1. Problem erkennen und genau festhalten. Sind es Schwierigkeiten
   mit einer Person im Umfeld, kann vielleicht bereits ein klärendes
   Gespräch helfen.
2. Arbeits- bzw. Trainingspensum anpassen. Auch nach großen psychischen Herausforderungen fühlt man sich ausgebrannt und leer.
   Solange dieser Stress und damit ein erhöhtes Erregungsniveau also
   noch anhalten, sollte die Intensität des Trainings reduziert werden,
   um eine Überforderung zu vermeiden.
3. Konflikt lösen. Probleme vor sich her zu schieben vergrößert das
   Unwohlsein meist nur. Wichtig ist, die Dinge in die Hand zu nehmen
   und aktiv anzufangen, das Problem zu lösen.
4. Neue Energie tanken. Selbst wenn das Problem dann aus der Welt
   geschafft wurde, braucht man meist noch einige Tage oder sogar
   Wochen, um sich zu regenerieren und neu zu motivieren.

1.4 Mentale Stärke und Mindsetbildung
Mentale Stärke beschreibt die Fähigkeit, ungeachtet äußerer Einflussfaktoren sein gesamtes Leistungspotenzial ausschöpfen und umsetzen zu können (Loehr 2010). Gestärkt und gefestigt wird diese Fähigkeit durch Mentaltraining.
   In der Anwendung werden systematisch Abläufe in Gedanken trainiert (z.B. ein Schlag im Tischtennis), ohne die Bewegung tatsächlich auszuführen (Eberspächer 2011, 2012). Neurowissenschaftlich ist

belegt, dass dabei dieselben Bereiche im Gehirn aktiviert werden wie bei der realen Bewegungsausführung selbst (Holmes u.a. 2010). Diese hauptsächlich im Bereich der Sportpsychologie verankerte Methode kann ideal für andere Leistungskontexte modifiziert werden: So kann auch ein Vorstellungsgespräch, ein Vortrag, ein medizinischer Eingriff oder eine Sonate mental vorbereitet werden.

Unter *Mindset* sind grundsätzliche Denkweisen, Haltungen oder die Mentalität eines Menschen zu verstehen (Dweck 2009; 2012). Dweck unterscheidet zwischen dem bereits angesprochenen dynamischen Selbstbild (»growth mindset«) und dem statischen Selbstbild (»fixed mindset«). In einem statischen Selbstbild werden die eigenen Fähigkeiten und Talente als gesetzt und nicht wandelbar angesehen. Demnach streben Personen laut Dweck konstant danach, sich selbst in verschiedenen Situationen zu bestätigen und ihre Fähigkeiten unter Beweis zu stellen. Neue Herausforderungen werden dabei häufig gemieden, konstruktive Kritik und Feedback ignoriert und bei potenziellen Hürden eher aufgegeben. Personen mit einem dynamischen Selbstbild sind hingegen davon überzeugt, dass Fähigkeiten und Talente noch über die Lebensspanne (weiter-)entwickelt werden können. In erster Linie verfolgen sie das Ziel des Lernens und der persönlichen Entwicklung. So sehen sie Herausforderungen nicht als Gefahr, sondern als Chance, nutzen Kritik zu ihrem Vorteil und geben nicht auf, wenn es schwierig wird. Wo Personen mit einem statischen Selbstbild häufig früh ihr Leistungsplateau erreichen, kann das dynamische Selbstbild zu langfristig steigenden Erfolgen verhelfen. Weiterhin zeigen sich Personen mit einem dynamischen Selbstbild auch häufiger als effektive Teamplayer oder Mentor*innen für andere Talente. Im Rahmen von Mentaltrainings ist dafür zu sorgen, dass ausreichend Impulse zur Entwicklung eines dynamischen Selbstbildes und einer positiven Grundhaltung gegenüber Lernen und Weiterentwicklung gegeben werden, sodass die Akteur*innen ihre Ressourcen effektiv und nachhaltig ausbauen, nutzen und in andere Lebensbereiche übertragen können.

2. Techniken des Mentaltrainings

2.1 Affirmationen

Affirmationen – was ist das eigentlich? Der lateinische Ursprung »affirmatiō« bedeutet in etwa »Beteuerung«. Heutzutage wird der Begriff mit den Wörtern »Bejahung« oder auch »Zustimmung« erklärt. Es geht dabei um die positive Wirkung der Formulierungsart unserer Gedanken. *Affirmationen* sind bejahende, bekräftigende Sätze, die wir uns entweder denken oder laut aussprechen und die unser Selbstbewusstsein stärken.

Sie dienen dazu, den Glauben an unsere eigene Leistungsfähigkeit so zu festigen, dass uns nichts mehr aus der Bahn bringen kann. Das Ziel ist es, negative Gedanken wie *»Ich schaffe das nicht«* oder *»Das traue ich mir nicht zu«* in positive Gedanken umzuwandeln und durch stetiges Wiederholen von Sätzen wie *»Ich kann das schaffen«* oder *»Ich stelle mich der Herausforderung und sehe es als Chance«* das Selbstvertrauen zu festigen. Es geht also um die Art der Bewertung einer Situation: Ist das Glas halbvoll oder halbleer?

Um die Bedeutung der Wortwahl unserer Gedanken zu erkennen, muss man verstehen, dass Gedanken einen direkten Einfluss auf die Funktionsfähigkeit unserer Muskeln haben. Allein die Vorstellung, dass ein Pendel an einer Schnur hin und her schwingt, führt dazu, dass das Gehirn Impulse an die Muskeln leitet, und dann auch genau das geschieht. So spiegelt sich zum Beispiel eine pessimistische und ängstliche Einstellung auch in der eigenen Körperhaltung wider. Dieser sogenannte Carpenter Effekt lässt sich bei einer Reihe verschiedener Versuche zeigen: Allein die Vorstellung einer Bewegung reicht aus, Muskeln so zu aktivieren, dass minimale Bewegungen entstehen. Wenn man sich jetzt also die ganze Zeit suggeriert, dass man die kommende Höhe im Hochsprung nicht schaffen kann, dann wird vermutlich auch genau das passieren.

Bei der Formulierung von positiven Gedanken sollte Folgendes beachtet werden (Baumann 2009):

- In der *Gegenwartsform* bleiben: »Ich bin konzentriert und wach« statt »ich werde mich konzentrieren«.
- *Positive Formulierungen* verwenden und das Wort »nicht« nicht verwenden: Vermeide Sätze wie »Nicht zu langsam arbeiten«. Oder können Sie jetzt einmal »nicht an einen rosa Elefanten denken«? Was tun Sie dann?

■ Einen *Ich-Bezug* herstellen: »Ich bin motiviert«.

■ *Symbole* verwenden und Vergleiche erstellen: »Ich bin so schlau wie ein Fuchs.«

■ *Indirekte Formulierungen* verwenden, die keine Zweifel entstehen lassen: Statt »Ich bin stark« lieber »Ich fühle mich heute stark«.

⇨ Wichtig ist auch zu verstehen, dass unser Gehirn nicht zwei komplett unterschiedliche Erregungsimpulse verarbeiten kann. Wer sich stark und fokussiert fühlt, kann niemals zur selben Zeit auch schwach und verängstigt sein (Baumann 2009). Konzentrieren Sie sich also auf positive Merkmale und Ihre Stärken! *Die Freude auf einen möglichen Erfolg sollte die Sorge über einen Misserfolg überwiegen.*

2.2 Entspannung

»In der Regel bringen Menschen, die dauernd unter Volldampf stehen, der Aufforderung zur Entspannung eine positive Haltung entgegen. Menschen jedoch, die selten in Spannungszustände geraten, die auch in risikoreichen Situationen wenig sensibilisiert werden können und die das berühmte ›dicke Fell‹ besitzen, stehen Entspannungsübungen häufig verständnislos, wenn nicht gar ablehnend gegenüber. Bei ihnen sollten Entspannungsübungen nur im Falle subjektiv erlebter Stresssituationen angewendet werden.« (Ebd.)

Menschen haben verschieden starke Erregungsgrade und auch unterschiedliche Erregungszustände, bei denen sie eine optimale Leistung bringen. Manche Menschen müssen erst eine große Spannung aufbauen, um sich optimal konzentrieren zu können, bei anderen wäre dieser Erregungsgrad schon viel zu hoch und es würde eher zu einer Stressreaktion kommen.

⇨ Anspannung ohne Entspannung führt zu Stress, Entspannung ohne Anspannung erzeugt Langeweile. Am geeignetsten ist daher das Erreichen eines mittleren Erregungsniveaus zwischen beiden Extremen, das je nach Person individuell ausfallen kann.

⇨ Man kann zwischen positiv und negativ motivierter Anspannung unterscheiden. Grundsätzlich lässt sich eine freudige Erregung besser kontrollieren und nutzen als zum Beispiel »sorgenbasierte« Erregung. Diese führt häufig zu einer erhöhten Aktivität der Muskeln und zu einer früheren Ermüdung, also zu einer Stressreaktion. Durch Affirmationen versucht man indirekt negative Anspannung in Positive zu verwandeln. Mit der Hilfe von Entspannungstechniken passt man dann das Spannungsniveau zum optimalen Abruf der Leistung an.

Es gibt sehr unterschiedliche Arten von Entspannungstraining, jede Person sollte für sich persönlich die passende Methode finden. So kann man über das Erlernen von Atemtechniken eine Entspannung herbeiführen, über das sogenannte Psychohygienetraining, das Training mit einem Biofeedback-Gerät oder aber auch die Progressive Muskelentspannung nach Jacobsen.

Letztere basiert auf der Feststellung, dass eine Begleiterscheinung von Angst immer auch die automatische Aktivierung und Anspannung der Muskelgruppen ist. Durch ein aktives Anspannen und ein sofortiges Entspannen einzelner Muskeln und Muskelgruppen kommt es zu einer bewussten Spannungslösung (ebd.).

Besonders Personen, die unter Schlaflosigkeit leiden oder sich vor einer Leistungssituation zu viel Druck machen und dadurch ein erhöhtes Erregungsniveau zeigen, profitieren von der bewussten Lösung dieser Anspannung. Entspannung bedeutet das *Absenken des momentanen Erregungsniveaus*, um ein optimales Leistungsniveau zu erreichen. Das Level der Anspannung ist individuell unterschiedlich und auch je nach Sportart bzw. beruflicher Herausforderung anders. Mittels der Progressiven Muskelentspannung kann man durch den direkten und bewussten Wechsel von Anspannung und Entspannung Konzentration fördern und Energiereserven einsparen.

2.3 Atmung und Atemtechniken

Die Kontrolle der Atmung ist eine der einfachsten Methoden, den körperlichen Erregungszustand zu regulieren. Entspannungstechniken können zu jeder Zeit, in jeder Position und ohne jegliche Hilfsmittel durchgeführt werden. Sie dienen der schnellstmöglichen Entspannung, dazu gehört sowohl die Entladung von Emotionen und Stress als auch die direkte, körperliche Erholung. Die Atementspannung ist leichter zu erlernen als andere Entspannungstechniken, da sie relativ oberflächlich bleibt. Trotzdem sollten einige Dinge beachtet werden.

- Der wichtigere Teil ist die Ausatmung, da hierbei jegliche Spannung gelöst wird und man nur passiv agiert.
- Im Vergleich zur normalen Atmung ist die Ausatmungsphase deutlich verlängert. Zählen Sie beim Einatmen bis 3, beim Ausatmen bis 10. Achten Sie darauf, wie sich Zwerchfell und Bauchdecke bewegen.

■ Die Aufmerksamkeitslenkung auf die Atmung sollte ganz passiv sein und nicht erzwungen werden. Gerade zur Entspannung soll jegliche Art von Druck ausgespart werden.

Die Atmung kontrolliert unseren Erregungszustand. Nutzen Sie besonders eine tiefe und gleichmäßige Atmung, um bestmöglich zu entspannen.

2.4 Umgang mit Emotionen (Emotionskontrolle)

Emotionen sind ein wichtiger Bestandteil des Menschen, sei es im Sport, im Privatleben oder im Job. So bedeutend sie für einen Menschen sind, so schwer sind sie für viele Menschen zu kontrollieren. Emotionen sind Signale, die sehr schnell vermitteln, ob man etwas gut findet oder nicht. Sie überkommen einen meist spontan, können sich durch Impulsivität und Gefühlsausbrüche äußern und positiver oder negativer Art sein.

⇨ Positive Emotionen sind zum Beispiel Freude, Stolz, Glück, Selbstvertrauen, Lust, Zufriedenheit oder Ekstase und können zum Ansporn dienen, Leistung zu bringen. Sie fördern Motivation und setzen Energien in Ihnen frei, die Sie brauchen, um leistungsfähig zu sein.

⇨ Negative Emotionen sind zum Beispiel Frust, Angst, Ärger, Ekel und Trauer. Sie beeinflussen unsere Motivation erheblich. Sie können zu »Selbstläufern« werden, wenn wir beginnen, emotionale Sperren aufzubauen, weil wir krampfhaft damit beschäftigt sind, immer wieder über das gleiche Problem oder Ärgernis zu grübeln. Sie verengen Denk- und Handlungsalternativen und stehen Ihnen bei der Verfolgung Ihrer Ziele oft im Weg.

Im ersten Moment wirken negative Emotionen zwar »pushend«, weil sie den Körper in Alarmbereitschaft versetzen. Sie rauben nach kurzer Zeit jedoch viel Energie. Das behindert auf Dauer die Motivation, die eigene Zielsetzung und schließlich die Leistung. Es gibt zum Glück Wege und Strategien, die Emotionen zu kontrollieren

⇨ Eine Möglichkeit ist der sogenannte Gedankenstopp. Dadurch werden Gedankenketten unterbrochen und die Konzentration wiederhergestellt.

Der Gedanke, der als störend empfunden wird, soll sofort unterbrochen werden, z.B. durch das Wort »Stopp«. Auch hilft es, sich vorzustellen, die negativen Gedanken an eine Wolke zu hängen und diese Wolke langsam weiterziehen zu lassen. Wichtig dabei ist, dass diese Methode immer angewendet wird, wenn Wut oder Angst wieder da sind.

Einen Zustand, den eigentlich jeder schon einmal erlebt hat oder erleben möchte, ist der sogenannte *Flow-Zustand*, oder anders ausgedrückt: der Moment, in dem einfach alles klappt. Man fühlt sich locker, selbstbewusst und kann die berühmten »Bäume« ausreißen. Der Begriff »flow« kommt aus dem Englischen und bedeutet so viel wie »fließen« oder »strömen«. Er beinhaltet also bereits das Bild, dass, egal was man gerade tut, die Handlung völlig gleichmäßig und mühelos passiert. Während des Flow-Zustandes sind die Erfahrungen, die man macht, qualitativ hochwertiger und das Erlebnis selbst prägender, obwohl man sich weniger an die einzelnen Handlungsschritte erinnert, die man ausgeführt hat. Mihály Csikszentmihalyi, ein Forscher, der sich intensiv mit dem Flow auseinandergesetzt hat, bezeichnet diesen Zustand unter anderem als Glücks- oder Freudenmoment. Für ihn tritt Freude immer genau dann auf, wenn man sich »an der Grenze zwischen Langeweile und Unsicherheit« befindet (Csikszentmihalyi 2008). Es geht also um das Gleichgewicht zwischen Über- und Unterforderung, im weitesten Sinne um die optimale Zielsetzung und Anspruchsformung. Hinzu kommt die Annahme, dass man Flow am ehesten erreichen kann, wenn man Kontrolle über die eigenen Gedanken und Emotionen hat. Auch wenn es einiges leichter machen würde, kann man den Flow-Zustand leider nicht erzwingen. Die vermutlich wichtigste Komponente zur Erzeugung dieses Zustandes ist jedoch das Bewusstsein und die Aufmerksamkeit, beziehungsweise dessen Fokussierung. Es ist wichtig zu verstehen, dass man die einzelnen Komponenten zur Vorbereitung dieses Zustandes trainieren kann, den Zustand selbst jedoch nicht. So ist es während eines Flow-Erlebnisses auch nicht wirklich möglich, sich reflektierend mit dem gerade erlebten Zustand auseinanderzusetzen.

2.5 Konzentration
Eine der wichtigsten Komponenten zur optimalen Leistungsabrufung ist die Konzentrationsfähigkeit. Nur wer sich auf den Punkt genau konzentrieren kann, ist in der Lage, seine beste Leistung zu vollbringen. Diese Fähigkeit muss, unabhängig von der ausgeübten Tätigkeit, trainiert bzw. gelernt werden, um sie dann im gegebenen Leistungsmoment ohne direkte Fokussierung auf die exakte Handlungsabfolge ausführen zu können. Bei einer optimalen Konzentration geht es also darum, das bestmögliche Erregungsniveau, das für die bevorstehende Aufgabe notwendig ist, zu erreichen. Es wird versucht, einen gewissen Grad der Anspannung zu erhalten und gleichzeitig locker zu bleiben.

Es ist hilfreich, sich die verschiedenen Dimensionen anzuschauen, die die Konzentrationsfähigkeit ausmachen:

- *Weit gestreute* vs. *eng begrenzte* Konzentration
- *Nach innen* vs. *nach außen* gerichtete Konzentration
- *Kurzzeitige* vs. *langfristige* Konzentration.

Diese drei Dimensionen können in den unterschiedlichsten Kombinationen auftreten. Veranschaulichen lässt sich dies am Beispiel von verschiedenen Sporttätigkeiten. Eine enge, nach innen gerichtete Konzentration kann sich auf die Kraftverhältnisse, die ein Spieler bei der Ausführung eines bestimmten Wurfes (*eine Aufgabe in deinem Körper*) verspürt, beziehen. Bei einer weit gestreuten und nach außen gerichteten Konzentration geht es zum Beispiel um die Fokussierung auf Situationsanalysen, also darum, welche Taktik für den Verlauf des Spiels wohl am besten ist. Ein Beispiel für eine nach außen gerichtete, enge Konzentration ist ein Elfmeter, hierbei wird sich auf diese eine Handlung konzentriert und auf die Situation und die gegebenen Umstände, in denen er ausgeführt wird. Eine weit gestreute, nach innen gerichtete Konzentration kann eine Gleichgewichtsübung sein, wobei man zum Beispiel über ein Tau balanciert oder auf einem Wackelbrett steht. Anhand dieser vier Beispiele (es gibt noch weitere Kombinationsmöglichkeiten) lässt sich jedoch bereits erkennen, wie unterschiedlich die Fokussierung ausfallen muss. Durch diese Erkenntnis lässt sich auch ableiten, dass die unterschiedlichen Bereiche verschieden trainiert werden müssen. Eine besondere Rolle spielt dabei auch der Wechsel zwischen den einzelnen Konzentrationssituationen. Es sollte gelernt werden, die Aufmerksamkeit so lenken zu können, dass sie je nach Umständen optimal ausgerichtet ist, um eine möglichst gute Leistung abliefern zu können. Ist die eigene Aufmerksamkeit weit gestreut, ist das eher schädlich, da so Einflüsse des Publikums leichter auf einen wirken und einen beeinflussen können.

Dieser Wechsel der Konzentration kann leicht geübt werden: Schließen Sie die Augen und konzentrieren Sie sich auf eine laute Umgebung. Hören Sie für eine kurze Zeit zu. Dann, durch ein bewusstes Umschalten versuchen Sie nun, alle äußeren Geräusche auszublenden und sich nur auf die eigene Körperwahrnehmung zu konzentrieren. Versuchen Sie sich ganz auf das Körperempfinden zu konzentrieren. Danach können Sie erneut wechseln oder die Übung beenden.

Man kann dieses Training grundsätzlich an jedem Ort durchführen: in einem Großraumbüro, an einem Bahnsteig oder auf einem öffentlichen

Platz. In der soeben beschriebenen Übung versuchen Sie ihre Konzentration mittels *der Gedanken* zu leiten. Es gibt noch weitere Möglichkeiten, Ihre Aufmerksamkeit kurzfristig auf einen anderen Punkt zu lenken (Draksal/Rathschlag 2003):

- Über *Ihren Blick.* Lenken Sie den Blick genau auf den Punkt, auf den Sie sich fokussieren wollen, zum Beispiel die Tastatur des Laptops.
- Über die eigene Körpersprache. Tun Sie einfach so, als seien Sie konzentriert.
- Über die Atmung. Durch eine Atemübung können Sie ihre physiologischen Reaktionen auf bestimmte Situationen kontrollieren und den Einflussfaktor ihre Gedanken erhöhen.

Sollten Sie merken, dass Sie abschweifen, können sogenannte *Selbstbefehle* hilfreich sein. Mögliche Sätze sind zum Beispiel:

- »Ich fühle mich noch immer voll konzentriert.«
- »Ich fühle mich fit und wach.«
- »In meinem Fokus liegt allein der Ball.«

3. Zusammenfassung

In Erkenntnis dieser vielfältigen hier beschriebenen Möglichkeiten sollte jedem Menschen klar sein, dass niemand eine Maschine ist. Der Mensch macht Fehler und hat auch das Recht, negativ zu denken. Der Mensch sollte zudem achtsam sein und auf die eigenen Bedürfnisse, Gefühle, Wünsche und Grenzen achten. Wir können nicht alle Olympiasieger, Vorstandsvorsitzender oder Bundeskanzler werden. Sportpsychologische Aspekte zeigen aber auf, wie es gelingen kann, gut zu sein, »wenn es drauf ankommt«!

Literatur

Baumann, Sigurd (2009): Psychologie im Sport. Hamburg: Meyer & Meyer Verlag.

Bueno, Javier/Weinberg, Robert/Fernández-Castro, Jordi/Capdevila, Lluís (2008): Emotional and motivational mechanisms mediating the influence of goal setting on endurance athletes' performance. Journal of Sport and Exercise Psychology, 9 (6), 786-799.

Burton, Damon (1989): Winning isn't everything: Examining the impact of performance goals on collegiate swimmers' cognitions and performance.

The Sport Psychologist, 3 (2), 105-132.
Csikszentmihalyi, Mihály (2008): Flow: Das Geheimnis des Glücks, 14. überarb. Aufl. Stuttgart: Klett-Cotta.
Doran, George T. (1981): There's a S.M.A.R.T way to write management's goals and objectives. Management Review, 70 (11), 35-36.
Draksal, Michael/Rathschlag, Marco (2003): Mentales Handball-Training. Leipzig: Draksal Fachverlag.
Dweck, Carol S. (2009): Developing talent through a growth mindset. Olympic Coach, 21 (1), 4-7.
Dweck, Carol S. (2012): Mindset: How you can fulfill your potential. New York, NY: Ballantine Books.
Eberspächer, Hans (2011): Gut sein, wenn's drauf ankommt: Die Psycho-Logik des Gelingens, München: Carl Hanser.
Eberspächer, Hans (2019): Mentales Training: Das Handbuch für Trainer und Sportler (1. Aufl. 2012), Grünwald: Copress.
Hasselhorn, Marcus/Gold, Andreas (2009): Pädagogische Psychologie. Erfolgreiches Lernen und Lehren. Stuttgart: Kohlhammer.
Holmes, Paul S./Cumming, Jennifer/Edwards, Martin G. (2010): Movement imagery, observation and skill. In: Guillot, Aymeric/Collett, Christian (Hrsg.), The neurophysiological foundations of mental and motor imagery (pp. 253-270). Oxford: Oxford University Press.
Locke, Edwin A./Latham, Gary P. (1990): A theory of goal setting and task performance. Englewood Cliffs, NJ: Prentice Hall.
Loehr, James E. (2010): Die neue mentale Stärke. Sportliche Bestleistung durch mentale, emotionale und physische Konditionierung. München: BLV.
Rheinberg, Falko/Engeser, Stefan (2018): Intrinsic motivation and flow. In Heckhausen, Jutta/Heckhausen, Heinz (Hrsg.), Motivation and Action. Cham: Springer, S. 597-622.
Walter, Jürgen (Produzent)/Brodel, Tanne (Regisseur) (2016): Alles geschieht im Kopf [Film zur Praxis der Sportpsychologie]. Deutschland: Die Filmschmiede.

Regina Laudel
Generationen im Wandel
Werte und Einstellungen der Generation Y in der Arbeitswelt

Mit der Verlängerung der Arbeitslebenszeit und dem Einstieg der jüngs-
ten Generation – der sogenannten Generation Z – sind aktuell vier verschiedene Alterskohorten gleichzeitig im Erwerbsleben. Sie alle bringen
unterschiedliche Werte und Einstellungen sowie eine andere Haltung
und Motivation mit an den Arbeitsplatz. Unverständnis, Missverständnisse und Vorurteile unter den Angehörigen der verschiedenen Generationen können sich einstellen. Es stellt sich die Frage, was genau die
verschiedenen Generationen voneinander unterscheidet. Welche Anforderungen und Erwartungshaltungen bringen insbesondere die jüngeren
Generationen mit an den Arbeitsplatz?

Vor dem Hintergrund des Fachkräftemangels sowie des demografischen Wandels müssen sich Personalverantwortliche und Führungs-
kräfte im »War of Talents« derartige Fragen für die Rekrutierung junger
Talente, für deren Motivation und langfristige Bindung ans Unterneh-
men stellen. Um Antworten zu finden, ist es notwendig, die Wünsche,
Wertvorstellungen und Haltungen der verschiedenen Alterskohorten,
insbesondere in Bezug auf die Arbeitswelt, zu kennen. Der vorliegende
Beitrag gibt in diesem Sinne zunächst einen Überblick über die gängige
Einteilung der Geburtsjahrgänge in die verschiedenen Generationen seit
Ende des Zweiten Weltkriegs. Es folgt eine Darstellung bedeutsamer
Ereignisse und Trends, welche das Kollektivgedächtnis der jeweiligen
Generation prägten und somit zur Entwicklung jeweils häufig vertre-
tener Werte, Einstellungen und Motivationen beitrugen. Diese werden
im Hinblick auf die Arbeitswelt beleuchtet. Der Schwerpunkt der Ausführungen liegt bei der sogenannten Generation Y – auch Millennials
genannt, da sie im Jahr 2020 rund die Hälfte aller Arbeitnehmer*innen
weltweit stellen wird (vgl. WILA Arbeitsmarkt 2016). Sie bildet nicht
mehr nur einen Trend für eine noch weit entfernte Zukunft, sondern ist
bereits Realität auf dem Arbeitsmarkt.

Ziel des Beitrags ist es, Personalverantwortlichen, Führungskräften
sowie weiteren Interessierten die Erwartungshaltungen und Anforde-

rungen der Generation Y an den Arbeitgebenden im Vergleich zu früheren Alterskohorten näherzubringen, um generationsübergreifend sinnvolle mitarbeiterorientierte Führung und Personalentwicklung zu ermöglichen. Darüber hinaus wird in Anbetracht der zunehmenden öffentlichen Popularität der Sinnfrage – der Suche nach Sinnerleben bei der Arbeit insbesondere der jüngeren Generationen – auf den Diskurs über veränderte Sinnansprüche im Laufe der Zeit eingegangen.

Kritik und Nutzen des Generationenbegriffs

Laut dem Soziologen Karl Mannheim (1928) umfasst eine Generation mehrere Geburtsjahrgänge, welche im besonders prägenden Jugend- und jungen Erwachsenenalter durch gleiche gesellschaftliche Ereignisse beeinflusst werden (vgl. Schröder 2018: 471, Hardering 2018: 78). Aufgrund dieser gemeinsamen Erfahrungen entwickelt sich ein kollektives Generationsbewusstsein, ohne dass eine konkrete Gemeinschaft entsteht. Dennoch – so die Generationstheorie – bildet jede Generation eine natürliche Weltanschauung sowie einen bestimmten, recht einheitlichen Sozialcharakter mit typischen Merkmalen, Denk- und Verhaltensweisen aus, welche sich von früheren sowie nachfolgenden Alterskohorten unterscheiden (vgl. Hurrelmann/Albrecht 2014: 13).

Entgegen der weit verbreiteten Annahme, dass verschiedene Altersgruppen eindeutig zu differenzierende Wertvorstellungen und Einstellungen haben, lassen sich in der empirischen Forschung keine signifikanten Unterschiede in Bezug auf generationstypische Lebensziele, Einstellungen oder Werte feststellen. Martin Schröder (2018) veranschaulicht dies in einer Studie. Auch Hardering (vgl. 2018: 78) betont, dass sich Unschärfen bei der Ausdifferenzierung von Generationen ergeben. Die Übergänge zwischen den Altersgruppen sind fließend und lassen entsprechend keine strikten Trennungen zu, welche voraussetzen würden, dass eine gewisse Homogenität der gesamten Alterskohorte besteht. Auch diese ist laut Schröder (2018) empirisch nicht nachweisbar. Aus diesen Gründen wird das Generationskonzept nach Karl Mannheim bzw. der Generationenbegriff häufig kritisiert.

Nichtsdestotrotz werden Generationeneinteilungen für das Alltagsverständnis häufig genutzt. Die Generationenforschung lebt von Stereotypen – gar Pauschalisierungen –, um Komplexität zu reduzieren, beobachtbaren Attributen einen Rahmen zu geben und diesen vereinfacht auf den Grund gehen zu können (vgl. ManpowerGroup o. J.). Weisbrod zufolge »[verstehe] [j]ede und jeder […] intuitiv, welcher Generation er oder sie angehöre und welcher nicht« (von Weisbrod 2005, zitiert nach Hardering 2018: 78). Hardering (2018) schreibt außerdem: »(D)er Verweis auf die Zugehörigkeit zu einer ›anderen‹ Generation [wird] häufig als Distinktionsmechanismus genutzt. Unterschiedliche Sichtweisen […] und Arbeitseinstellungen werden dann mit dem Verweis auf eine andere Generation von denen der eigenen Generation abgegrenzt. Solche Abgrenzungsmechanismen dienen der Stabilisierung des Selbstbildes und festigen den Habitus.« (S. 78f.)

Im vorliegenden Beitrag verfolge ich die Intention, an die Diskurse über verschiedene Generationen im Unternehmen anzuknüpfen, und orientiere mich, trotz der häufig geübten Kritik am Generationenbegriff, an der im Alltag beobachtbaren Unterschiedlichkeit von Werten, Einstellungen und Motivationen der Alterskohorten.

Generationen seit 1945

Am häufigsten werden folgende Generationen seit dem Zweiten Weltkrieg unterschieden:

- Babyboomer, geboren zwischen 1945 und 1964,
- Generation X, geboren zwischen 1965 und 1979,
- Generation Y, geboren zwischen 1980 und 1994,
- Generation Z, geboren zwischen 1995 und etwa 2010 (vgl. Hardering 2018: 78).

Abbildung 1: Die Generationen im Laufe der Zeit seit 1945 (angelehnt an Reif 2019)

Die Babyboomer-Generation: Arbeit, Arbeit, Arbeit

Die folgenden Ausführungen beziehen sich in Anbetracht der Quellenlage insbesondere auf Westdeutschland. Bei den späteren Generationen wird ein erkennbarer Unterschied bezüglich der Erlebnisse sowie auch der sich daraus entwickelten Werte und Einstellungen voraussichtlich ohnehin zunehmend geringer.

Die Babyboomer verdanken ihren Namen der Tatsache, dass sie zu den geburtenreichsten Jahrgängen gehören, die Deutschland je gesehen hat (vgl. Weiler et al. 2014). Als ein prägendes Ereignis in der Jugendzeit der Babyboomer ist das Wirtschaftswunder zu nennen. Die Generation wächst in der optimistischen Stimmung der unerwartet günstigen wirtschaftlichen Entwicklung auf und ist im Vergleich zu ihren Eltern, welche den Krieg erleben mussten, frei von materieller Not (vgl. Billig/Geist 2014). Weiterhin erleben die Babyboomer mit, wie der erste Mensch den Mond betritt; Universitäten werden zunehmend für die ganze Bevölkerung zugänglich und Auslandsreisen werden immer häufiger möglich (vgl. Mihovilovic/Knebel 2017). Der Wohlstand steigt und das Leben scheint voller Möglichkeiten. Auf den rasanten und langen Aufschwung folgt jedoch die Desillusionierung: Mit der Ölpreiskrise im Jahr 1973 endet der Nachkriegsboom und die Generation wird damit konfrontiert, dass es nicht ewig aufwärts gehen kann (vgl. Signium International 2013: 14).

Geprägt durch diese Ernüchterung nimmt Arbeit einen hohen Stellenwert ein, um den Wohlstand halten zu können (vgl. Mihovilovic/Knebel 2017). Als besonders hart arbeitend geltende Generation prägt sie den Begriff des Workaholics (»Arbeitswütige/r«). Babyboomer werden entsprechend als strebsam, leistungs- und karriereorientiert beschrieben (vgl. absolventa 2019; Weiler et al. 2014). Sie zielen auf das Aufsteigen in Führungspositionen im selben Unternehmen ab. Hierbei qualifizieren und lernen sie nicht in erster Linie für sich selbst, sondern für das Unternehmen (vgl. Weiler et al. 2014). Sie sind gegenüber ihrem Arbeitgeber loyal und engagieren sich, dies zeitweise selbst dann, wenn die Arbeitsbedingungen nicht zufriedenstellend sind (vgl. Reif 2014). Eine Kündigung scheint nahezu undenkbar (vgl. Reif 2019).

Weiterhin ist der Generation Arbeitsplatzsicherheit bei ihrem Arbeitgeber besonders wichtig (vgl. Mihovilovic/Knebel 2017). Letzteres erfordert bei der schieren Masse an Menschen (Babyboomern), welche den Arbeitsmarkt besetzen, u.a. sich von eben dieser Menge abzuheben. Im Anbetracht dieser »Urerfahrung« lernen Angehörige der Generation schnell, dass sie insbesondere mit Leistungsbereitschaft und ausgeprägten sozialen Kompetenzen ihre Karriereambitionen verfolgen müssen (vgl. Schröder 2018: 474). Somit verwundert es nicht, dass Babyboomer zu überaus guten Teamplayern gezählt werden. Sie wollen außerdem bei der Arbeit gebraucht und wertgeschätzt werden – auch hierzu bedarf es des Bezugs zum Team (vgl. absolventa 2019; Mihovilovic/Knebel 2017). Alles in allem lautet das Prinzip der Generation: Leben, um zu arbeiten (vgl. Mihovilovic/Knebel 2017).

Generation X: Im Zeichen des Opportunismus

Die darauffolgende Generation – die sogenannte Generation X – wächst in einer Welt der atomaren Aufrüstung auf, in der sie das Ende des Ringens der West- und Ostmächte zwischen dem Kapitalismus und dem Kommunismus im Kalten Krieg miterlebt; die Welt entkommt haarscharf einem Atomkrieg. Zeitgleich zur Greifbarkeit eines Krieges kommt ein starker Anstieg der Arbeitslosigkeit hinzu. Weiterhin gibt es immer mehr Scheidungen – erste Patchwork-Familien sowie Alleinerziehende prägen zunehmend das Familienbild (vgl. ebd.).

Im Vergleich zur Babyboomer-Generation, die ihre Ideologien verfolgte und Fortschritte in der Gleichstellung beider Geschlechter erreichte, scheint die Generation X ihren Platz in der Gesellschaft sowie den Sinn hinter Traditionen und Autoritäten lange zu suchen (vgl. Agentur junges Herz o.J.; CompanyMatch 2018). Letztere werden immer häufiger infrage gestellt (vgl. Company Match 2018; Mihovilovic/Knebel 2017). Vor diesen Hintergründen wird der Generation X Perspektivlosigkeit, Frustration und Desinteresse – insbesondere an Politik – zugeschrieben sowie Ziellosigkeit und Pessimismus (vgl. BAS Business and Science 2015; Agentur Junges Herz o.J.).

Ebenso kennzeichnet sie eine opportunistische Denkweise, welche ihr Verhalten maßgeblich steuert (vgl. Reif 2014). Zu ihren Werten gehören Unabhängigkeit – vor allem die der Frau vom Mann – sowie Individualismus und Sinnsuche (vgl. absolventa 2019; Mihovilovic/ Knebel 2017).

Im Hinblick auf die Arbeitswelt gilt die Generation X als ehrgeizig und ambitioniert. Ihr Ziel ist es, ein materiell abgesichertes Leben führen und sich etwas leisten zu können (vgl. CompanyMatch 2018; Mihovilovic/Knebel 2017). Arbeit wird zum Mittel zum Zweck deklariert und das Credo lautet: Arbeiten, um zu leben (vgl. Mihovilovic/Knebel 2017; absolventa 2019). Dennoch hängt sich die relativ gut ausgebildete Generation ordentlich in den Job rein – mit dem Motto »Lean in« kämpft sie sich in die Führungspositionen (vgl. Bublitz/Steinle 2017).

Bei ihrem Streben nach Lebensqualität ist der Generation X, trotz ihrer großen Ambitionen im Beruf, Zeit stets wichtiger als Geld. Damit distanzieren sie sich vom Verhalten der Babyboomer, die vor allem leb(t)en, um zu arbeiten (vgl. CompanyMatch 2018). Bei diesem Spagat zwischen hochgesteckten Karrierezielen und dem Wunsch nach einer ausgeglichenen Work-Life-Balance – ein von der Generation X geprägter Begriff (vgl. ebd.) – überschreitet sie oftmals ihre Grenzen: »Der ›Burnout‹ wird zum Schreckgespenst der GenX, deren Vertreter dazu neigen, immer ein bisschen mehr machen zu wollen als gut für sie ist.« (Agentur junges Herz o. J.).

Generation Y: Sicher wissen, dass nichts sicher ist

Klaus Hurrelmann, renommierter Jugendforscher, und Erik Albrecht postulieren direkt am Anfang ihres Buches »Die heimlichen Revolutionäre – Wie die Generation Y unsere Welt verändert«, dass die Ypsiloner schon früh lernen mussten: Nichts ist mehr sicher (vgl. Hurrelmann/Albrecht 2014: 8). Aufgewachsen in einer Welt des Klimawandels sowie wachsender wirtschaftlicher und sozialer Ungleichheit; konfrontiert mit Terrorismus – Stichwort World Trade Center –, mit dem Beinahe-Zusammenbruch des Weltfinanzsystems sowie mit omnipräsenter, langanhaltender Massenarbeitslosigkeit, erleben die sogenannten Millennials kaum noch Sicherheiten (vgl. Mihovilovic/Knebel 2017; Hurrelmann/Albrecht 2014: 8; 25). Die zunehmende Globalisierung und das Internet mischen die Gesellschaft gründlich auf und die Generation Y begreift intuitiv und schnell, dass sich die Dinge rasant verändern (vgl. ebd.: 8; 15). Natürlich treffen diese Ereignisse immer die gesamte Gesellschaft, entscheidender Unterschied ist jedoch der, dass es die Jugend ist, die sich auf dem Weg zum Erwachsenwerden und zu mehr Unabhängigkeit mit diesen weitreichenden ökonomischen, ökologischen und gesellschaftlichen Umbrüchen auseinandersetzen muss. Diese prägen die Einstellungen, Merkmale und Zukunftsperspektiven der Jugend in besonderem Maße (vgl. ebd.: 16).

Ypsiloner als Generation der Egotaktiker

Erstes bedeutendes Kennzeichen der Millennials ist die Art und Weise, wie sie bei ihrem Tun vorgehen: Aufgewachsen in einer Welt des Überflusses an Wahlmöglichkeiten – angefangen bei der Vielfalt an Fernsehprogrammen bis hin zur breiten Palette an Studienfächern – und geprägt durch die häufig erlebten unsicheren Zukunftsaussichten ist ihnen ein sondierendes und taktierendes Abwägen von Chancen und Entwicklungsmöglichkeiten zur zweiten Natur geworden (vgl. Hurrelmann/Albrecht 2014: 30; 32). Die aktuelle Ausgangssituation stets im Blick, legen Ypsiloner »ihr eigenes Verhalten so fest, dass möglichst viel Gewinn für sie selbst zu erwarten ist« (ebd.: 32). Sie halten sich jederzeit zahlreiche Optionen so lange wie möglich offen, um das Risiko zu umgehen, mit erst einmal getroffenen Entscheidungen Chancen zunichtezumachen. Ihre sogenannte Egotaktik ist der Mechanismus, mit dem sich die Generation ihre Flexibilität, Spontanität sowie Autonomie bewahrt und der sie in die Lage versetzt, schnell Entscheidungen treffen zu können. Wenn Plan A nicht funktioniert, wird eben auf Plan B zurückgegriffen. Scheitern, Fehler machen und Ausprobieren sind fest eingeplante Größen bei der Festlegung des eigenen Verhaltens (vgl. ebd.). Letzteres ist u.a. der Grund dafür, dass die Generation Y in den Shell Jugendstudien von 2002 bis 2015 – d.h. zu der Zeit, als die Millennials Jugendliche oder junge Erwachsene waren – als pragmatisch identifiziert wird (vgl. Albert et al. 2015).

Bildung als wichtigstes Gut in Zeiten schneller Wandelbarkeit

Ein weiteres kennzeichnendes Merkmal der Generation Y ist die Überzeugung, dass nur gute Bildung die eigene (berufliche) Zukunft sichert: Während sich die Jugend überlegt, welchen Beruf sie einmal ergreifen möchte, sorgt die weltweite Finanzkrise, die der Politik wenig Handlungsspielraum lässt, sowie das erdrückend geringe Arbeitsplatzangebot für große Unsicherheit. Etwa ein Fünftel der älteren Angehörigen der Ypsiloner muss damit zurechtkommen, keinen Ausbildungsplatz zu erhalten (vgl. Hurrelmann/Albrecht 2014: 49). Das Vertrauen in die Zuverlässigkeit institutioneller Sicherungen durch Staat und Arbeitgebende sinkt. Bildung und Wissen werden zu Faktoren der individuellen Absicherung im Ernstfall (vgl. ebd.: 7; Signium International 2013: 11). Der Wandel von einer Industrie- zur Wissensgesellschaft trägt sein Übriges dazu bei, dass die Generation Y mit hoher Leistungs- und Lernbereitschaft viel in die eigene Bildung investiert (vgl. Hurrelmann/Albrecht 2014: 34; 52). Stetige Aus-, Fort- und Weiterbildung werden zur selbstverständlichen Anforderung der Generation, welcher sie mit Selbstbewusstsein und Aufgeschlossenheit begegnet (vgl. Signium International 2013: 10). Die Erkenntnisse spiegeln sich in den drei Shell Jugendstudien aus den Jahren 2002, 2006 und 2010 wider: Die Jugend betrachtet das eigene Bildungsniveau und den Schulabschluss als wesentlichen Schlüssel zum Erfolg.»Aufstieg statt Ausstieg« lautet das Motto, welches sich erstmals in der 14. Shell Jugendstudie 2002 etabliert (vgl. Albrecht 2008: 72). Immer mehr machen ihr Abitur und schließen ein Studium an (vgl. Hurrelmann/Albrecht 2014: 34). Passend zu dem Bedürfnis, sich stets durch Bildung weiterzuentwickeln, stehen Fleiß und Ehrgeiz 2010 bei 60% der Befragten als einige der wichtigsten Werte für die eigene Lebensgestaltung hoch im Kurs (vgl. Albert et al. 2011: 204).

Das neue Karriere-Paradigma der Ypsiloner

Im Vergleich zu den Babyboomern und der Generation X fokussiert die Generation Y weniger auf das Erklimmen der Karriereleiter bis in Führungspositionen, sondern vielmehr auf interessante Erfahrungen in horizontalen Fachlaufbahnen sowie die persönliche Weiterentwicklung und Kompetenzentfaltung (vgl. Mihovilovic/Knebel 2017; Bublitz/Steinle 2017). Diese Sichtweise entspringt u.a. aus einem Umdenken: Ypsiloner betrachten Karriere nicht mehr als Aushängeschild für ein erfolgreiches Leben und streben nicht danach, die alten Statuswerte zu erfüllen (vgl. Signium International 2013: 18). Es ist nicht wichtig, *was* man darstellt, sondern *wie* man sich dabei fühlt und ob die eigenen Werte sowie das Privatleben in Einklang mit dem Beruf gebracht werden können:»Erfolgreich ist, wer glücklich ist.« (Vgl. ebd.: 22) Ergebnisse einer Studie des Berliner Instituts trendence unterstreichen diese Erkenntnis: Kollegialität und persönliche Entwicklung stellen die wichtigsten Werte dar; Status und Prestige hingegen nehmen nur den letzten der insgesamt 19 Plätze ein (vgl. Mihovilovic/Knebel 2017).

Selbstverwirklichung als Treiber

Das klassische Karrieredenken wird weitestgehend verdrängt durch den Wunsch nach Selbstverwirklichung, den Wunsch, etwas verändern zu können, Ideen zu verwirklichen, mitzugestalten und dabei Spaß zu haben. Die Generation Y sucht ihre persönliche Erfüllung nicht nur im Beruf, sondern vermehrt auch in ihrem Privatleben, weshalb sie verstärkt die Forderung nach einer ausgeglichenen Work-Life-Balance artikuliert. So kommt es, dass Ypsiloner zwar durchaus im Job leistungsbereit sind – wenn ihre Arbeit anerkannt wird und sie dabei Spaß haben –, jedoch der Arbeit nicht mehr den höchsten Stellenwert einräumen, wie es die Babyboomer häufig taten.»Die Ära der Selbstaufgabe für den Job ist vorbei.« (Signium International 2013: 36)

Der Stellenwert der eigenen Gesundheit und Zufriedenheit

Hinsichtlich dieser neuen Prämisse, dass die eigene Selbstverwirklichung im Vergleich zur Arbeit Vorrang hat, stellt sich die Frage, welche Rolle monetäre Anreize im Job spielen. In ihrer vom Zukunftsinstitut beauftragten Studie kommt Signium International (2013) zu der Erkenntnis, dass die
»Young Professionals [...] immer weniger bereit [sind], sich äußeren Bedingungen von Unternehmen und Arbeitgebern anzupassen [...]. Für die Generation Y funktioniert folglich der ›alte Deal‹, der simple Tausch von Arbeitszeit gegen Lohn, nicht mehr bedingungslos.« (S. 22)
Gemeint ist der »Deal« der Babyboomer-Generation, welche sich noch etwas bereitwilliger unzufriedenstellende Arbeitsbedingungen sowie ihre Freizeit abkaufen ließ (vgl. Reif 2014). Junge Generationen hingegen fordern Arbeit, die zu ihrem Leben passt und die die persönlichen Lebensumstände mitberücksichtigt (vgl. Hurrelmann/Albrecht 2014: 73). Geld ist nicht unwichtig, jedoch nicht zentraler Treiber, weshalb die Generation Y nicht lange leidet (vgl. Reif 2014). Dies macht sich in steigenden Fluktuationsraten deutlich bemerkbar (vgl. ebd.; Signium International 2013: 26).
Passend dazu etabliert die Generation Y im Vergleich zu älteren Alterskohorten eine wesentlich sensiblere Haltung zum eigenen Körper und zur Psyche (vgl. Hurrelmann/Albrecht 2014: 36). Insbesondere die Generation X lebte ihnen ein Negativbeispiel vor, indem sie zu

sehr nach beruflichem Aufstieg strebte und dadurch oftmals krank wurde. Ypsiloner möchten dies tunlichst vermeiden und sich vor Überforderung schützen. Laut Hurrelmann suchen sie sich einen Job,
»der sie am Leben lässt [...]. Daraus zu interpretieren, sie kniffen vor
Karriere, ist völlig falsch. Sie spüren eher fast schon hellseherisch, wie
gefährlich diese Selbstausbeutungsspiralen sind, in die man im heutigen Berufsleben geraten kann.« (Mihovilovic/Knebel 2017)
    Sie distanzieren sich somit von den Einstellungen der älteren Gene-
rationen und stellen neue Grenzen auf, um der Gefahr des Burnouts
sowie anderen gesundheitlichen Beeinträchtigungen zu entgehen (vgl.
Hurrelmann/Albrecht 2014: 74).

Schwindende Loyalität zum Arbeitgebenden

Die sogenannte Egotaktik der Generation Y sowie ihr Drang nach Selbstverwirklichung sorgen außerdem dafür, dass sich Arbeitgebende damit
auseinandersetzen müssen, dass Ypsiloner zum einen mit weniger
festen Karriereabsichten sowohl in Ausbildung und Studium als auch in
den Beruf starten und sich stattdessen möglichst viele Optionen offen-
halten; zum anderen fühlen sie sich seltener stark mit dem Arbeitgebenden verbunden – scheint das Gras woanders grüner, verlassen sie
zum Zweck der Erfüllung ihrer Bedürfnisse schnell das Unternehmen.
Lebenslange Loyalität gegenüber einem einzigen Arbeitgebenden ist
passé, zumal häufiger Wandel die Lebensmelodie der Generation bildet (vgl. ebd.: 46). Somit plant die Generation Stellenwechsel und Brüche durch z.B. Neuorientierungen und weitere Ausbildungszeiten zu der
Zeit des Erwerbslebens von sich aus fest ein; auch befristete Arbeits-
verträge rechnet sie als feste Größen ein – ohne diese explizit zu fordern (vgl. ebd.: 48).

Arbeit und Leben im Schmelztiegel

Die Generation Y gestaltet Job und Privatleben zunehmend zu ihren
eigenen Bedingungen. Dabei versteht sie Arbeit als integralen Bestandteil des Lebens. Arbeitszeit ist Lebenszeit (vgl. Signium International
2013: 22). Somit fordert sie die Möglichkeit, auch mal private Dinge während der Arbeitszeit klären und bei Bedarf auch mal nach Feierabend

oder am Wochenende etwas für die Arbeit erledigen zu können. Aus diesem Grund wird mittlerweile häufiger von einem Work-Life-Blending statt von einer Work-Life-Balance gesprochen (vgl. absolventa 2019; Bublitz/Steinle 2017). Die Generation Y möchte »beim Arbeiten leben und beim Leben arbeiten« (Hurrelmann/Albrecht 2014: 72). Neue Formen der flexiblen Arbeitsgestaltung – Stichwort mobiles Arbeiten – leisten hierzu ihren Beitrag.

Intergenerative Unterschiede bei der Frage nach dem Sinn

Die Frage nach dem Sinn – und das nicht nur in der Arbeitswelt – wird laut Hurrelmann und Albrecht (vgl. ebd.: 8) zum Merkmal der Generation Y, im Englischen ausgesprochen wie »why«: Die Frage nach dem *Warum* scheint erstmals in einer Generation so wichtig zu sein wie noch nie zuvor. Insbesondere in Bezug auf die Arbeitswelt setzt sich die Meinung durch, dass Millennials wesentlich größere und striktere Anforderungen an den sogenannten Purpose stellen, den Zweck oder die Bestimmung eines Unternehmens, dass sie also den Sinn der Arbeit hinterfragen. Firmen stellen sich darauf ein und formulieren immer häufiger eine Art Daseinsberechtigung für ihr Unternehmen: Der Unternehmenszweck soll nämlich nicht nur die bloße Frage nach den Zielen des betrieblichen Tuns beantworten, sondern möglichst auch einen Beitrag zur Verbesserung der Gesellschaft leisten und somit sinnhaft sein. Beispiele für Unternehmen, die sich über ihren »Purpose« Gedanken gemacht haben, sind Siemens und Mercedes. Insbesondere junge Talente sollen hierdurch angelockt werden (Handelsblatt 2019: 53). Aber ist den Millennials der Sinn in der Arbeit wirklich wichtiger als früheren Generationen?

Recherchen Harderings (vgl. 2018: 80) zufolge lautet die Antwort auf diese Frage Nein. In den wenigen empirischen Untersuchungen lassen sich zur Häufigkeit des Wunsches, eine sinnhafte Tätigkeit auszuüben, keine generationsübergreifenden Unterschiede feststellen. Früheren Generationen war und ist es gleichermaßen wichtig, einer sinnvollen Tätigkeit nachzugehen wie den jüngeren Generationen. Eine entscheidende Änderung, die die Diskurse womöglich antreibt, gibt es dennoch: Der Trend, der bereits in der Generation X anzufangen schien – nämlich, dass Arbeit zunehmend weniger Bedeutung zugewiesen wird –, setzt sich fort. Angehörige der Generation Y räumen Arbeit nicht mehr einen so hohen Stellenwert ein wie die Generationen vor ihr. Dies ist der Grund, weshalb der *Sinn in der Arbeit* und der *Sinn der Arbeit* anders bewertet wird. Die Sinnfrage erhält also eine andere Gewichtung und ist vor diesem Hintergrund bedeutender geworden, da die Ypsiloner ihr Leben nicht mehr so stark an der Arbeit ausrichten, wie es die Generationen zuvor taten.

Ergebnisse der Studie zur Generation Y von Signium International (vgl. 2013: 18f.) zeigen, dass 87% der über 500 Befragten einen sinnvollen und erfüllenden Job als besonders wichtig und erstrebenswert erachten. Außerdem wird in der Studie argumentiert, dass sich in einer übersättigten westlichen Gesellschaft wie der unseren die Menschen zunehmend nach wahren Werten, nach Sinn, sehnen.»Persönliche Sinnstiftung und individuelle, kreative Weiterentwicklung durch die Arbeit werden zunehmend in Kombination gedacht.« (Ebd.: 22.) Dies setzt voraus, dass sich das Individuum in den Werten des Unternehmens wiedererkennt, die Mission und Vision teilt. Deshalb ist es für Unternehmen bedeutend, diese klar zu definieren sowie Persönlichkeitsbildung und -entwicklung jeder und jedes Einzelnen zum Thema zu machen.

Als letztes ist in diesem Kontext zu nennen, dass die Generation Y den Trend der vorhergehenden Generation fortsetzt und Autoritäten zunehmend infrage stellt (vgl. Reif 2014; Signium International 2013: 30f.). Somit werden starre Hierarchien und straffe Führungsverfahren ebenfalls in das Licht der Sinnhaftigkeit gerückt: Wie sinnvoll sind stark hierarchisch angelegte Unternehmensstrukturen und -prozesse? Wie sinnvoll sind stark autoritäre Führungsstile? Bremst doch beides das Potenzial zur Selbstentfaltung sowie zur Verwirklichung von Ideen aus.

Es zeigt sich wiederum, dass sich empirisch zwar keine gewandelten Sinnansprüche wiederfinden lassen. Jedoch hat Sinnhaftigkeit in der Arbeitswelt bei der Generation Y an Bedeutung gewonnen, weshalb die Diskurse um die gestiegenen Ansprüche bei der Frage des Sinns durchaus ihre Berechtigung haben und im Kontext der Einstellung und Bindung junger Mitarbeitenden mitberücksichtigt werden müssen.

Forderungen und Erwartungen der Generation Y an potenzielle Arbeitgeber

Aus den vorangegangenen Punkten ergeben sich einige ausschlaggebende Kriterien bei der Wahl des Arbeitgebenden: Dazu gehören Weiterbildungsmöglichkeiten, eine vielseitige Arbeit, bei der die Vertreter*innen der Generation etwas Neues dazulernen können, sowie Mitgestaltungs- und Mitbestimmungsmöglichkeiten. Weiterer zentraler Aspekt für die Motivation und Mitarbeiterbindung der Generation Y ist es, ihnen einen ausreichend großen Handlungs- und Entscheidungsspielraum zuzugestehen, damit sie ihre Ideen auch tatsächlich verwirklichen kann.

Für eine individuelle Lebensgestaltung, bei der die Arbeit nicht als störend, sondern als bereichernd und auch mit Spaß verbunden empfunden wird, ist die Vereinbarkeit privater Angelegenheiten – insbesondere der Familie – mit dem Berufsleben entscheidend. Dazu bedarf es einer flexiblen Arbeitsgestaltung und der Möglichkeit, sich persönliche sowie familiäre Auszeiten – sogenannte Sabbaticals – nehmen zu können. Laut Hurrelmann und Albrecht (vgl. 2014: 73) fordert die Generation Y diese nämlich auffällig häufig. Gleichzeitig wünschen sich Ypsiloner hierbei die Unterstützung vom Arbeitgeber durch einen sicheren Arbeitsplatz und Planbarkeit sowie die Berücksichtigung persönlicher Lebensumstände. Diese Anforderung entspringt einer neuen Haltung: Wenn der Arbeitgeber meine tatkräftige Mitarbeit verlangt, erwarte ich, dass er diese mit meinen persönlichen Bedürfnissen und Lebensbedingungen in Einklang bringt (vgl. ebd.: 73).

Letztendlich ist auch Sinnstiftung für die Motivation der Generation Y sowie ihr erhöhtes Engagement wichtig. Bestenfalls teilt das Individuum die Werte des Unternehmens und kann sich damit identifizieren. Dies wiederum bedarf einer transparenten und klaren Kommunikation vonseiten des Arbeitgebenden. Hierbei sind vor allem Führungskräfte gefragt, die gut damit beraten sind, der Generation Y eher als Coach oder Trainer statt als Boss zu begegnen. Flache Hierarchien, ein kollegiales Miteinander sowie eine gute Feedbackkultur gehören zu den dringenden Wünschen der Ypsiloner (vgl. ebd.: 76f.).

Veränderungen in den Erwartungen und Einstellungen der Generation Y in der Zusammenfassung

Alles in allem zeigen die Ausführungen, dass sich Arbeitgebende im Gegensatz zu vorherigen Generationen nunmehr bei der Generation Y auf individueller Ebene einlassen und ihr begegnen müssen. Wie Marcus Reif, Experte für Recruiting und Employer Branding, es auf den Punkt bringt: Der »one size fits all«-Ansatz hat ausgedient (Reif 2019). Zudem fordern und erwarten die jüngeren Generationen mehr von einem potenziellen Arbeitgeber als die Alterskohorten zuvor. Entsprechend müssen sich Unternehmen zunehmend als attraktive Arbeitgeber darstellen (vgl. Hurrelmann/Albrecht 2014: 63).

Für die Unternehmen wird die Auseinandersetzung mit verschiedenen Generationen auf dem Arbeitsmarkt immer ein wichtiges Thema sein, um neue junge Talente zu gewinnen, zu halten und eine gute intergenerative Zusammenarbeit mit allen Alterskohorten zu gewährleisten. Für die Generation Y gelten jedoch noch nie da gewesene »Werte-Patchworks« mit neuen Haltungen und Einstellungen gegenüber dem Arbeitgebenden. Führungskräfte, Personalverantwortliche wie auch Mitarbeitende älterer Generationen müssen sich mit diesen neuen Sichtweisen auseinandersetzen. Führungskräfte sind an dieser Stelle besonders gefragt, Diskrepanzen aufzudecken und womöglich klärende Gespräche für mehr Verständnis unter den Vertreter*innen der Generationen durchzuführen.

Literatur

absolventa (2019): Generation XYZ – der Überblick über die Generationen auf dem Arbeitsmarkt, online: www.absolventa.de/karriereguide/berufseinsteiger-wissen/xyz-generationen-arbeitsmarkt-ueberblick [11.2.2020].

Agentur Junges Herz (o. J.): Generation X – Eine Generation zwischen den Welten, online: www.agentur-jungesherz.de/hr-glossar/generation-x-eine-generation-zwischen-den-welten/ [11.2.2020].

Albert, Matthias/Hurrelmann, Klaus/Quenzel, Gudrun (2015): 17. Shell Jugendstudie. Jugend 2015, online: www.uni-bielefeld.de/soz/powi/pdf/flyer-zur-shell-jugendstudie-2015-auf-deutsch.pdf [5.2.2020].

Albert, Matthias/Hurrelmann, Klaus/Quenzel, Gudrun/Schneekloth, Ulrich (2011): Jugend 2010: Die 16. Shell Jugendstudie. In: Diskurs Kindheits- und Jugendforschung, Jg. 6, Nr. 2, S. 199-205.

Albrecht, Matthias (2008): JUGEND 2006. 16. Shell Jugendstudie. In: Milmeister, Marianne/Willems, Helmut (Hrsg.), Jugendforschung im Dialog. Beiträge der INSIDE-Vortragsreihe 2007 zur Jugendforschung. Luxemburg: Universität Luxemburg, S. 67-77.

BAS Business and Science (2015): X Y Z – Merkmale im Überblick, online: https://business-and-science.de/aktuelles/was-zeichnet-generation-x-aus [11.2.2020].

Billig, Susanne/Geist, Petra (2014): Die Babyboomer und die demografische Forschung, [online] www.deutschlandfunkkultur.de/jahrgang-1964-die-babyboomer-und-die-demografische-forschung.1088.de.html?dram: article_id=277820 [27.1.2020].

Bublitz, Juliane und Andreas Steinle (2017): Wie die Generationen X und Y ticken, online: www.zukunftsinstitut-workshop.de/2017/05/wie-die-generationen-x-und-y-ticken/ [11.2.2020].

CompanyMatch (2018): XYZ – Die Generation X, online: www.agentur-jungesherz.de/hr-glossar/generation-x-eine-generation-zwischen-den-welten/ [11.2.2020].

Handelsblatt (2019): Die Frage nach dem Warum. In: Handelsblatt G 02531, Nr. 77, S. 52-59.

Hardering, Friedericke (2018): Die Sinnsuche der Generation Y. Zum Wandel von Ansprüchen an den Sinn (in) der Arbeit. In: Badura, Bernhard/Ducki, Antje/Schröder, Helmut/Klose, Joachim/Meyer, Markus (Hrsg.), Fehlzeiten-Report 2018. Sinn erleben – Arbeit und Gesundheit. Berlin: Springer Verlag, S. 75-83.

Hurrelmann, Klaus/Albrecht, Erik (2014): Die heimlichen Revolutionäre. Wie die Generation Y unsere Welt verändert, Weinheim und Basel: Beltz Verlag.

Mannheim, Karl (1928): Das Problem der Generationen. In: Kölner Vierteljahrshefte für Soziologie 7 (1928), S. 157-185, 309-330, online: www.1000dokumente.de/index.html?c=dokument_de&dokument=0100_gen&-object=facsimile&pimage=9&v=100&nav=&l=de [23.7.2020].

ManpowerGroup (o.J.): Leadership für 4 Generationen auf dem Arbeitsmarkt: Generation Z ist der Trend, Generation Y die Realität!, online: www.manpowergroup.de/neuigkeiten/future-of-work-blog/detail/leadership-fuer-4-generationen-auf-dem-arbeitsmarkt-generation-z-ist-der-trend-generation-y-die-realitaet-274/ [3.2.2020].

Mihovilovic, Julija und Kassandra Knebel (2017): Generation Y, Generation X, Generation Z – Unterschiede & Chancen, online: www.berlinerteam.de/magazin/generation-y-generation-x-generation-z-babyboomer-unterschiede-chancen/ [11.2.2020].

Reif, Marcus K. (2019): HR im Wandel: Recruiting und Führung 4.0 als Top-Herausforderung im Arbeitnehmermarkt, online: www.reif.org/blog/recruiting-und-fuehrung40/ [7.2.2020].

Reif, Marcus K. (2014): Glück schlägt Geld? Generation Y lässt sich die Leidenszeit nicht abkaufen, online: www.reif.org/blog/glueck-schlaegt-geld-generation-y-laesst-sich-die-leidenszeit-nicht-abkaufen/ [5.2.2020].

Schröder, Martin (2018): Der Generationenmythos. In: KZfSS Kölner Zeitschrift für Soziologie und Sozialpsychologie, Jg. 70, Nr. 3, S. 469-494.

Signium International (Hrsg.) (2013): Generation Y. Das Selbstverständnis der Manager von morgen. Düsseldorf: Herausgeber.

Weiler, Rebecca, Malte Kochems und Christine Geiger (2014): Babyboomer und Gen-Z, online: http://die-generation-z.de/babyboomer-und-gen-z/ [7.2.2020].

WILA Arbeitsmarkt (2016): Generationswechsel auf dem Arbeitsmarkt, online: www.wila-arbeitsmarkt.de/blog/2016/03/21/generationswechsel-auf-dem-arbeitsmarkt/ [6.2.2020].

André Große Jäger/ Bruno Zwingmann
Basic Work – grundlegende Arbeit mittendrin und außen vor

In den aktuellen Debatten über die zukünftige Arbeitswelt erfährt die Lebens- und Arbeitswirklichkeit von Menschen, die tagtäglich für unsere Gesellschaft und unser Leben grundlegende Tätigkeiten ausüben, viel zu wenig Aufmerksamkeit.

Zukunftsdebatten knüpfen oft am Begriff New Work an und fokussieren eine Arbeitswelt, in der Sinnstiftung und Erfüllung im Mittelpunkt stehen. Selbständigkeit, Handlungsfreiheit, Selbstverwirklichung und Teilhabe an der Gemeinschaft stehen dabei im Vordergrund. Häufig werden jedoch die vielen Millionen Menschen übersehen, die »Einfacharbeit« oder Basic Work leisten – Arbeit, die vielfach unter schwierigen Bedingungen ausgeführt wird; Arbeit, die die Gesellschaft am Laufen hält und in vielerlei Hinsicht überhaupt erst die Grundlage für Wohlstand und Fortschritt schafft, aber betrieblich und gesellschaftlich wenig Wertschätzung erfährt.

Dabei steht es außer Frage, dass die digitale Transformation die Arbeitswelt verändert und das Verhältnis zwischen Menschen und Maschinen neu bestimmen wird. Im öffentlichen Diskurs um Arbeitskultur und Arbeitsqualität stehen dabei vornehmlich High Potentials und Wissensarbeiter*innen im Fokus. Den Auswirkungen für Beschäftigte im Maschinenraum der Digitalisierung und an den Werkbänken der Nationen wird hingegen wenig Beachtung geschenkt. Die Kluft in der Arbeitsgesellschaft zwischen Wissensarbeit und Werkbank wird vermutlich wachsen. Deshalb braucht es neue Brücken, um eine gesellschaftliche Spaltung zu verhindern: Nicht nur in Betrieben wird die Distanz zwischen Wissens- und Basisarbeitenden immer größer, sondern auch gesamtgesellschaftlich zeichnet sich eine solche Zerklüftung ab.

In der Forschung wird der bisher eingeführte Begriff »Einfacharbeit« definiert als: »Beschäftigung mit einfachen Tätigkeiten, die üblicherweise keine Berufsausbildung erfordern«.[1] Basic Work ist kein margi-

---

[1] Vgl. BIBB-Forschungspanel zur Qualifizierung und Kompetenzentwicklung 2011-2016, wird jährlich fortgeführt. Workshop-Präsentation BIBB.

nales Phänomen: Rund ein Fünftel aller Arbeitnehmenden führen Tätigkeiten in ganz unterschiedlichen Berufssegmenten aus, bei denen sie ausschließlich vor Ort in ihre Tätigkeit eingewiesen werden (»training on the job«) und für die es keine berufliche Qualifikation braucht. Sie erwirtschaften einen signifikanten Anteil des Bruttoinlandsprodukts und leisten essenzielle Basisarbeit, auf der die Gesellschaft als Ganze fußt. Dabei handelt es sich bei dieser Beschäftigungsgruppe keineswegs durchgehend um gering oder gar nicht qualifizierte Arbeitnehmende, wie abwertende Benennungen wie »Einfacharbeit« oder »Helfertätigkeiten« nahelegen. Mehr als die Hälfte der Basic Worker verfügen über eine berufliche Qualifikation oder Ausbildung, müssen jedoch aus einer Reihe von Gründen anderen Tätigkeiten nachgehen, z.B. weil ihre Abschlüsse nicht anerkannt werden oder die Vereinbarkeit von Familie und Beruf es nicht anders zulässt. Über Basic Work erhalten viele einen Zugang zum Arbeitsmarkt und damit gesellschaftliche Teilhabe.

Auch wenn sich bestimmte Branchen – wie beispielsweise Logistik- und Reinigungsberufe – durch einen besonders hohen Anteil an Basic Work auszeichnen, kommt kaum eine Branche ganz ohne Basic Worker aus. Somit ist dieser Beschäftigungsbereich wesentlich diverser, als es auf den ersten Blick erscheint. Dennoch eint ihn eine Reihe von Faktoren, die gerade unter den Vorzeichen der digitalen Transformation besonders deutlich zum Vorschein kommen: Die Beschäftigten profitieren kaum von den positiven Effekten der Flexibilisierung der Arbeitswelt oder betrieblichen Personalmaßnahmen (z.B. Weiterbildung) und Angeboten (z.B. Homeoffice). Basic Work wird in den Betrieben teilweise ausgelagert, sodass sie nicht Bestandteil der Stammbelegschaft sind. Damit sind Millionen Menschen einerseits *mittendrin* im Prozess der Digitalisierung und weiterer Automatisierung und gleichzeitig *außen vor* bei positiven Veränderungsgewinnen oder sogar von möglichen Jobverlusten bedroht.

Darüber hinaus sind Basic Worker in besonderer Weise mit einer Reihe von Herausforderungen und Schwierigkeiten konfrontiert: Dazu gehören mangelnde wirtschaftliche Absicherung; geringe Weiterbildungsmöglichkeiten und Chancen zur Kompetenzentwicklung; eine hohe physische und psychische Belastung am Arbeitsplatz; kaum Möglichkeiten der Mitsprache und Mitgestaltung; mangelhafte Tarifbindung in kleinen und mittleren Unternehmen; kaum Angebote zur Vereinbarkeit von Familie und Beruf; kaum Angebote bei Integration und Inklusion sowie Arbeitsplatzunsicherheit.

Die Bedeutung von Basic Work in der zukünftigen Arbeitswelt

Bislang hat die Digitalisierung noch keine disruptiven Folgen für die Einstellungsquote von Basic-Work-Beschäftigten, allerdings kann ein differenzierter Strukturwandel beobachtet werden. Wie sich dieser Strukturwandel aber langfristig entwickeln wird, ist noch ungewiss. Sicher scheint allerdings, dass durch die Digitalisierung neue Arten der Arbeit entstehen werden, die neue Qualifikationen erfordern. Infolge des Strukturwandels wird es notwendig werden, intensive Maßnahmen der Qualifizierung und Kompetenzentwicklung zu ergreifen. Darüber hinaus sind Maßnahmen zur Verbesserung des Gesundheitszustandes vorzusehen.

Um zum einen den gesellschaftspolitischen Handlungsbedarf zu ermitteln und zum anderen das Zukunftspotenzial von Basic Work zu eruieren, ist es notwendig, das Themenfeld empirisch genauer zu vermessen:

■ Es ist zunächst nach den individuellen Auswirkungen einer durch Routine, Repetition und Monotonie geprägten Tätigkeit auf den/die Arbeitnehmer/in selbst zu fragen (Mikroebene).

■ Zweitens ist nach den innerbetrieblichen Auswirkungen einer wachsenden Kluft zwischen Fachkräften, die anspruchsvolle Tätigkeiten ausüben, und denjenigen, die Basic Work verrichten, zu fragen (Mesoebene).

■ Drittens sind schließlich die zu erwartenden gesamtgesellschaftlichen Auswirkungen zu vermessen, die aus der Zunahme von Basic Work folgen können (Makroebene).

Konkrete Stellschrauben für Verbesserungen

Es ist wenig erstaunlich, dass die Begriffe »Qualifizierung« und »Wertschätzung« im Zusammenhang mit Basic Work immer wieder genannt werden. Dies lässt sich, zumindest in Teilen, nicht nur aus der gegenwärtigen politischen Auseinandersetzung ableiten, sondern aus der Einbettung in das Verständnis von Basic Work im historischen Kontext. Während in der Industriegesellschaft die Basic Worker in ihrem Kontext Solidarität erfahren haben (individuell und strukturell), verschwindet in der stärker individualisiert organisierten Dienstleistung das Gefühl, durch gemeinsame Interessen verbunden zu sein. Während in der Vergangenheit einfache Tätigkeiten mit Aufstiegsversprechen durch Wei-

terbildung verbunden waren, ist Qualifizierung zunehmend weniger ein
Garant dafür, aus Basic Work aufzusteigen. Darüber hinaus übersieht
eine Politik der »Qualifizierung zum Aufstieg« einerseits, dass einige Beschäftigte keine anderen Tätigkeiten außerhalb von Basic Work
anstreben können oder wollen, und andererseits, dass Basic Work
als Fundament der gesellschaftlichen Wertschöpfung in absehbarer
Zukunft nicht verschwinden wird. Vielmehr geht es darum, gute Arbeit
für jene Menschen zu gewährleisten, die ihren Lebensunterhalt durch
Einfacharbeit verdienen.

Auch außerhalb der Arbeitswelt hat sich die Lebensrealität von Basic
Workern deutlich verändert. Neben der oben beschriebenen Einbindung in den Betrieb haben viele Beschäftigte auch in außerbetrieblichen Gemeinschaften einen Zusammenhalt erfahren. Heute klagen
viele Vereine und Verbände über sinkende Mitgliederzahlen. Das klassische Arbeitermilieu mit den aus diesen Zusammenschlüssen erwach-
senden sozialen und kulturellen Angeboten existiert in dieser Form
heute kaum noch. Auch familiäre Situationen haben sich gewandelt:
Wenig erstaunlich ist, dass Einsamkeit in den letzten Jahren zu einem
Thema zunehmender gesellschaftlicher Relevanz geworden ist und es
nicht unwahrscheinlich scheint, dass es gerade Basic Worker sind, die
hier von sozialen und kulturellen Angeboten abgeschnitten sind bzw.
ausgegrenzt werden.

Die beschriebenen Dimensionen verdeutlichen zum einen, dass es
notwendig ist, die politische und gesamtgesellschaftliche Aufmerksamkeit für Beschäftigte im Bereich Basic Work sowie für die spezifischen
Probleme, vor denen sie stehen, zu erhöhen. Es geht um eine ernsthafte und überzeugende Berücksichtigung und Wertschätzung von Basic
Work als persönliche (Arbeits-)Leistung und Teil des betrieblichen und
gesellschaftlichen Wertschöpfungsprozesses. Die mit dem Phänomen
Basic Work verbundenen digitalen Veränderungen müssen in die gesellschaftspolitischen Debatten und – in letzter Konsequenz – in die Kon-
zeption einer neuen, zukunftsorientierten Sozial- und Arbeitsmarktpo-
litik eingebunden werden.

Was ist zu tun?

Ziel muss eine einschließende Solidarität sein. Tätigkeiten im Bereich Basic Work werden weiterhin zu erledigen sein, sodass diese auch zukünftig eines erheblichen Teils der Beschäftigten bedürfen. Ein rein auf Qualifizierung ausgerichteter Diskurs vernachlässigt die oft eingeforderte Anerkennung und Wertschätzung oder schlimmer noch, befeuert eine Abwertung von Basic Work als Domäne der Aufstiegs- bzw. Qualifizierungsverlierer. Vielmehr muss eine Ansprache von Basic-Work-Beschäftigten diese Arbeit nicht mehr als Los, dem es zu entrinnen gilt, aufgreifen, sondern ihre gesellschaftlich grundlegende Funktion betonen und auch politische Angebote machen, die auf Aufstieg, Sicherheit, gute Arbeit und Wertschätzung als zentrale Säulen bauen. Eine rein politische und diskursive Fokussierung auf Basic Work als Phänomen der »Aufstiegsverlierer« übersieht zusätzlich, dass Basic Work auch die Funktion eines sozialen »Fangnetzes« für Menschen, die aus der Mittelschicht absteigen, erfüllen kann. Menschen, deren Qualifizierungen oder Tätigkeiten möglicherweise in der ursprünglichen Form nicht mehr benötigt werden, haben über Basic Work eine Möglichkeit, nicht vollständig aus dem Erwerbsleben zu fallen.

Der arbeits- und sozialpolitische Handlungsdruck ist in Anbetracht der großen Anzahl der betroffenen Menschen und der individuellen Problemlagen, der Vielzahl von gesellschaftspolitischen Implikationen und einer generellen Vernachlässigung des Felds Basic Work in den aktuellen Debatten über die Zukunft der Arbeit unbestreitbar.

Arno Georg/Gerd Peter/ Kerstin Guhlemann
Vom Wert der Autonomie im Wandel der Arbeitswelt

Einleitung

Die Welt der Arbeit befindet sich in einer Phase des Übergangs hin zu neuen, noch umkämpften Grundorientierungen und Regelungen gesellschaftlicher Reproduktion. Während in der Vergangenheit ein weitgehend institutionalisiertes und akzeptiertes Niveau der Arbeits- und Sozialbeziehungen in Deutschland bestand, findet im Übergang eine zunehmende Entgrenzung, Vermarktlichung und Individualisierung der Lohnarbeit statt – nicht ohne Widerstand, vor allem vonseiten der von Rationalisierungen und Umstrukturierungen Betroffenen. Nur ein geringer Teil der Arbeitenden wünscht sich »die alten Zeiten« zurück, aber feste Vorstellungen von einem Modell der Zukunft der Arbeit in einem weltwirtschaftlichen Zusammenhang haben ebenfalls nur wenige. Zu groß sind gegenwärtig die Unwägbarkeiten, von der Ebene internationaler Arbeitsteilung bis in den kulturellen Bereich.

Sicherheiten gehen zunehmend verloren und müssen durch individuelle Regulierungsleistungen ersetzt werden. So erhält das »sensemaking« als laufendes Aktualisieren individueller Möglichkeiten wachsende Bedeutung. Dies ist die hohe Zeit der buntscheckigen Ratgeber mit auf die Psyche bezogenen Techniken, die generalisierte Lösungen des einvernehmlichen Handelns formulieren, ohne die Eigensinnigkeit des Arbeitshandelns angemessen zu berücksichtigen. Dabei sollte es eher darum gehen, in der interdisziplinären Kooperation von erweiterten Fachlichkeiten der Arbeit und der Arbeitswissenschaften und unter gleichwertigem Einbezug der Eigenmächtigkeit der aktuell »Betroffenen« zusätzliche Lösungen zu finden, die die Belastungsproblematik stärker an den neuen Herausforderungen einer tiefen Strukturkrise orientieren.

Im Folgenden skizzieren wir zu Beginn die zentralen Megatrends (2), deren Auswirkungen die Arbeit auf der betrieblichen Ebene verändern (3). Im vierten Abschnitt wird die damit verbundene wechselvolle

Wertschätzung der Autonomie verdeutlicht. Unser Zugang zum Oberthema dieses Buches erfolgt konzeptionell über die Darstellung zweier unterschiedlicher Formen praktischer Rationalität (5 und 6), deren grundsätzlicher Konflikt im Sinne einer reproduktionssichernden Arbeitsgestaltung nur durch die Schaffung von Autonomie der Beschäftigten entschieden werden kann (7). Das ist nicht einfach: Der »Kampf um das Subjekt« (8) ist nicht entschieden. Das Fazit (9) verweist auf die wachsende Bedeutung des Wertzusammenhangs von objektiven Fakten, Fühlen, Leiden, Erfahren und eigen(selbst)mächtigem Handeln für die zukünftige Arbeitsgestaltung.

2. Megatrends als Blockbuster des Wandels von Arbeit

Megatrends wie Globalisierung, Digitalisierung und Subjektivierung sind Entwicklungen, die nicht nur aktuell unser Leben prägen, sondern bereits seit Längerem wirksam sind. Sie verändern die Welt über eine große Zeitspanne hinweg langsam, tiefgreifend und nachhaltig. Ihre Auswirkungen betreffen alle Bereiche von Wirtschaft, Politik und Gesellschaft und lassen sich als Resultate bzw. Katalysatoren gesellschaftlicher Machtverschiebungen ab Mitte der 1970er Jahre deuten (Trinczek 2011).

- Unternehmen und Institutionen haben aufgrund des sich in den letzten Jahrzehnten verschärfenden globalen Wettbewerbs immer häufiger tiefgreifende Umstrukturierungen vorgenommen, um von globalen Unterschieden der Arbeitskosten zu profitieren. Auf der Seite der Arbeit bedeutete das wachsende Mobilitäts- und damit Kommunikationsanforderungen für Beschäftigte oder wachsende Standortkonkurrenzen. In Deutschland ging damit auch ein Bedeutungsverlust des verarbeitenden Gewerbes einher. Es ergaben sich nicht nur eine Umgewichtung der Wirtschaftssektoren zugunsten des tertiären Sektors, sondern auch eine Ausweitung des Niedriglohnsektors (Kalina et al. 2010), paradigmatisch begleitet von der Erosion der arbeitspolitischen Leitfigur des gewerblich tätigen männlichen Facharbeiters (Schröder et al. 2013).
- Durch die Digitalisierung der Arbeitswelt verändern sich nicht nur die Produkte (smart products) und Produktionsprozesse (smart factory), sondern auch die Arbeitsorganisation und die Anforderungen an die Beschäftigten und Führungskräfte. Im Unterschied zur bereits digita-

len Industrie oder Dienstleistung »3.0« (Computer, Internet) liegt die neue Qualität in der Vernetzung zwischen realer und virtueller Welt, den eigenständig gesteuerten und selbst entscheidenden software-technischen Prozessen und Systemen (cyber-physische Systeme – »Internet der Dinge«), in denen eine Verknüpfung von Arbeitsmitteln, Produkten, Leistungen, Menschen und sozialen Beziehungen in Echtzeit erfolgt und damit die Automatisierung höchst individueller Prozesse ermöglicht wird.

▪ Auf der Grundlage der aus unterschiedlichen Motiven (z.B. Arbeitsmarkt- und Rentenpolitik, Frauenbewegung) entstandenen Förderung der Frauenerwerbstätigkeit sind neue Themen in die gesellschaftlichen, politischen wie betrieblichen Diskurse gekommen. Flexible Arbeitszeitmodelle oder betriebliche Kinderbetreuung ermöglichen Erwerbstätigen ein flexibles Management der Anforderungen aus Arbeit und Elternschaft bzw. Pflege und befördern zwangsläufig eine tendenzielle Aufweichung der Grenzen betrieblicher und privater Lebensbereiche. Wo ältere Arbeitnehmer*innen als Erwerbspersonenreserve oder Träger wertvollen Erfahrungswissens betrachtet werden, ist auch die Thematisierung »unerledigter« arbeitspolitischer Fragen deutlicher erkennbar, wie z.B. Arbeitsintensität, Ergonomie oder lebenslanges Lernen.

▪ Gesellschaftliche Wandlungsprozesse bleiben nicht auf die materiellen Bedingungen der Menschen beschränkt. Sie bilden sich auch in den darunterliegenden Ebenen ab, wie etwa in Arbeitsorganisation (Flexibilität), Familie (Patchwork, Rollen) oder Kultur (Crossover, Sampling). In der Geschichte haben sich immer wieder neue Vorstellungen von einer »adäquaten« Person als Staatsbürger und Wirtschaftssubjekt entwickelt. Aktuell ist dies im deutlichen Streben nach eigensinniger Selbstbestimmung für das Subjekt (Heiden et al. 2013) erkennbar. In Konturen zeichnet sich ein Subjekt ab, das sein Leben stärker in die eigene Regie nehmen will, sich gegenüber Autoritäten skeptischer zeigt und sich von institutionellen Integrationskräften wie Politik, Gewerkschaften oder Kirchen löst. Engagement erfolgt weniger aus Motiven wie Solidarität oder Gemeinwohlstärkung als aus dem Bedürfnis, die eigenen Lebenswelten/settings auch selber zu gestalten.

▪ Seit Ende der 1990er Jahre wird Beschäftigungsfähigkeit (»Employability«) in der Sozial- und Bildungspolitik, z.T. als alternatives Paradigma zur Beruflichkeit, diskutiert. Der Begriff verweist, wie schon das

Prinzip des »Forderns und Förderns«, auf eine veränderte arbeits-marktpolitische Strategie, die dem Individuum eine stärkere Eigen-verantwortung für erfolgreiche Teilhabe am Arbeitsmarkt zuweist und die Qualifikationen erwartet, die nicht beruflich standardisierbar sind. Hier ist zudem auf die stärkere Individualisierung von Erwerbsbio-grafien und Beschäftigungsverhältnissen hinzuweisen, die seit den 1980er Jahren auch als »Krise des Normalarbeitsverhältnisses« dis-kutiert wird (Bosch 1986).

■ Wir befinden uns in einem andauernden Prozess der *Subjektivie-rung der Arbeit* (Böhle 2002), in dem an die Stelle von Fremdorga-nisation und Standardisierung zunehmend die Technik der flexiblen Selbstorganisation der arbeitenden Menschen tritt. Größere Hand-lungsspielräume bei weniger vorstrukturierten Situationen bringen neue Anforderungen und Zumutungen, aber auch neue Freiheiten mit sich. Die zunehmende Flexibilisierung der Arbeit erfordert von den Beschäftigten die Fähigkeit, fach- und prozessübergreifende Zusammenhänge zu verstehen. Dazu tragen die Individuen »mehr ›Subjektives‹ in die Arbeit hinein und/oder die Arbeit fordert mehr ›Subjektives‹ von den Individuen« (Kleemann et al. 1999). Dies wird weiter unten (insbesondere im Abschnitt 6) ausgeführt.

3. Veränderungen der Arbeit auf der betrieblichen Ebene

Auf der Basis digitaler Möglichkeiten hat sich ein wachsendes Spek-trum von kunden-, beschäftigten- und nachfragegesteuerten Arbeits-zeiten und -orten, neuen Formen der Selbständigkeit, Gruppen- oder Projektarbeit herausgebildet. Organisatorische und rechtlich-instituti-onelle Regulierungen (aus traditionellen Leitbildern von Beruflichkeit, Laufbahn, Direktion, Fürsorge etc.) werden darin durch ein höheres Maß an individueller Regulierung des Arbeitshandelns und Leistungs-verhaltens abgelöst. Sicherheiten gehen zunehmend verloren und müs-sen durch individuelle Regulierungsleistungen ersetzt werden (Georg/ Guhlemann 2019).

Experten gehen davon aus, dass digitale Transformationsprozesse zukünftig stärker auch eine Veränderung der Verfasstheit des Betrie-bes im Sinne der partiellen Auflösung von Betriebsgrenzen nach sich ziehen werden. Fehlende sichere Erkenntnisse über die Auswirkungen der Transformationsprozesse führen oft zu Forderungen nach dem Ver-

bleib des Menschen »im Mittelpunkt«. Die Forderungen werden argu-
mentativ flankiert von der inzwischen unstrittigen Evidenz steigender
arbeitsbedingter psychischer Belastungen (Urban 2016). Auch dass
Personalbedarf, Kompetenzanforderungen und Arbeitsprozesse sich
durch cyber-physische Systeme verändern werden, ist unstrittig. Die
Auswirkungen auf die Situation am Arbeitsplatz, auf Arbeitsorganisation, Beteiligung, Qualifizierung und Datenschutz können aber sehr
unterschiedlich und ambivalent sein. So ermöglichen z.b. Datenbrillen
ortsunabhängige Wartung, Exoskelette unterstützen Heben und Tragen.
Intelligente Werkzeuge erfordern dagegen auch den Erwerb zusätzlicher Prozesskenntnisse oder erweiterte Erreichbarkeit.

Holzschnittartig sind für die Zukunft zwei polare Entwicklungspfa-
de kurz skizziert:

- Ein arbeitsorganisatorisches Muster geht davon aus, dass mit der
  digitalen Transformation ein hohes Maß an struktureller Offenheit,
  Arbeitsteilung und Flexibilität einhergeht. Es wird möglich durch
  umfassende Informatisierung der Arbeits- und Produktionsprozesse,
  die dadurch zugleich anspruchsvoller und komplexer werden. Die Folge wären bessere Jobs, weil *auf allen Ebenen* die Tätigkeiten durch
  Informationstechnologie angereichert würden. Eng definierte Aufgaben für einzelne Beschäftigte fallen weg, Arbeitskollektive handeln mit großen Handlungs- und Entscheidungsspielräumen, hoch
  flexibel und situationsbezogen. Als Gewinner gelten jene Beschäf-
  tigtengruppen, die ohnehin schon über höhere Qualifikationen und
  Handlungsressourcen verfügen. Einfache Arbeitsplätze fallen demnach weitgehend weg.

- Dagegen erwartet ein eher polarisierendes Muster eine Vertiefung
  der bestehenden Arbeitsteilung. Es verbleiben einfache (Fach-)Arbei-
  ten mit geringen Handlungsspielräumen, die schwer oder gar nicht
  (wirtschaftlich) zu automatisieren sind. Diese verstärkte Arbeitsteilung
  erlaubt zugleich den Einbezug externer Akteure in den Wertschöp-
  fungsprozess über Crowdworking etc. Gleichzeitig mit der Dequali-
  fizierung entsteht eine Gruppe hochqualifizierter Experten und technischer Spezialisten vor Ort, deren Qualifikationsniveau deutlich über
  dem derzeitigen Facharbeiterniveau liegt. Die mittleren Qualifikati-
  onsebenen schrumpfen demnach (etwa in der Montage oder Über-
  wachung).

Dominiert ein Gestaltungsmuster, das auf starke Arbeitsteilung setzt
und die Polarisierung von Aufgaben und Qualifikationen vorantreibt,

werden Belastungsprofile, die durch einseitige Belastungen, Monotonie und geringe Handlungsspielräume bei gleichzeitig hohem Arbeitsdruck gekennzeichnet sind, nicht nur erhalten bleiben, sondern in Zukunft möglicherweise sogar noch weitere Verbreitung finden. Erhöhte Komplexität von Produkten sowie Fertigungs- und Dienstleistungsprozessen, höhere Termin- und Kostenverantwortung, Übernahme von Kontroll-, Koordinations- und Entscheidungsfunktionen sowie steigende Flexibilitätsanforderungen können für die Verbreitung von Belastungsprofilen sorgen, die durch eine quantitative *und* qualitative Überforderung geprägt sind. Zu einem besonderen und neuartigen Belastungsfaktor kann dabei die Mensch-Maschine-Interaktion in sogenannten hybriden Konstellationen werden, die »von menschlichen Akteuren und (teil)autonomen Maschinen bevölkert sind, die nebeneinander, miteinander, teils aber auch gegeneinander agieren« (Weyer 2007: 35).

Dass Arbeit weniger als bisher an einen festen Ort gebunden ist, gilt für Boes und Kämpf als konstitutiv für ein verändertes »Ort-Raum-Gefüge« (Boes/Kämpf 2011: 59), das auch Auswirkungen auf die Formen der Kooperation hat: Physische Präsenz der Kooperierenden ist nicht mehr zwingend erforderlich, denn dezentral tätige Personen oder Teams können jenseits fester Arbeitszeiten und über Zeitzonen hinweg virtuell kommunizieren. Der Wunsch, dieses veränderte »Ort-Raum-Gefüge« auch in ihrem eigenen Arbeitsleben zu nutzen, ist schon lange nicht mehr nur Kreativen oder Wissensarbeiter*innen vorbehalten, sondern auch bei »klassisch« abhängig Beschäftigten in Fertigung wie Verwaltung verbreitet (Bitkom 2013). Die Coronakrise 2020 zeigt aktuell, was grundsätzlich möglich wäre. Beschäftigte verbinden damit die Hoffnung, mindestens einen Teil ihrer Arbeit zu selbstgewählten Zeiten und unter angenehmen (häuslichen) Bedingungen erledigen zu können. Dieses Gefühl der »Befreiung« (Friebe et al. 2008: 15) muss ernst genommen werden, da es elementare Fragen von Macht und Herrschaft in der Arbeitswelt reflektiert. Mit der Inanspruchnahme der gewünschten Freiheiten durch Flexibilisierung der Arbeit wird den Beschäftigten vielfach die Bereitschaft zu aufgabenbezogenem betrieblichen wie eigenständigen Kompetenzerwerb abverlangt. Insbesondere Selbstorganisation und digitale Kompetenzen werden zu tragenden Ressourcen in fluiden Teams.

Die Sichtung der gegenwärtigen Studien und Reviews zeigt, dass viele Fragen zu Folgen von Digitalisierung und Flexibilisierung für die Beschäftigten noch unklar sind. Die wesentliche Herausforderung besteht darin, den Fokus auf den gesamten Prozess zu richten. Digitalisierte Arbeit tritt tendenziell aus dem Anwendungsbereich vorhandener Schutzziele heraus. Entsprechend der mit Flexibilisierung verbundenen Individualisierung der Arbeits- und Führungsformen, Anforderungen und Belastungen müssten, so eine verbreitete Einschätzung, auch Arbeitsschutzaktivitäten individueller ausgerichtet werden. Da digitale Arbeit mit ihren indirekten Steuerungsformen das Individuum »als Ganzes« unter ihre Logik subsummiert, werden die traditionell getrennten Aufgabenzuschnitte der »klassischen« Arbeitsschutzakteure zunehmend obsolet (Georg/Guhlemann 2019). Hier könnte eine Aktualisierung, nicht Kopie, der »alten« Erfahrungen mit der Kategorie Autonomie helfen.

4. Normative Umordnung der Autonomie

In der Wissenschaft wie im Personalmanagement galt Autonomie lange Zeit als Faktor mit unbestreitbar positiver Wirkung auf Qualität, Persönlichkeitsentwicklung, Innovationsfähigkeit und Gesundheit (Sturm et al. 2011; Ulrich et al. 2012). In Führungstheorien (vgl. von Rosenstiel 2007), in der Gesundheitsförderung (vgl. Ulich/Wülser 2012) oder in der Humanisierungsbewegung (vgl. Georg et al. 2020) bildete und bildet Autonomie ein zentrales Kriterium der menschengerechten Gestaltung von Arbeitsorganisation und Arbeitsbedingungen.

Zu ihrer Aufwertung entscheidend beigetragen hat die Erforschung und Konzeptionierung von Gruppenarbeit. Im Rahmen des Programms zur Humanisierung der Arbeit (HdA) der 1970er Jahre waren Job-Enrichment sowie teilautonome Gruppenarbeit zentrale Formen veränderter Arbeitsgestaltung (vgl. Ulich 1994; 2005). In den Zielen war Autonomie als ein Kriterium neben Gesundheit, Sicherheit, Sinn, Würde, Konfliktregelung gesetzt. Parallel sind in Konzepten der Führungstheorie, der Stresstheorie oder der Gruppenarbeit Autonomie und Handlungsspielraum als wesentliche Faktoren für humane Arbeit herausgearbeitet worden. Erweiterungen des Tätigkeits- und Entscheidungsspielraums für die Arbeitenden – gerichtet gegen deren tayloristische Einengung auf den Status funktionierender Objekte –, führten empirisch nachweisbar zu eindeutigen Verbesserungen der Arbeitsqualität und Arbeitszufriedenheit. Das Tavistock-Institut wies allerdings schon 1951 darauf hin, dass das »Maß der Autonomie« keineswegs als generell übertragbar, sondern abhängig von verschiedenen Voraussetzungen sei, deren wichtigste explizite und realistische Zielfestlegungen waren (Hackman 1990: 499, zit. nach Ulich 2005: 277). Seit Beginn der 2000er Jahre mehrten sich Veröffentlichungen, in denen die Effekte einer hohen Arbeitsautonomie deutlich kritischer beurteilt werden (vgl. etwa Nerdinger/Wilke 2009): Anlass hierfür bot insbesondere die Beobachtung, dass psychische Belastungen gerade in Berufen zunahmen, die über hohe Autonomie verfügten und eine ausgezeichnete Qualifizierung voraussetzten (Striewe/Schwering 2011). Die einstmals »universale Ressource« für die Persönlichkeitsentwicklung wurde zur relativen Ressource für Gesundheit degradiert. Konstatiert wurde eine »erschöpfte Arbeitswelt« (Badura/Steinke 2011) dank einer ambivalenten Rolle der Beschäftigtenbeteiligung, die keine gesundheitsförderliche Wirkung mehr verspräche, sondern eine »systematische Überbelastung« (Kratzer et al. 2010: 145) fördere.

Sind Autonomie und Partizipation damit selbst zu Belastungen geworden, oder verdanken sich derartige Befunde einer eindimensionalen Betrachtungsweise? In der Debatte um die »neuen Steuerungsformen« haben die »paradoxen Folgen« einer »neuen Autonomie« einen anderen Schwerpunkt erhalten. Hier geht es vielfach um eine »obligatorische Autonomie«, in der zwar eine freie Ausführung einzelner Arbeitsaufgaben, aber keine Autonomie über die Rahmenbedingungen der Arbeit besteht. »Mehr Druck, aber auch mehr Freiheit, steigende Anforderungen, aber auch wachsende Gestaltungsspielräume, zunehmendes Controlling, aber mehr Eigenverantwortung, mehr Arbeit, aber auch mehr Spaß« (Kratzer et al. 2012: 148).

Handlungsspielräume erhöhen zwar die Entscheidungsfreiheit in der operativen Arbeit, legen aber »hinter dem Rücken der Beschäftigten« über subjektive Zielvereinbarungen und Controlling die »objektive Leistungspolitik« fest. Von hier ist es denn auch nur ein kleiner Schritt dahin, die – als Subjektivierung von Arbeit gefasste – Autonomie als eine neue Form herrschaftlicher Steuerung des Arbeitshandelns zu bewerten.

Dagegen lautet unsere These: Die Behauptung gesundheitlicher Gefährdung bei »zu hoher« Autonomie, Selbstorganisation und Partizipation folgt einem undifferenzierten und unreflektierten Begriff von Autonomie. Wir vermuten, dass der Grund für eine derartige Argumentation in einem »alten« theoretischen Zugriff auf Arbeit, ihre Formen, Strukturen und Prozesse liegt, der unter »neuen« gesellschaftlichen Bedingungen nicht mehr in der Lage ist, seinen Gegenstand adäquat

zu fassen. Das Verhältnis von Fremdbestimmung und gewährter Autonomie hat sich nämlich grundlegend verändert, und das hat weitrei-
chende Konsequenzen für die Arbeitswissenschaften und die Arbeitspolitik. Daher wollen wir zunächst etwas grundsätzlicher argumentieren.

5. Der Konflikt zweier praktischer Rationalitäten in den Arbeitszusammenhängen

Der Konflikt, der den Hintergrund des problematischen Zusammenhangs von Prozessen digitaler Transformation und psychosozialen
Belastungen verständlich werden lässt, kann als grundlegender Konflikt zweier unterschiedlicher Formen praktischer Rationalität verstanden werden, der ökonomischen und der *kooperativen* Rationalität. Unter
praktischer Rationalität lässt sich allgemein die menschliche Fähigkeit
verstehen, Handeln durch Gründe in der Weise zu organisieren, dass
Menschen ihren Handlungen im Rahmen einer Struktur solcher Gründe Wert beimessen können. Unsere Handlungen sind wertvoll, insofern
sie in einem solchen System der Gründe unserer Lebensform einen
Platz finden (Nida-Rümelin 2011). Diese Gründe bestimmen den Sinn
der Handlungen, sowohl für den Handelnden selbst im Hier und Jetzt
als auch gegenüber anderen Menschen und über längere Zeiträume
hinweg. Insofern aber andere Menschen unsere Gründe auch als legi-
time Gründe anerkennen müssen, können wir hier mit Honneth (2012)
von einem Kampf um Anerkennung sprechen.

In Bezug auf digitale Transformationsprozesse und psychosoziale
Belastungen ist dabei zu beachten, dass die strukturellen Rationalitäten
der kooperativen Arbeitszusammenhänge und der ökonomischen Ver-
wertungsbeziehungen zwar einerseits aufeinander angewiesen sind,
aber andererseits in einem Konflikt stehen, der dazu führen kann, dass
die eine Rationalität die andere überformt und eventuell beschädigt oder
zerstört. In jedem Wirtschaftsunternehmen gibt es daher einen Kampf
um Anerkennung, einen Kampf um die Reichweite der jeweiligen Rationalität. Dies gilt in beiden Richtungen (Nida-Rümelin 2011: 16).

Aufeinander angewiesen sind beide Formen *einerseits*, da Arbeit in
einer ökonomischen Beziehung steht, die zugleich einen Zusammenhang der Reproduktion der Gesellschaft darstellt. Insofern wäre es
falsch, hier lediglich von Ökonomisierung zu sprechen, denn da Arbeit
eine Rolle in der gesellschaftlichen Reproduktion einnimmt, steht sie

auch in einem Zusammenhang ökonomischer Verwertung. Ökonomisierung kann gegenüber der Arbeit immer mehr an Dominanz gewinnen. Der Kampf um Anerkennung verschiebt sich damit immer mehr
zugunsten des ökonomischen Wertzusammenhanges. Der kooperative Wert der gesellschaftlichen Arbeit kann sich dann nur herausbil-
den, wenn entsprechende ökonomische Bedingungen erfüllt sind. Die
Arbeit in ihrer Arbeitsteilung muss sich gesellschaftlich bewähren und
sie kann dies nur, wenn ihr dies über ihre ökonomischen Beziehungen
gelingt, in Marktprozessen zwischen Unternehmen und arbeitenden
Menschen, mit allen sich daraus ergebenden Potenzialen und Konflikten.

Andererseits aber bildet der Arbeitszusammenhang auch einen
Kooperationszusammenhang für die Arbeitenden aus der Logik der
Arbeit selbst, der sich einer eigenen »solidarischen« Rationalität
bedient. Dieser Zusammenhang der Arbeit selbst ist dem ökonomischen
Wert keineswegs einfach nachgeordnet, denn *die ökonomische Rationalität unternehmerischer Entscheidungen ist auf die Belastbarkeit der
Kooperationszusammenhänge der Arbeit angewiesen.* Vielmehr gilt:
Die lebendige Arbeit ist die Bedingung des Prozesses der gesellschaftlichen Produktion und Reproduktion. Die Organisation der lebendigen
Arbeit innerhalb einer Gruppe, zwischen Kolleg*innen und im gesamten Betrieb ist nicht auf die Zusammenhänge ökonomischer Verwertung reduzierbar, sondern bildet aus der Logik der lebendigen Arbeit
in Arbeitssituationen eine eigene Form kooperativer Rationalität, die
ebenfalls einen eigenen Wertzusammenhang der Verlässlichkeit, der
Wahrhaftigkeit und des Vertrauens ausbildet. Nennen wir diesen den
kooperativen Wert der Arbeit. Er ist bestimmt durch die Beziehungen
der Kooperation, welche Menschen in Arbeitsverhältnissen eingehen.
Wie Honneth (1980) bereits betont hat, ist Arbeit gerade nicht lediglich
zweckrationales instrumentelles Handeln, sondern besitzt einen darüber hinausgehenden Wert für die Lebensform der arbeitenden Menschen. Aus dieser wechselseitigen Angewiesenheit der beiden Wertzusammenhänge ergibt sich auch ihr Konflikt.

Die Problematik besteht nun darin, dass betriebliche Veränderungs-
prozesse von kooperativ organisierten Arbeitszusammenhängen in
Konflikt treten können mit der inneren Rationalität des Kooperationszu-
sammenhanges der Arbeit. Dies geschieht insbesondere dann, wenn
die Art der Veränderung einem zentralen Kriterium nicht genügt. Dieses Kriterium nennen wir die Autonomie in Bezug auf die Arbeitstätigkeit (wir werden darauf noch im siebten Abschnitt eingehen). In letzter

Instanz bleibt zu schließen, dass solche Prozesse zur Zerstörung des Arbeitsvermögens führen können, da die Arbeitstätigkeit nicht mehr im Rahmen autonomer Kooperation selbst verständlich werden kann. Die dadurch hervorgebrachte Krise äußert sich in vielfachen Formen äußerer und innerer Konflikte, von kollektiven Widerstandshandlungen bis hin zu gesundheitlichen Einbrüchen und psychosomatischen Erkrankungen.

Dass jenseits der Zusammenhänge ökonomischer Verwertung dem kooperativen Zusammenhang der Arbeit selbst auch bestimmte Wertzusammenhänge entsprechen, ist aus sozialwissenschaftlicher Sicht bereits früh von Baldamus betont worden: »Unabhängig vom Lohnsystem kommt besonders unter den Industriearbeitern einem wertenden Vergleich von Arbeitsmühe und Arbeitseinkommen eine zentrale Bedeutung zu.« (Baldamus 1960: 32) Gleichwohl ist der Zusammenhang von Entgelt, Arbeitsleistung und Arbeitsmühe ja in Arbeitsverträgen überhaupt nicht und in Tarifverträgen nur sehr unzureichend geregelt. Auch für die weiteren Überlegungen kommt dem kooperativen Zusammenhang der Arbeit ein eigenständiger Wert zu. »Werte entstehen in Erfahrungen der Selbstbildung und Selbsttranszendenz«, formuliert der Soziologe Joas (1999: 10). In phänomenologischer Tradition werden dabei die Gefühle als den wertenden Entscheidungen zugrunde liegend betrachtet (Vendrell Ferran 2013: 76). Da die Dimension der Gefühle, im Gegensatz zu Emotionen, dabei auf grundlegenderer Ebene anzusiedeln ist, lässt sich erkennen, dass dieser Zusammenhang der Werte in der Kooperation keineswegs nur ein verbal-kognitives Wissen darstellt, sondern diesem Wissen bereits zugrunde liegt.

6. Entinstitutionalisierung der Arbeit und die Anforderung der Situationsbewältigung

Menschen konstituieren ihre Welt als Lebenswelt zunächst in Situationen (Situationsketten und -gefügen). Diese Konstitution als Leistung des intentionalen Bewusstseins ist auch eine »wechselseitige« von Subjekt und Mitsubjekt, also eine soziale (Husserl 1962: 167ff.). Grundlegende, bedeutungsreiche Sinnbildung geschieht dabei auf der Ebene der Beziehungen und Gemeinschaften. Welt ist hierüber thematisch gegeben, in natürlicher Einstellung objektiviert durch die typisierende Wahrnehmung der alltäglichen Lebenszusammenhänge, strukturiert durch Deutungsmuster und auf Dauer gestellt über gesellschaftliche Institutionenbildung (Peter 1992). Die gesellschaftliche Arbeit war weitgehend institutionalisiert, hatte ein komplexes Gefüge der Institutionen der Arbeit hervorgebracht, teilweise »von oben« (z.B. Sozialversicherung), teilweise »von unten« (z.B. Gewerkschaft), die jeweils spezifisch und besonders Wandlungsprozessen unterworfen sind und diese beeinflussen. Entsprechend bezeichnete Christian von Ferber die industrielle Gesellschaft prägnant als »institutionell verfasste Form der Vergesellschaftung« von Arbeit (von Ferber 1991: 211).

Diese Form ist im Epochenbruch der neoliberalen Globalisierung weitgehend zerbrochen. Die Entwertung der Institution Arbeit gefährdet jedoch diesen, vor allem in Deutschland, engen Zusammenhang von Arbeitswelt, Lebensstandard und Sozialpolitik und beginnt das hieraus erwachsene Institutionengefüge aufzulösen (Peter 1992). Dies spüren die Menschen und dies löst Irritationen und öffentliche Debatten aus. Diese thematisieren, wie sich eine Gesellschaft organisiert und versteht, deren zentrale Institution die Arbeit ist, eine Institution, die ihren spezifischen Charakter (zugleich sowohl grundlegende Orientierungen zur Verfügung zu stellen als auch spezifische Leistungszusammenhänge zu garantieren, sowohl Lebenshilfe zu sein als auch praxisfeste Hintergrundüberzeugungen zu liefern) und nun zunehmend zugunsten von Marktprozessen an Bedeutung verliert. Der Verlust der Zentralität der Institution Arbeit oder das »Ende der Arbeitsgesellschaft« bedeuten, dass sich über Arbeit immer weniger Leistungs- und Deutungszusammenhänge definieren, und mehr über Märkte, Technik, Geld, Konsum oder Macht.

»Wir wissen nicht, wie eine Gesellschaft aussieht, in der es diese Verbindung zwischen Arbeit(splatz), Einkommen, Sinn und Wertschätzung nicht gibt«, schreibt der Systemtheoretiker Baecker (2002: 12), und Castel betont im Zusammenhang des institutionalisierten Rechts bei der Freiheitssicherung der Arbeitenden: Um ein Individuum zu sein, muss man eingebunden sein, d.h. »das Individuum muss über Stützpunkte verfügen, auf deren Basis es für seine soziale Unterstützung sorgen kann« (Castel 2011: 363).

Dass Subjektivität generell eine ständige Anforderung und Herausforderung darstellt, haben wir der anthropologischen Philosophie Helmuth Plessners (1928/1975) entnommen. Ihm zufolge erzeugt die »exzentrische Positionalität« der Menschen kontinuierlich Widersprüche und Konflikte mit sich selbst, den Anderen und der Umwelt, erfordert Kampf um Lebensführung, und hier ist Arbeit wesentliche Vermittlungsinstanz, institutionell wie im Vollzug, die versachlicht, bildet und Anerkennung schafft. Wenn Arbeit diese Funktion nicht mehr erfüllen kann, wird es für den gesellschaftlichen Zusammenhang und das Wohl, auch das gesundheitliche Wohl der Menschen, problematisch. Daraus schlussfolgert Ehrenberg kritisch:»Das ideale Individuum wird nicht mehr an seiner Gefügigkeit gemessen, sondern an seiner Initiative. … man kann sich nicht nach Belieben für oder gegen diese Regulationsmechanismen entscheiden, sie gelten für alle, bei Strafe des Ausschlusses aus der Gemeinschaft. Sie manifestieren den ›allgemeinen Geist‹ unserer Gesellschaften, sie sind *die Institutionen des Selbst*« (ebd.: 8). Scheitern in diesem neuen Verhaltensmodell drückt sich dann weniger in (sozialen) Konflikten als in Antriebslosigkeit und (individueller) Depression aus.

7. Autonomie als Hauptaspekt für zukünftige Arbeitsgestaltung

Lange Zeit hatte insbesondere die Arbeitswissenschaft bei der Frage der grundlegenden Faktoren zu Persönlichkeitsentwicklung und Selbstverwirklichung der arbeitenden Menschen vor allem das Arbeitshandeln in Situationen mit großen Spielräumen und zahlreichen Freiheitsgraden im Blick (Neuberger 1980). Die Gleichung »Je mehr Handlungsspielraum, desto mehr Selbstverwirklichung« sagt allerdings noch nichts über die Form von Selbstbestimmung aus, die der arbeitende Mensch anstrebt. Ihm geht es (auch) um den kooperativen Wert, die Nützlichkeit seiner Arbeit für andere, um die Anerkennung durch Kollegen, Vorgesetzte oder Kunden. Durch die konzeptionelle Engführung auf die Person und ihre Arbeitsaufgabe im Konzept der »Handlungsspielräume« wurde der soziale Kontext des Arbeitshandelns längere Zeit vernachlässigt. Die kritischen Folgen wurden weiter oben grob angerissen. Wir wollen im Folgenden den Begriff der Autonomie erläutern, um ihn von der Gewährung nur obligatorischer Autonomie abzugrenzen.

Autonomie lässt sich durchaus wörtlich verstehen als die Selbstgesetzgebung der eigenen Handlungsfähigkeit. Sie zielt auf Unabhängigkeit von Institutionen in individuellen Entscheidungsprozessen. Etwas nüchterner heißt dies, dass der handelnde Mensch sich gemeinsam mit anderen den Zusammenhang seines Handelns und damit den Wert seiner Handlung selbst gestalten kann. Sie ist eine Kompetenz, auch gegen Widerstände seinem Leben eine Richtung zu geben. Da Menschen in ihrer Um- und Mitwelt ihr Selbst entwickeln, kann Autonomie aber immer nur eine begrenzte sein, allerdings eine selbst begrenzte und selbstverpflichtende. Sie entsteht durch Akzeptieren, Ablehnen oder Adaptieren von Impulsen aus den je individuellen Lebenszusammenhängen auf der Basis von Vorerfahrungen. Aufgrund seiner Prinzipien und Werte setzt der Mensch sich seine Grenzen selbst. Die Entscheidung, etwas zu tun oder zu lassen, ist dann *frei*, wenn eigene Motive und Ziele reflektiert und anderen verständlich gemacht werden. Das schließt die Fähigkeit ein, Selbst- und Situationstäuschungen zu erkennen.»Damit fragt ein Individuum, das seine Wünsche und Handlungsabsichten prüft, stets auch danach, welche Art von Leben es führen möchte.« (Sichler 2005: 119)

Die Autonomie des Einzelnen ist wesentlich für seine Personalität (Nida-Rümelin 2011: 215). Personalität wird hier verstanden als die Fähigkeit, über seine Tätigkeit vor sich selbst und anderen durch Gründe Rechenschaft abzulegen. In der modernen Arbeitswelt, jenseits fordistischer»Kommandostrukturen«, sollen Handlungs- und Entscheidungsstrukturen den Beschäftigten Möglichkeiten bieten, sich in eigener, als sinnvoll erachteter Weise einzubringen. Autonomie ist keineswegs gleichzusetzen, wie dies oft geschieht, mit der bloßen externen Verantwortlichkeit ohne direkte Kontrolle. Denn gerade diese externe Verantwortlichkeit bestimmt die Grenze. Erst das Bewältigungshandeln in niemals ausschließlich objektiv vorgegebenen, sondern immer auch subjektiv mitkonstituierten Arbeitssituationen gibt Auskunft über den Grad der Autonomie.

Weder ist vollständige Autonomie als Autarkie in modernen Gesellschaften denkbar, noch ist völlige Außensteuerung durch beständig neu formulierte externe Imperative eine denkbare Situation. Dies scheint bereits in Ulichs Formulierung der »teilautonomen« Gruppenarbeit impliziert (vgl. Ulich 2005: 213).

Für den arbeitenden Menschen bedeutet Autonomie vor dem Hintergrund der oben diskutierten kooperativen Rationalität die eigensinnige Gestaltung des Wertzusammenhanges seiner Arbeitstätigkeit als Selbstbestimmung seines Arbeitsvermögens (Pfeiffer 2004). Autonomie in Arbeitssituationen bildet somit einen Komplex gemeinsam mit der selbstbestimmten Erhaltung und Erweiterung des Arbeitsvermögens, seinen Kapazitäten und Kompetenzen.

Arbeit enthält zwar die Möglichkeit, Formen kollektiver und substanzieller Autonomie herauszubilden, dem stehen allerdings die für die Lohnarbeit typischen Herrschaftsbeziehungen entgegen (Deranty/Renault 2012: 582). Wir gehen davon aus, dass die aktuellen Prozesse der umfassenden Entgrenzung nur dann von den Individuen erfolgreich bewältigt werden können, wenn sie sich dazu autonom verhalten (können). Die gegenwärtigen Entgrenzungsprozesse in der Arbeitswelt sind zum einen Grenzverschiebungen im Sinne eines Abbaus tradierter Institutionen und struktureller Arrangements. Darüber hinaus kommt es aber auch zu Grenzverwischungen im Sinne einer Flexibilisierung der Arbeit, ihrer Organisation und Regulierung. Grenzen verschwimmen, existieren aber noch, Grenzbestimmungen werden schwierig, vor allem für Experten; es entstehen Zonen der Unbestimmtheit. Es wird schwieriger, sich mit dem eigenen Unternehmen und mit seinem Tun zu identifizieren. Gleichzeitig entstehen, mit zunehmender Individualisierung der Gesellschaft, immer stärkere Anforderungen, sich mit den neuen Prozessen zu befassen, sie zu reflektieren und entsprechend zu handeln.

8. Der Kampf um das Subjekt

Im Zuge der tendenziellen Aufhebung fordistischer Herrschafts-, Kontroll- und Steuerungsformen erhält das arbeitende Subjekt einen neuen – ambivalenten – Stellenwert. In einem dialektischen Prozess der Entgrenzung und neuen Eingrenzung kommt es zu einer zunehmenden Internalisierung des Marktes, die sogar die Kooperationsbeziehungen der Beschäftigten untereinander in Kundenbeziehungen transformiert. Die Unbestimmtheit des Marktes wird unmittelbar zum Strukturierungsprinzip von Arbeit und Leistung, Herrschaft realisiert sich immer weniger über ein System strikter hierarchischer Kontrolle und immer mehr durch die arbeitende Person selbst (Peters 2001). Damit tritt der »Kampf um das Subjekt«, um die Person als Träger lebendiger Arbeit, ins Zentrum der arbeitspolitischen Auseinandersetzung.[1]
   Dabei sind erweiterte Handlungsspielräume nicht zwangsläufig gleichzusetzen mit einer Ausweitung der Kontrolle über die eigenen

---

[1] Zu nennen sind in diesem Zusammenhang Analysen zur »normativen Subjektivierung« (Baethge 1991), zum »Arbeitskraftunternehmer« (Voß/Pongratz 1998) und zum »subjektivierenden Arbeitshandeln« (Moldaschl 2001).

Arbeitsbedingungen. Es bedarf einer balancierten Ausgestaltung des Verhältnisses zwischen Handlungsautonomie, Selbstbestimmung in der Arbeit und Verhandlungsautonomie, also dem Einfluss auf die Kontextbedingungen des Arbeitshandelns.

Die Selbstbestimmung in der Arbeit (z.B. sich selbst Teilziele zu setzen, interne Zeitplanungen selbst vorzunehmen oder als Gruppe Rotationen und Abstimmungen autonom vorzunehmen) kontrastiert vielfach mit dem fehlenden Einfluss auf die Rahmenbedingungen der Arbeit (Definition der Lohn-Leistungs-Relation, Ressourcenausstattung, Fristvorgaben usw.). Die psychischen Belastungen entstehen im Spannungsverhältnis zwischen Fremdbestimmung und gewährter Autonomie (vgl. Moldaschl 2005).

Eine lediglich abstrakte Klassifizierung von autonomen, tatsächlich aber wenig strukturierten und zugleich autoritär eingebundenen Arbeiten mit indirekten Kontrollmechanismen oder Leistungsvorgaben führt in die Irre. Diese Wende hin zu einem neuen Autonomieverständnis tritt janusköpfig auf, einerseits als Entscheidungsfreiheit in der unmittelbaren operativen Arbeitstätigkeit, andererseits als Medium, durch das sich vom Markt diktierte, tendenziell maßlose Leistungsanforderungen (etwa über subjektive Zielvereinbarungen) durchsetzen.

Entsprechende Praktiken markt- und ergebnisorientierter Steuerung sind sowohl in großen als auch in kleinen und mittleren Unternehmen immer stärker anzutreffen. Sie verstehen Selbstbestimmung stärker als Selbstorganisation und Selbstbehauptung. Selbstbestimmung im Arbeitshandeln ergibt sich weniger durch die Arbeitsaufgaben und -bedingungen, sondern wird in hohem Maße von den Beschäftigten selbst erbracht. Das gilt auch für die Persönlichkeitsförderlichkeit am Arbeitsplatz. Insoweit Autonomie »als Anforderung und Verpflichtung für den Einzelnen« gesetzt wird, »überlagert dieses Autonomieverständnis das der Persönlichkeitsentfaltung im Rahmen einer an vollständigen Aufgaben orientierten Arbeitstätigkeit« (Sichler 2006: 121).

Die extrafunktionalen Kompetenzen nehmen an Bedeutung zu, und informelle soziale Prozesse der Kommunikation und Kooperationen bleiben wichtig. Eine Grundlage für die »Autonomie zum selber tun« zu schaffen wird daher zur zentralen Herausforderung der Zukunft. Freiheit, Gesundheit und Demokratie in der Arbeit und durch die Arbeit zu realisieren, knüpft an das Selbstgefühl der Handelnden an. Die affektive Betroffenheit durch fehlgeleitetes Managementhandeln führt zu Gefühlsverletzungen und verstört tief liegende Wertezusammenhänge. Damit werden innovative Lösungsanstrengungen blockiert, die auf der Grundlage der stärkeren Anerkennung der Autorität der Arbeit möglich wären.

9. Kann es gut ausgehen? Objektive Tatsachen, subjektives Fühlen und soziale Beteiligung

Wenn Innovationskraft, Produktivität, Lernfähigkeit und Gesundheit von Beschäftigten nicht blockiert werden sollen, wird es zur zentralen Aufgabe für Führungskräfte, Interessenvertretungen wie auch für die betriebliche Arbeits- und Gesundheitspolitik, die Arbeit so zu gestalten, dass größtmögliche Autonomie der Beschäftigten gewahrt bleibt und sie in hochautomatisierten Umgebungen die Kontrolle über die Arbeitsprozesse behalten. In digitalisierten Arbeitsbedingungen reicht es für präventive Konzepte daher nicht mehr, undifferenziert das bloße Vorhandensein von Entscheidungsspielräumen oder individuelles Coaching zur Erhöhung von Problemlöse- und Bewältigungskompetenz zu fordern. Wo in entgrenzten Arbeitsformen auf die Beschäftigten als ganze Personen zugegriffen wird, erhält auch der außerbetriebliche Lebenszusammenhang eine wachsende Relevanz für das individuelle Arbeitsvermögen wie für die betriebliche Arbeitsorganisation. Entsprechend sind die komplexen Konfigurationen von Arbeitsbedingungen, Belastungen und verfügbaren Ressourcen auch im gesamten Lebenszusammenhang in den Blick zu nehmen, denn diese entscheiden u.U. darüber, inwieweit Handlungsspielräume als Quelle – oder womöglich als »Falle« – für Gesundheit wirken.

Es hat sich herausgestellt, dass zukünftig der Autonomie und Eigenrationalität gefühlsbasierten (Arbeits-)Handelns eine zentrale Bedeutung bei der Erklärung inhumaner und der Gestaltung menschengerechter Arbeitsbedingungen (vor allem bei psychosozialen Belastungen und Gefährdungen) zukommt. Die dazu nötigen Erkenntnisse müssen am Selbstgefühl der arbeitenden Menschen, an ihrem affektiven Betroffensein ansetzen, eine die überkommene Arbeitswissenschaft herausfordernde Einsicht. Die Betroffenen müssen dazu im Sinne eines »gelingenden Wollens« im demokratischen Sinne beteiligt werden.

Sinnvolle Arbeit zu organisieren, bei der die Nachhaltigkeit von Produktion/Dienstleistung und Produkt/Dienstleistung einen hohen Stellenwert hat, führt schließlich hin zu einer »guten Arbeitspolitik« mit Mitbestimmung und Wirtschaftsdemokratie. Das würde dann schließlich auch eine schrittweise Transformation des privatwirtschaftlichen in ein gemischtwirtschaftliches System bedeuten. Der Jahrzehnte dauernde Prozess der Restrukturierungen der Arbeit ist also noch nicht an seinem Ende angekommen, doch sind bei aller Offenheit bereits erste Gestalten oder Figurationen des Neuen erkennbar. Es besteht in einer stärkeren Relevanz der individuellen Befindlichkeiten, Werte und Antriebe und daraus folgend in einer arbeitspolitisch notwendigen Neukombination individueller Partizipations- und kollektiver Mitbestimmungsrechte. Bei dieser Neukombination bekommt Subjektivierung als der Wertzusammenhang von Fühlen, Leiden, Erfahren und eigen(selbst)mächtigem Handeln einen zentralen Stellenwert.

Literatur

Badura, Bernhard/Steinke, Mika (2011): Die erschöpfte Arbeitswelt. Durch eine Kultur der Achtsamkeit zu mehr Energie, Kreativität, Wohlbefinden und Erfolg! Gütersloh: Bertelsmann Stiftung.

Baecker, Dirk (2002) (Hrsg.): Archäologie der Arbeit. Berlin: Kadmos.

Baethge, Martin (1991): Arbeit, Vergesellschaftung, Identität – Zur zunehmenden normativen Subjektivierung der Arbeit. Soziale Welt 42, S. 6-19.

Baldamus, Wilhelm (1960): Der gerechte Lohn. Eine industriesoziologische Analyse. Berlin: Duncker & Humblot.

Bitkom e.V./VDMA e.V./ZVEI e.V. (2013): Umsetzungsstrategie: Industrie 4.0. Berlin/Frankfurt a.M.: Selbstverlag.

Böhle, Fritz (2002): Vom Objekt zum gespaltenen Subjekt. In: Moldaschl, Manfred/Voß, Günter (Hrsg.): Subjektivierung von Arbeit. München/Mering: Hampp, S. 101-133.

Boes, Andreas/Kämpf, Tobias (2011): Global verteilte Kopfarbeit. Offshoring und der Wandel der Arbeitsbeziehungen. Berlin: Springer VS.

Bosch, Gerd (1986): Hat das Normalarbeitsverhältnis eine Zukunft? In: WSI-Mitteilungen, Jg. 39, Nr. 3, S. 163-177.

Castel, Robert (2011): Die Krise der Arbeit. Neue Unsicherheiten und die Zukunft des Individuums. Hamburg: Hamburger Edition (frz. 2009).

Deranty, Jean-Philippe/Renault, Emmanuel (2012): Arbeit als Ort von Ungerechtigkeit und Herrschaft. Die Grenzen der zeitgenössischen politischen Philosophie. In: Deutsche Zeitschrift für Philosophie 60 (2012) 4, S. 573-592.

Ehrenberg, Alain (2004): Das erschöpfte Selbst: Depression und Gesellschaft in der Gegenwart. Frankfurt a.M./New York: Campus.

Ferber, Christian von (1961): Die Institution der Arbeit in der industriellen Gesellschaft. Versuch einer theoretischen Grundlegung. Manuskript, Universität Göttingen.

Ferber, Christian von (1991): Subjektive und objektive Arbeitssituation – wo stehen wir in der phänomenologischen Analyse heute? In: Peter, Gerd (Hrsg.), Arbeitsforschung? Methodologische und theoretische Reflexion und Konstruktion. Dortmund: Montania, S. 9-29.

Ferber, Christian von (1992): Arbeitswissenschaft – psychosozialer Streß – gesundheitsgerechte Arbeitsgestaltung. In: Arbeit, Nr. 2, S. 123-143.

Ferber, Christian von (1994): Erkenntnisfortschritte in der Arbeits- und Streßforschung seit Beginn des HdA-Programms. In: Arbeit, Jg. 3, Nr. 2, S. 173-183.

Friebe, Holm/Lobo, Sascha (2008): Wir nennen es Arbeit: Die digitale Boheme oder: Intelligentes Leben jenseits der Festanstellung, 2. Aufl. München: Heyne.

Georg, Arno/Peter, Georg u.a. (2016): SelbstWertGefühl. Hamburg: VSA.

Georg, Arno/Guhlemann, Kerstin (2019): Durchführung und Auswertung von qualitativen Interviews im Rahmen einer explorativen Studie zur Wirkung von Arbeitsschutz-Strukturen in der digitalisierten Arbeitswelt, [online] http://dofapp.de/wp-content/uploads/2019/07/Wirksamkeit-Arbeitsschutz-final.pdf [22.10.2019].

Georg, Arno/Guhlemann, Kerstin/Peter, Gerd (Hrsg.) (2020): Humanisierung der Arbeit 4.0 – Prävention und Demokratie in der digitalisierten Arbeitsgesellschaft. Hamburg: VSA.

Guhlemann, Kerstin/Georg, Aron/Katenkamp, Olaf (2018): Der Mensch im Mittelpunkt oder im Weg? Grenzen und Potenziale menschengerechter Arbeitsgestaltung in der digitalen Transformation. In: WSI-Mitteilungen, Jg. 71, Nr. 3, S. 211-218.

Heiden, Mathias/Jürgens, Kerstin (2013): Kräftemessen. Betriebe und Beschäftigte im Reproduktionskonflikt, Bd. 156. Berlin: edition sigma.

Honneth, Axel (1980): Arbeit und instrumentales Handeln. Kategoriale Probleme einer kritischen Gesellschaftstheorie. In: Honneth, Axel/Jaeggi, Urs (Hrsg.), Arbeit, Handlung, Normativität. Theorie des Historischen Materialismus 2. Frankfurt a.M.: Suhrkamp 1980.

Honneth, Axel (2012): Kampf um Anerkennung, Frankfurt a.M.: Suhrkamp.

Husserl, Edmund (1962): Die Krisis der europäischen Wissenschaften und die transzendentale Phänomenologie. Eine Einleitung in die phänomenologische Philosophie. Husserliana, Bd. VI, 2. Aufl., Haag.

Joas, Hans (1999): Die Entstehung der Werte. Frankfurt a.M.: Suhrkamp.

Kalina, Thorsten/Weinkopf, Claudia (2010): Niedriglohnbeschäftigung 2008: Stagnation auf hohem Niveau – Lohnspektrum franst nach unten aus. IAQ-Report – Aktuelle Forschungsergebnisse aus dem Institut Arbeit und Qualifikation, Nr. 6.

Kleemann, Frank/Matuschek, Ingo/Voß, Günter (1999): Zur Subjektivierung von Arbeit. Papers Querschnittsgruppe Arbeit und Ökologie. Berlin: Wissenschaftszentrum Berlin für Sozialforschung, S. 99-512.

Kratzer, Nick/Birken, Thomas/Dunkel, Wolfgang/Menz, Wolfgang (2012): Partizipation bei neuen Steuerungsformen. In: Rosenbrock, Rolf/Hartung, Susanne (Hrsg.): Handbuch Partizipation und Gesundheit. Bern: Hans Huber, S. 142-153.

Kratzer, Nick/Dunkel, Wolfgang/Menz, Wolfgang (2010): »Permanentes Ungenügen« und »Veränderung in Permanenz« – Belastungen durch neue Steuerungsformen. WSI-Mitteilungen 7, S. 357-364.

Moldaschl, Manfred: (2001): Was ist Gute Arbeit? Neue Antworten auf alte Fragen. In: Gute Arbeit? Gute Umwelt? Gute Technik? artec-paper Nr. 98, Universität Bremen.

Moldaschl, Manfred (Hrsg.) (2005): Immaterielle Ressourcen: Nachhaltigkeit von Unternehmensführung und Arbeit. München/Mering: Rainer Hampp.

Nerdinger, Friedemann W./Wilke, Peter (Hrsg.) (2009). Beteiligungsorientierte Unternehmenskultur. Erfolgsfaktoren, Praxisbeispiele und Handlungskonzepte. Wiesbaden: Gabler.

Neuberger, Oswald (1980): Organisationsklima als Einstellung zur Organisation. In: Grundbegriffe der Wirtschaftspsychologie, hrsg. v. Hoyos, Carl Graf/Kroeber-Riel, Werner/Rosenstiel, Lutz von, München 1980, S. 128-137

Nida-Rümelin, Julian (2001): Strukturelle Rationalität. Ein philosophischer Essay über praktische Vernunft. Stuttgart: Reclam.

Nida-Rümelin, Julian (2011): Die Optimierungsfalle. Philosophie einer humanen Ökonomie. München: Irisiana.

Peter, Gerd (1992): Theorie der Arbeitsforschung. Situation – Institution – System als Grundkategorien empirischer Sozialwissenschaft. Frankfurt a.M.: Campus.

Peter, Gerd (Hrsg.) (2007): Grenzkonflikte der Arbeit – Die Herausbildung einer neuen europäischen Arbeitspolitik. Hamburg: VSA.

Peters, Klaus (2001): Freiheit und Selbsttäuschung. Logische Probleme einer Theorie der neuen Autonomie in der Arbeit. In: Peters, Klaus/Glißmann, Wilfried: Mehr Druck durch mehr Freiheit. Die neue Autonomie in der Arbeit und ihre paradoxen Folgen. Hamburg: VSA.

Pfeiffer, Sabine (2004): Arbeitsvermögen. Ein Schlüssel zur Analyse (reflexiver) Informatisierung. Wiesbaden: VS Verlag.

Plessner, Helmuth (1928/1975): Die Stufen des Organischen und der Mensch. Einleitung in die philosophische Anthropologie. Berlin/New York 1975.

Rosenstiel, Lutz von (2007): Grundlagen der Organisationspsychologie. Stuttgart: Schäffer-Poeschel.

Schröder, Tim/Schäfer, Andrea (2013): Wer erhält einen Ernährerlohn? In: WSI Mitteilungen, Nr. 3, S. 171-181.

Sichler, Ralph (2005): Autonomie im Kontext der Entgrenzung von Arbeit und Lebensführung. Entwurf einer sozialphilosophisch begründeten Perspektive. Journal für Psychologie 13, 1: S. 104-126.

Sichler, Ralph (2006): Autonomie in der Arbeitswelt. Göttingen: Vandenhoeck & Ruprecht.

Striewe, Frank/Schwering, Markus Gerhard (2011): Partizipation und Belastung von Unternehmensberatern – Empirische Befunde zu den Risiken und Nebenwirkungen »wissensintensiver« Arbeit. Zeitschrift für Arbeitsforschung, Arbeitsgestaltung und Arbeitspolitik 2: S. 75-93.

Sturm, Alexandra/Opterbeck, Ilga/Gurt, Jochen (2011): Organisationspsychologie. Wiesbaden: VS Verlag für Sozialwissenschaften.

Trinczek, Rainer (2011): Überlegungen zum Wandel von Arbeit. In: WSI-Mitteilungen, Nr. 11, S. 606-614.

Ulich, Eberhard (1994): Gruppenarbeit damals – Lehren aus dem HdA-Programm. In: Krahn, Karl/Peter, Gerd/Skrotzki, Rainer (Hrsg.), Immer auf den Punkt. Beiträge zur Arbeitsforschung, Arbeitsgestaltung, Arbeitspolitik. Willi Pöhler zum 60. Geburtstag. Dortmund: Montania.

Ulich, Eberhard (2005): Arbeitspsychologie, 6. Aufl. Stuttgart, Zürich: Schäffer-Poeschel/vdf Hochschulverlag.

Ulich, Eberhard/Wülser, Marc (2012): Gesundheitsmanagement in Unternehmen: Arbeitspsychologische Perspektiven. 4. Aufl. Wiesbaden: Springer Gabler.

Ulrich, Joachim G./Krekel, Elisabeth/Flemming, Simone/Granath, Ralf-Olaf (2012): Die Entwicklung des Ausbildungsmarktes im Jahr 2012. Entspannung auf dem Ausbildungsmarkt gerät ins Stocken. Bonn: Bundesinstitut für Berufsbildung (BIBB).

Urban, Hans-Jürgen (2016): Digitale Visionen als Leitbild? Plädoyer für einen Digitalisierungsrealismus in der Arbeitspolitik. In: Sozialismus, Nr. 2, S. 48-55.

Vendrell Ferran, Íngrid (2013): Moralphänomenologie und gegenwärtige Wertphilosophie, in DZ-Phil, 1, 73-89.

Voß, Günter/Pongratz, Hans J. (1998): Der Arbeitskraftunternehmer. Eine neue Grundform der Ware Arbeitskraft? Kölner Zeitschrift für Soziologie und Sozialpsychologie 50, S. 131-158.

Vroom, Victor H./Yetton, Philip (1973): Leadership and decision making. Pittsburgh, PA: University of Pittsburgh Press.

Weyer, Johannes (2007): Autonomie und Kontrolle. Arbeit in hybriden Systemen am Beispiel der Luftfahrt. In: Technikfolgenabschätzung – Theorie und Praxis 16, Nr. 2: 35-42.

Arbeit sinnvoll gestalten

Hans-Ueli Schlumpf
Sechs Gestaltungsprinzipien für sinnorientierte Selbstorganisation
Vorschläge für den Arbeits- und Organisationsalltag – jenseits von »Methodenhypes«

Trends aller Art entspringen einem Zeitgeist und haben insofern auch einen evolutionären Sinn. Es ist unmöglich, einen Trend zu lancieren, wenn die Grundidee nicht den Puls der Zeit trifft bzw. ein tieferes menschliches Bedürfnis anspricht. So ist es auch mit dem Thema Selbstorganisation. Vieles deutet darauf hin, dass die Zeit und der Mensch reif sind für bedeutende Entwicklungsschritte in Richtung selbstverantwortlicherer Arbeits- und Lebensformen. Konzepte und Methoden schießen wie Pilze aus dem Boden. Um revolutionäre Managementkonzepte für das Unternehmen wertschöpfend und für alle Beteiligten entwicklungsfördernd umsetzen zu können, ist eine umsichtigere Betrachtung unterschiedlichster Aspekte und insbesondere auch die Orientierung am evolutionären Sinn hilfreich.

Wie bei der Frage, was zuerst war, das Huhn oder das Ei, könnte man lange darüber diskutieren, ob Managementkonzepte am grünen Tisch entworfen werden sollen, um Arbeit optimal zu organisieren, und sich Führungskräfte sowie Mitarbeitende dann in die Vorgaben einarbeiten müssen. Oder ob es besser wäre, den Menschen und seine Bedürfnisse ins Zentrum zu stellen, um Arbeit, Organisation, Führung und Zusammenarbeit daran auszurichten bzw. sie gemeinsam zu gestalten. Idealerweise wird ein Weg mit Blick auf eine symbiotische Wechselwirkung beschritten. Dafür verlangen im Organisations- und Arbeitsalltag jedoch unternehmerische und menschliche Herausforderungen gleichermaßen Beachtung.

Zweckmäßige und menschenfreundliche Organisationsformen

Grundsätzlich lassen sich zwei stereotype Organisationsformen unterscheiden:

- Am einen Ende der Skala befindet sich das »agil-innovative« Unternehmen. Es ist geprägt von Menschen, die einen hohen Grad an Initiative, Kreativität und Selbstverantwortung verkörpern. Sie setzen auf entsprechende Organisationsformen, die Mitarbeitenden Raum geben, selbständig zu arbeiten, sich einzubringen und mitzugestalten. Selbstverantwortliche Unternehmenskulturen sind an sich keine revolutionären Erscheinungen. Die Tatsache jedoch, dass Selbstorganisation an die breite Front der Arbeitswelt vordringt, die Geschwindigkeit, mit der das geschieht, und dass dies auch bedeutsame Auswirkungen auf das Leben ganz allgemein hat, kann man durchaus als revolutionär bezeichnen.
- Am anderen Ende der Skala, auf der über alle Industrien und Branchen hinweg die vielfältigsten Mischformen anzutreffen sind, steht die »rigide strukturierte« Organisation. Sie ist von minutiöser Aufbau- und Ablauforganisation sowie strikten Regulierungen und Kontrollmechanismen geprägt. Das ist dort sinnvoll, wo es um hohe Risiken und Standards geht, bzw. wo Effizienz, Sicherheit und Gesundheit an erster Stelle stehen. Die Arbeit ist in überschaubare Schritte und repetitive Handgriffe unterteilt. So kann sie genauestens gesteuert und kontrolliert werden. Mitarbeitende können diese einfach erlernen und auch in hoher Zuverlässigkeit und Qualität ausführen. Entsprechend arbeiten in solchen Organisationen idealerweise Menschen, die sich bei dieser Art von Arbeit wohl fühlen.

In der Gestaltung von Arbeit und Organisation muss es eigentlich nicht um Richtig oder Falsch gehen, viel eher gelten zwei Grundsätze: derjenige der Zweckmäßigkeit und derjenige der Gesundheit. In diesem Sinne kann als funktional (d.h. gut funktionierend, im Gegensatz zu dysfunktional bzw. einer Funktion oder Wirkung abträglich) bezeichnet werden, was Zweckmäßigkeit und Gesundheit vereint, was sowohl unternehmerisch zielführend und ökonomisch als auch menschlich sinnstiftend und gesund ist.

Trends, Risiken und Chancen der modernen Arbeitswelt

Die *Digitale Revolution*[1] kann aus dem Blickwinkel betrachtet werden, dass es Unternehmen des oben erstgenannten Typs sind, welche technologische Innovation vorantreiben, die als Folge davon mit zunehmender Geschwindigkeit gewisse Arbeiten oder auch ganze Einheiten des zweiten beschriebenen Organisationstyps nicht nur rationalisieren, sondern über kurz oder lang durch Künstliche Intelligenz (KI) bzw. Robotik ersetzen können. Das kann für bestimmte Branchen und Unternehmen eine ernsthafte Bedrohung der Existenzgrundlage bedeuten und eine strategische Neuausrichtung erfordern. Für viele Berufe und Mitarbeitende bringt es einschneidende Veränderungen vom Erlernen neuer Fähigkeiten bis hin zu grundlegender Neuorientierung mit sich.

Ein Paralleltrend ist *New Work* (Bergmann 2004). In der Vision des Philosophen und Autors Frithjof Bergmann wird das Prinzip Selbstverantwortung und die Kompetenzen für Selbstorganisation geradezu in Reinkultur vertreten. Um die Auseinandersetzung mit Bergmanns Werk kommt man kaum herum, wenn man den Begriff New Work verwendet. Wenn von flexiblen Arbeitsplätzen und Arbeitszeiten, agilen Methoden, Homeoffice, 24/7-Erreichbarkeit, kreativer Raumgestaltung oder Kickertischen die Rede ist, sollte dieser Zusammenhang beachtet werden, um Missverständnisse zu vermeiden. Bei New Work geht es nicht nur darum, Arbeit »anders«, kollaborativer, in virtuellen Räumen, zeitlich flexibler oder »spielerischer« zu erledigen, sondern Arbeit und Leben schlechthin neu zu denken und zu gestalten. Die Rede ist von einem Megatrend vom *industriellen Lebensmodell der drei Phasen: Kindheit/Jugend; Erwerbsarbeit/Familienarbeit; Ruhestand* (Zukunftsinstitut Frankfurt 2019) hin zu einem ganzheitlicheren, selbstbestimmteren Lebensentwurf auf der Basis einer lebenslangen persönlichen Entwicklung in Harmonie mit ureigenen Talenten, Interessen, Anliegen und Lebenszielen.

---

[1] https://de.wikipedia.org/wiki/Digitale_Revolution. Abrufdatum: 16.1.2020

Grenzen herkömmlichen Managements, Scheitern und Gelingen von Veränderung

Dass die Arbeitswelt neue Organisationsformen braucht, ist nicht mehr zu überhören. Die Errungenschaften der Industrialisierung zeigen sich im allgemeinen Wohlstand, in den Sozialwerken sowie im Komfort und Konsum, in der Freizeit- und Unterhaltungsindustrie. Sie bringen aber auch Schattenseiten mit sich in der Form von grassierenden *unheilvollen Phänomenen* (Schlumpf 2019: 254), wie Stress, Burnout, Depression und anderen Belastungen oder Gesundheitsrisiken. Ob unter dem Druck des Shareholder Value und durch die digitale Revolution beschleunigt, ob von jüngeren Generationen oder vom demografischen Wandel gefordert, ob von der globalen Erwärmung erzwungen oder von einem gesellschaftlichen Wertewandel eingeleitet, die Arbeitswelt befindet sich in einem Prozess des fundamentalen Umbruchs.

In den letzten Jahrzehnten ist auch die Entwicklung von Managementkonzepten rasant fortgeschritten, die nun allmählich den Arbeitsalltag durchdringen. Die Wurzeln von zunehmend an Popularität gewinnenden Ansätzen von Selbstorganisation reichen zum Teil weit ins 20. Jahrhundert zurück, z.B. zu den Ursprüngen der *Soziokratie* (Boeke 1945). Der bereits zitierte Frithjof Bergmann fasste seine Erkenntnisse aus der Arbeit mit von Massenentlassungen betroffenen Beschäftigten der amerikanischen Autoindustrie in den 1980er Jahren unter dem von ihm geprägten Begriff *New Work* (2004) zusammen. Matthew Fox hat schon gegen Ende des letzten Jahrhunderts für eine *Revolution der Arbeit* (1996) plädiert. Konzepte für die *Lernende Organisation* von Chris Argyris und Donald A. Schön (1999) sowie Peter M. Senge (1996) stammen aus der gleichen Epoche. Jüngst erregen Frederic Laloux (2015), der dazu einlädt, Organisationen neu zu erfinden, und Brian Robertson mit *Holacracy* (2016) Aufmerksamkeit im Zusammenhang mit selbstorganisierten Arbeitsformen. Frühere Konzepte sind keineswegs gänzlich überholt, sie waren vielmehr Pionierleistungen evolutionärer Grundgedanken und damit der Zeit weit voraus, wurden in der Zwischenzeit auch weiterentwickelt oder von Dritten vermeintlich »neu erfunden« und mit klingenden Namen versehen. Alle Konzepte haben ihre Stärken und Tücken, auf letztere stößt man meist erst, wenn man sie anwendet. Häufig erweisen sich auch falsche Erwartungen, mangelndes systemisches Verständnis, schlechte Einführung, unterschätzte Umsetzung oder fehlende Resilienz als Stolpersteine. Nicht selten wird der Erfolgsfaktor schlechthin übersehen: der Mensch – der lernen und etwas ändern muss, wenn etwas funktionieren oder sich verbessern soll. Dabei helfen ein überzeugter Wille – oder zumindest eine angemessene Bereitschaft, manchmal auch ein Quäntchen Not –, vor allem aber klare Orientierung und wirksame Unterstützung.

Die Grundideen humanistischer Führungskonzepte sprechen tiefgreifende menschliche Entwicklungsthemen an. Damit sind sie wesentlich zeitloser, als man es in einer schnelllebigen Zeit technologischer Produktinnovationen gewohnt ist, mit der Tendenz, in immer kürzeren Intervallen nach der neuesten Version zu greifen. Da es sich bei Kulturentwicklung um Selbst- und Sozialkompetenzen sowie um Denkens- und Verhaltensänderungen handelt, die in überschaubaren Schritten erlernt und gefestigt werden wollen, muss man Veränderungsprozessen in Organisationen, in der Führung und Zusammenarbeit – oder auch in der persönlichen Lebensgestaltung – ausreichend Aufmerksamkeit, Entschlossenheit und Durchhaltevermögen einräumen.

Es gibt einige Gründe, weshalb der nachhaltige Wandel in Organisationen scheitern kann, und Prinzipien, die dabei oft verletzt werden:

- Wenn man sich dazu verleiten lässt, voreilig und unreflektiert trendige Konzepte und Methoden einzuführen, ohne sich mit systemischen Zusammenhängen auseinanderzusetzen. – »Moden« präsentieren sich attraktiv, sind aber eher kurzlebig. Sinn erfordert inneres Engagement und macht nicht immer nur Spaß!
- Wenn der Sprung von einer aktuellen Unternehmenskultur zu einer Zielkultur zu groß ist oder ein Führungskonzept dem Kernauftrag der Organisation nicht wirklich förderlich, im Extremfall nicht damit vereinbar ist. – Was für den Einen ein Erfolgsrezept ist, kann den Anderen in eine Krise stürzen!
- Wenn (immer noch) Vorstellungen herrschen, dass Organisationen und Menschen wie Maschinen funktionieren, die sich durch Regeln steuern lassen; oder dass man »einfach eine bestimmte Technik« anwenden müsse, um (zwischen-)menschliche Probleme zu lösen. – Menschen und Organisationen sind komplexe, lebendige Organismen, die *kybernetischen Gesetzmäßigkeiten* (Vester 2015: 154) folgen – oder eben krank werden, wenn diese ignoriert werden!

Aus allen diesen Gründen ist eine tiefere Auseinandersetzung mit dem unternehmerischen Kernauftrag, der herrschenden Unternehmenskultur, mit Managementkonzepten, Veränderungsmanagement und Lernpsychologie sowie die Unterscheidung zwischen »Modeerscheinung«

und evolutionärem Sinn notwendig, um Organisationen und Teams, Führungskräfte und Mitarbeitende wirksam und nachhaltig weiterzuentwickeln.

Konzepte, Strukturen und Prozesse sind nur eine der drei Dimensionen einer Organisation – *Strategie, Strukturen, Kultur* (Rüegg-Stürm 2003: 22) –, die es in der Führung zu beachten und zu gestalten gilt. Kernauftrag, Vision, Mission, Strategien und Ziele repräsentieren eine zweite Dimension und geben die Richtung vor, worauf sich Engagement und Prozesse ausrichten. Die dritte Dimension ist die am häufigsten vernachlässigte (aber zunehmend ins Rampenlicht rückende), erstaunlicherweise, da sie gerade diejenige ist, die oft unter dem Strich über Erfolg und Misserfolg entscheidet: die Unternehmens- und Führungskultur. Eine Vermutung, weshalb das so ist, besteht darin, dass Kultur einerseits schwieriger greifbar ist als Strategien und Prozesse, und andererseits, dass sie gerade deshalb auch nicht ganz leichtfüßig zu verändern ist. Strukturelle Fragestellungen können immer relativ einfach und rasch beantwortet werden, so auch beim Schritt in die Selbstorganisation. Die erfolgreiche Umsetzung in die Praxis wird jedoch immer zu einem kulturellen Thema. Führungs-, Selbst- und Sozialkompetenzen, Diversität, Interdisziplinarität, Interkulturalität, Team-, Konflikt- und Problemlösungsfähigkeit, Ermächtigung und Befähigung zur Mitgestaltung u. ä. spielen dabei die Hauptrollen.

Sechs Gestaltungsprinzipien für sinnorientierte Selbstorganisation

In *Dialog- und Lernkultur in Organisationen – Sinnorientierte Selbstorganisation durch EvoluCreation gestalten* (Schlumpf 2019) beschreibt der Autor sechs Gestaltungsprinzipien für Selbstorganisation. Sie bieten Orientierungshilfen für die Weiterentwicklung von Organisationen bzw. die Ermächtigung und Befähigung von Teams, Führungskräften und Mitarbeitenden in Richtung Selbstorganisation. Der Hauptfokus liegt dabei auf Schlüsselkompetenzen, die gefördert werden: echter Dialog, konstruktive Zusammenarbeit und gemeinsames Kreieren sowie Experimentierfreude, Erfahrungslernen und kontinuierliche Entwicklung. Dabei kommen auch Gesetze systemischer Zusammenhänge und Wechselwirkungen zum Tragen. So hängen einerseits die Gestaltungsprinzipien sehr eng zusammen, andererseits sind auch individuelle und kollektive Weiterentwicklung nicht zu trennen. Sie inspirieren sich

nicht nur gegenseitig, sondern bedingen sich geradezu: keine Selbstorganisation ohne gleichzeitige Förderung eines guten Selbstmanage-
ments; kein wirksames Selbstmanagement, das nicht die Fähigkeit zu
und auch den Wunsch nach mehr Autonomie mit sich bringt.
Die *sechs Gestaltungsprinzipien* (ebd.: 87ff.) sind:

- Evolutiv-sinnstiftende Kernaufgabe und Vision
- Selbstverantwortliche Organisationseinheiten
- Aufgaben- und menschengerechte Strukturen und Prozesse
- Dialog- und Lernkultur
- Strategien: linear und nicht linear
- Raum und Zeit für Authentizität, Reflexion, Regeneration.

Im Folgenden werden die Gestaltungsprinzipien aus zwei unterschiedlichen Perspektiven erläutert: einerseits mit Blick auf die Organisation und andererseits aus der Sicht der Einzelperson. So können Leserinnen und Leser die Stichworte, Anregungen und Fragestellungen
je nach beruflicher Funktion (z.B. mit Einfluss auf die Gestaltung von
Selbstorganisation) oder auch aus subjektiver Sicht (z.B. für bewuss-
teres Selbstmanagement) betrachten. Es geht dabei nicht um konkrete Anleitungen, was genau zu tun ist, sondern um eine Einladung zur
Auseinandersetzung und die Suche nach eigenen – sinnhaften! – Antworten und Lösungen. Aus Reflexion und Diskurs soll sich ein eigenes
Verständnis sowohl für die einzelnen Aspekte als auch für deren Bedeutung für einen spezifischen Arbeitskontext entwickeln. Es werden viele Themen angesprochen, die nicht alle auf einmal bearbeitet werden
können, jedoch eine strukturierte Navigation ermöglichen. Wenn man
darauf achtet, welches Thema gerade besonderes Interesse weckt,
wäre das ein zuverlässiger Indikator, genau dort zu beginnen. Durch
iteratives Vorgehen, Reflektieren und Weiterentwickeln kommt ein Prozess des aktiven Gestaltens und Erfahrungslernens in Gang. Daraus
erwachsen neue Erkenntnisse, erweiterte Blickwinkel, neue Fähigkeiten und nicht zuletzt auch ein Gefühl der Selbstbestimmung.

Gestaltungsprinzip 1: Evolutiv-sinnstiftende Kernaufgabe und Vision

Dieses Gestaltungsprinzip verschafft Klarheit über die Ausrichtung nicht
nur eines Gesamtunternehmens oder einer Institution, sondern in adap-
tierter Form auch für Geschäftseinheiten, Abteilungen, Teams oder einzelne Funktionen. Aus individueller Sicht kann es darum gehen, sich in
groben Zügen über Ziele in den wichtigsten Lebensbereichen klar zu
werden oder auch eine ganz persönliche Lebensvision zu entwerfen.

Organisation	Person
▪ Haben wir als Unternehmen/ als Institution unseren »Purpose«, unsere Vision und Mission klar definiert und dokumentiert? ▪ Haben wir eine kurz-, mittel- und langfristige Strategie? ▪ Haben Geschäftseinheiten, Abteilungen und Teams ihren »Purpose« definiert, der sich an der Unternehmensvision orientiert?	▪ Was bedeutet »Arbeit« bzw. »meine Arbeit« für mich generell? ▪ Habe ich mir schon einmal zu folgenden Fragen Gedanken gemacht: ▪ Was für ein Mensch möchte ich (wirklich) sein? ▪ Was für ein Leben will ich (wirklich) führen? ▪ Wie sieht mein Lebensentwurf/ meine Lebensvision aus?

Gestaltungsprinzip 2: Selbstverantwortliche Organisationseinheiten
Der Fokus dieses Gestaltungsprinzips liegt auf der Bildung von Organisationseinheiten, die ihre Aufgabenerfüllung und Projekte selbstverantwortlich und agil (kollaborativ, flexibel, kreativ, kunden- und lösungsorientiert, umsetzungsstark) abwickeln. Dafür gibt es einige wenige, aber entscheidende Kriterien, die erfüllt sein müssen:

Organisationseinheiten dürfen eine bestimmte Größe (bis max. acht Mitglieder) nicht überschreiten, da ansonsten die Vorteile der Selbstorganisation durch einen erschwerten Koordinationsaufwand wieder eingebüßt werden.

Mitglieder müssen im Kollektiv sowohl über die für die Aufgabenerfüllung notwendigen fachlichen Kompetenzen als auch über entsprechende Mittel verfügen.

Beteiligte müssen einerseits hohe Selbst- und Sozialkompetenzen besitzen, andererseits auch wirksame Arbeitsmethoden beherrschen, um Kommunikation und Zusammenarbeit organisieren sowie Probleme und Konflikte lösen zu können.

Auf individueller Ebene steht dieses Prinzip für ein Verantwortungsbewusstsein sich selbst und anderen gegenüber; u.a. für das Bewusstsein sowohl der eigenen Fähigkeiten und Gestaltungsmacht als auch der Tragweite des eigenen Denkens und Verhaltens.

Organisation	Person
■ Leitungsteams ■ Geschäftseinheiten ■ Abteilungsteams ■ Spezialistenteams ■ Interdisziplinäre Teams ■ Projektteams ■ Netzwerke ■ etc.	■ Welche Rolle und Verantwortung kommt mir im Team zu? ■ Welches sind die wichtigsten Interessenträger meiner Arbeit? ■ Wie nehme ich Verantwortung für mich selbst wahr (Selbstmanagement, Arbeitsfähigkeit, Gesundheit, Weiterentwicklung)?

Gestaltungsprinzip 3: Aufgaben- und menschengerechte Strukturen und Prozesse

Die »Organisation von Arbeit« hat sich im Zeitalter der Industrialisierung vorwiegend an ökonomischen Kriterien orientiert (Steuerbarkeit, Produktivität, Qualität, Profitabilität, etc.). Die »Humanisierung der Arbeit« geht vom Menschen aus und stellt Fragen im Hinblick auf eine Symbiose von menschlichen Bedürfnissen (Kreativität, Gesundheit, Entwicklung, Sinn, etc.) und unternehmerischen Anforderungen. Auf individueller Ebene geht es vorwiegend um eine optimale Übereinstimmung von Mensch und Aufgabe.

Organisation	Person
■ Wie laufen unsere Führungs-, Entscheidungs- und Arbeitsprozesse? ■ Strukturieren wir Arbeit eher in Fragmenten (Taylorismus) oder in »A-Z«-Aufgabenpaketen? ■ Wo stehen wir in Bezug auf folgende Qualitäten: – »Command and control« vs. Mitgestaltung – Routine vs. Kreativität – Rigidität vs. Agilität.	■ Wie weit entspricht meine Arbeit meinen Interessen, Talenten, Bedürfnissen, Fähigkeiten? ■ Welche Bedürfnisse habe ich an Führung, Ausführung, Selbstführung? ■ Was ist mir wichtig, um »gut« arbeiten zu können? ■ Wenn ich (in der aktuellen Arbeitssituation) etwas ändern könnte, was und wie wäre das?

Gestaltungsprinzip 4: Dialog- und Lernkultur

Wie weiter oben bereits erwähnt, ist die Organisationskultur ein bedeutender, wenn auch häufig unterschätzter Aspekt der Unternehmensführung. Insbesondere in Zeiten zunehmenden und rascheren Wandels können gemeinsame Problemlösungsfähigkeit und individuelle Veränderungsfähigkeit zu entscheidenden Erfolgsfaktoren werden.

Organisation	*Person*
■ Wie entwickeln wir unsere Organisation, Führungskräfte, Teams und Mitarbeitenden betr. Fach-, Selbst- und Sozialkompetenzen weiter? ■ Wie gehen wir mit Fehlern, Problemen und Konflikten um? ■ Was bedeuten Feedbackkultur, Befähigung, Ermächtigung für uns? ■ Wie steht es um die abteilungsübergreifende Kommunikation und Zusammenarbeit?	■ Sehe ich vorwiegend Probleme oder suche ich nach Lösungen? ■ Neige ich eher zu Kooperations- oder zu Konkurrenzverhalten? ■ Nutze ich Freiräume für Mitgestaltung oder fühle ich mich eher durch Umstände eingeschränkt? ■ Gelingt es mir, aus Erfahrungen zu lernen, neue Sichtweisen zu entwickeln, wenn nötig und sinnvoll mein Verhalten zu ändern?

Gestaltungsprinzip 5: Strategien: linear und nicht linear

Der Begriff *lineare Strategie* (im Sinne einer gezielten Ausrichtung und Vorgehensweise) bezeichnet hier ein konkret umrissenes Ziel, ein minutiös geplantes Vorgehen sowie eine unbeirrbare, eher rigide Umsetzung. Eine nicht lineare Strategie verfolgt ebenfalls ein Fernziel (z.B. in der Form einer Vision), ohne sich jedoch auf zu eng definierte Schritte festzulegen, geschweige denn, sich darauf zu beschränken. Sie bleibt offen für das »Unerwartete«, um auch unvorhersehbare, nicht planbare Möglichkeiten wahrzunehmen, die auf dem Weg auftauchen und in die erwünschte Richtung führen. Nicht lineares Denken ist auch bereit, sich von einmal gefassten Ideen wieder zu distanzieren, insbesondere, wenn sie nicht innerhalb nützlicher Frist zum Erfolg führen. Andererseits werden gerade in Problemen auch neue Chancen erkannt. In diesem Sinne ist dieses Gestaltungsprinzip eine Anregung für Organisationen wie auch Einzelpersonen, mit beiden »strategischen Mindsets« zu arbeiten. Das heißt sowohl Ziele und Pläne zu entwerfen und mit angemessenem Engagement zu verfolgen als auch sich auf einen iterativen Prozess einzustellen, um agil auf neue Gegebenheiten reagieren, ungeahnte Möglichkeiten wahrnehmen und Herausforderungen in Entwicklungspotenzial verwandeln zu können.

Organisation	*Person*
■ linear: – Organigramme, Ziele, Pläne, Prozesse – »Command and control« – »Dienst nach Vorschrift« ■ nicht linear: – Unvorhergesehenes, Zufälle – »Change«, »Disruption« (z.b. Digitalisierung, Reorganisation, neue Konkurrenz, Katastrophe) – Fehler, Scheitern, Krisen – Chancen, neue Möglichkeiten	■ linear: – Fixierung auf Ziele, Prozesse, Regeln – Berechenbarkeit von Aufgaben und Ergebnissen – Kontrolle, »Garantien« ■ nicht linear: – Unvorhergesehenes, Zufälle – »Change«, »Disruption« (z.b. Jobverlust, Unfall, Lottogewinn) – Fehler, Scheitern, Krisen – Chancen, neue Möglichkeiten

Gestaltungsprinzip 6: Raum und Zeit für Authentizität, Reflexion, Regeneration
Dieses Gestaltungsprinzip ist ganz allgemein für die körperliche und psychische Gesundheit von großer Bedeutung. Dadurch wird insbesondere auch proaktiv auf die Leistungs-, Lern- und Veränderungsfähigkeit Einfluss genommen, was eine wichtige Grundlage bildet für die Arbeits- und Arbeitsmarktfähigkeit schlechthin. Unternehmen ergreifen im Rahmen des betrieblichen Gesundheitsmanagements wirksame Maßnahmen und entwickeln Angebote. Die letzte Verantwortung für die eigene Gesundheit und Arbeitsfähigkeit liegt jedoch beim Individuum. Denn diese stehen ja nicht nur unter dem Einfluss des Arbeitsumfelds, sondern in letzter Konsequenz im Kontext der allgemeinen Lebensführung.

Organisation	Person
■ Authentizität: – Kongruenz von proklamierten und gelebten Unternehmenswerten, »Walking the Talk« ■ Reflexion: – Erfahrungslernen auf der Sach- und Beziehungsebene – Agilität, kontinuierliche Weiterentwicklung ■ Regeneration: – Arbeitsplatzgestaltung, designierte Räume und Einrichtungen, interne Angebote, »Social Activities«	■ Authentizität: – Kongruenz von Person und Aufgaben, von persönlichen und Unternehmenswerten – »Walking the Talk« ■ Reflexion: – Reflexionsfähigkeit, Erfahrungslernen, Professionalisierung – »Self Improvement« ■ Regeneration: – Tagesablauf, Gewohnheiten, Freizeitaktivitäten – Rückzug, »Digital Detox« – allgemeine Lebensführung

Von Konzepten und Methoden zu evolutionärem Sinn und nachhaltiger Entwicklung

Es macht einen großen Unterschied, ob wir durch die »technokratische Brille« auf eine Organisation schauen, die wir als »Maschine« verstehen, und ob wir permanent von einer (unbewussten) Überzeugung getrieben sind, einfach noch nicht die richtigen »Bestandteile« oder »Werkzeuge« gefunden zu haben, die es aber »irgendwo da draußen« geben müsse. Oder ob wir Mensch und Organisation als lebendige Organismen verstehen und lernen, Produktivität, Gesundheit und Entwicklung als Prozess wahrzunehmen, den wir kreativ und agil gestalten müssen. Die Entfaltung eines wachsenden Gefühls sinnvoller Arbeit und eines erfüllteren Lebens kann mit dieser grundsätzlichen Unterscheidung beginnen.

Die entsprechende Grundhaltung stellt somit die Weichen für die Herangehensweise an Führung und Organisationsentwicklung. Neigen wir dazu, eine Organisation kontinuierlich umzustrukturieren und immer neue Regeln und Methoden aufzusetzen, um Dysfunktionalitäten zu bekämpfen oder »noch mehr herauszuholen«? Oder basieren wir unsere Ansätze auf evolutionären Entwicklungsprinzipien, wagen eine salutogenetische Zukunftsprojektion, arbeiten an unserer achtsamen Wahrnehmung, an unserem Denken und Verhalten, und setzen mit partizipativen Hebeln an veränderbaren Strukturen an? Lassen Sie uns die Zukunft in letzterem Sinne ganzheitlicher betrachten und reichhaltiger gestalten, indem wir mit klarem Blick und mutigen Schritten in eine sinnerfüllte Richtung gehen.

Literatur

Argyris, Chris/Schön, Donald A. (1999): Die Lernende Organisation – Grundlagen, Methoden, Praxis. 3. Aufl. Stuttgart: Schäffer-Poeschel.

Bergmann, Frithjof (2004): Neue Arbeit, Neue Kultur. Freiburg: Arbor.

Boeke, Kees (1945): Sociocracy – Democracy as it might be. http://worldteacher.faithweb.com/sociocracy.htm, Abrufdatum: 16.1.2020.

Fox, Matthew (1996): Revolution der Arbeit. Damit alle sinnvoll leben und arbeiten können. München: Kösel.

Laloux, Frederic (2015): Reinventing Organizations – Ein Leitfaden zur Gestaltung sinnstiftender Formen der Zusammenarbeit. München: Vahlen.

Robertson, Brian J. (2016): Holacracy – Ein revolutionäres Managementsystem für eine volatile Welt. München: Vahlen.

Rüegg-Stürm, Johannes (2003): Das neue St. Galler Management-Modell – Grundkategorien einer integrierten Managementlehre. Bern: Haupt.

Schlumpf, Hans-Ueli (2019): Dialog- und Lernkultur in Organisationen – Sinnorientierte Selbstorganisation durch EvoluCreation gestalten. Stuttgart: Schäffer-Poeschel.

Senge, Peter M. (1996): Die fünfte Disziplin – Kunst und Praxis der lernenden Organisation. Stuttgart: Klett-Cotta.

Vester, Frederic (2015): Die Kunst, vernetzt zu denken. Ideen und Werkzeuge für einen neuen Umgang mit Komplexität. 10. Aufl., München: dtv.

Zukunftsinstitut Frankfurt (2019): Industrielles Lebensmodell 1960: 3 Phasen: Kindheit/Jugend – Familienarbeit/Erwerbsarbeit – Ruhestand. Referat Tristan Horx anlässlich der SGO-Herbsttagung, Zürich, 24.10.

Reinhard R. Lenz
Der Sinn gemeinsamen Handelns im individuellen Kontext
Praxisbeispiele vor dem Hintergrund der gesellschaftlichen Veränderung

Der Sinngehalt gemeinsamer Arbeit erhält zunehmend Bedeutung. Identifikation, Leistungsbereitschaft, Bindung, Engagement, Arbeitsfähigkeit usw. lassen sich damit verknüpfen. Es stellt sich u.a. die Frage, was getan werden muss bzw. kann, um einen Sinngehalt wachsen zu lassen oder einen vorhandenen erkennbar anzuzeigen. Aus vielen kleinen Signalen, die gesetzt oder vermieden werden können, wird mehr als die Summe ihrer Teile. In metallverarbeitenden Industriebetrieben habe ich eine Reihe qualitativer Interviews mit Management, Führungskräften, Funktionsträger*innen und Mitarbeiter*innen geführt und Reaktionen auf Änderungsimpulse erfasst und ausgewertet.[1] Diese fließen als Beispiele in die folgenden Ausführungen ein.

Ausgangslage

Wenn sich die Medien ändern, ändert sich die Gesellschaft, sagte der Philosoph Walter Benjamin schon vor über achtzig Jahren.

Mit der rasanten Anwendung sogenannter sozialer Netzwerke hat sich die Medienlandschaft gravierend verändert. In den letzten Jahren haben sich viele Menschen verstärkt vernetzt (WhatsApp, Facebook usw.). Im Netz findet jeder Gleichgesinnte. Es existieren Beweise für alles (Selbsterleuchtung). Jeder kann sich eine ihm genehme Welt erschaffen. Jeder, der will, brummt mit. Lässt sich die These von Wal-

---

[1] Die Ergebnisse stammen aus Einzelinterviews, die im Rahmen von Projekten zur Kulturentwicklung bei verschiedenen Unternehmen in Hamburg, Hagen, Oberhausen im Zeitraum 2015 bis 2019 geführt wurden. Die Interviews sind nicht im Einzelnen dokumentiert.

ter Benjamin an dieser Entwicklung nachvollziehen? Welche Auswirkungen haben solche Änderungen auf das Sinnerleben?

Ein Wattebausch bildet ein Netz mit vielen Knotenpunkten. Je mehr Knotenpunkte vorhanden sind, desto größer ist die Komplexität des Gesamtsystems. Wird ein Knotenpunkt in Bewegung gesetzt, hat das Auswirkungen auf Milliarden weiterer Knotenpunkte, deren Bewegungsrichtung nicht vorhersehbar ist. Die Kopplungsdichte eines Netzes mindert die Vorhersagbarkeit von Ergebnissen. Gesellschaftliche Entwicklungen unter Nutzung sozialer Netzwerke belegen, dass mit erhöhter Spontanaktivität und mit nicht vorhersehbaren Aufschaukelungstendenzen gerechnet werden muss (Pegida, Flüchtlingsströme, Arabischer Frühling, sogenannter IS usw.). Derartige Veränderungen machen nicht an der Eingangstür eines Unternehmens oder einer Institution halt. Es muss damit gerechnet werden, dass sich das Denken, Fühlen und die Bedürfnisse der Individuen verändern. Ob »erwünscht« oder »unerwünscht«, ist nicht vorhersehbar. Werden erste Anzeichen übersehen oder ignoriert, kann sich – ganz »überraschend« – die geballte Ladung ausrollen.

Wattebausch – ein Netz mit vielen Knotenpunkten

Wenn die geänderte Medienlandschaft und deren Nutzung in Netzwerken die Gesellschaft verändert hat, kann eine höhere Bedeutung der Sinnfrage im Bewusstsein von Belegschaften auch dadurch erklärt werden. Der Kontext von Arbeitsaufgaben hat größeres Gewicht erhalten. Wenn vor einigen Jahren die Antwort auf eine spontane Frage nach dem Sinn der Arbeit in erster Linie lautete: »Geld verdienen«, so haben heute Antworten auf folgende Fragen an Bedeutung gewonnen: »Was tue ich hier eigentlich?«, »Für wen ist das gut?«, »Befriedigt mich das?«, »Wie bin ich eingebunden?«

Keine Antworten auf diese Fragen zu geben, hat sich in vielen Arbeitsbereichen bereits negativ ausgewirkt (Musikindustrie, Zeitungsverlage, Politik usw.). Konzepte, die vor diesen gesellschaftlichen Veränderungen entwickelt wurden, verlieren möglicherweise an Wirksamkeit.

Facetten der Veränderungen und Praxisbeispiele

Resonanzfähigkeit

Vor der vielfachen Vernetzung hat es ausgereicht, Entscheidungen des Managements lediglich bekanntzugeben. Unter den aktuellen Bedingungen erfolgt eine Resonanzbildung auf Arbeitsanweisungen nicht mehr einzig durch die Führungskraft (»Hat der Chef gesagt!«), sondern vermehrt durch Netzwerke (»Da frag ich meine WhatsApp-Gruppe!«). Um sinnstiftend zu wirken und auf Akzeptanz zu stoßen, müssen Anweisungen von Entscheidungsträger*innen zukünftig auch in Netzwerken resonanzfähig sein. Das Management muss akzeptieren, dass Beschlüsse verstärkt erklärt und begründet werden müssen. Nicht mehr allein und sofort entscheiden zu können, bedeutet eine Machtverschiebung. Ein Umdenken kann schmerzhaft sein und wird nur in vielen kleinen Schritten erfolgen können.

Komplexität

Vor einigen Jahren wurden Beschäftigte eingestellt, weil zwei gesunde Hände gebraucht wurden. Drei Mitarbeiter*innen kontrollierten und steuerten einen Produktionsprozess, heute betreut ein Mitarbeiter bzw. eine Mitarbeiterin drei Prozesse gleichzeitig. Durch Computersteuerungen sind Arbeitsprozesse komplex geworden. Die Digitalisierung in der Arbeitswelt 4.0 wird eine weitere Komplexitätssteigerung bewirken. Unaufhaltsame Entwicklungen ändern den Sinngehalt von Tätigkeiten bzw. lassen ihn verschwimmen.

Hochkomplexe Systeme können nicht immer auf Formeln vereinfacht werden, die von jedem Bildungsniveau aus nachvollzogen werden können. Eine bewährte Art der Reduzierung von Komplexität heißt »Vertrauen«. Vertrauen in diesem Sinne bezeichnet die subjektive Überzeugung oder ein Gefühl von der Richtigkeit und Wahrheit von Entscheidungen und Handlungen bzw. der Redlichkeit von Führungspersonen.

Um einen Sinngehalt nachvollziehbar zu halten, gewinnt angemessene Qualifizierung an Dringlichkeit. Daneben kann ein Unternehmen dafür Sorge tragen, dass Komplexität besser durchdrungen wird, indem von den Schöpfern komplexer Systeme wiederkehrende Muster identifiziert, definiert und erkennbar gemacht werden.

Die Durchschaubarkeit komplexer Systeme nimmt zu, wenn überschaubare Teilbereiche aus verschiedenen Perspektiven betrachtet werden (Empathie). Wenn Belegschaften äußere Zwänge (Politik,

Gesellschaft, Wirtschaft, Aktionäre usw.) begreifen, steigen Nachvoll-
ziehbarkeit und Akzeptanz. Sind Entscheidungsträger*innen bereit,
sich in die Perspektive und das Empfinden der Basis-Mitarbeiter*innen
hineinzudenken, fallen Beschlüsse anders aus. Ist ein Unternehmen
daran interessiert, das Sinnempfinden seiner Beschäftigten zu fördern,
könnten Hilfen und Systeme entwickelt und bereitgestellt werden, die
einen Perspektivenwechsel unterstützen.

Differenzierung
Arbeitsschutz steht in der Tradition, ein isoliertes Verhaltensmuster zu
favorisieren und alle anderen auszuschließen. Unternehmen und Sicher-
heitsexpert*innen suchen für Probleme der Sicherheit und Gesundheit nach einer Generallösung, die für alle Situationen immer gültig ist,
damit das Problem nicht immer wieder zur Entscheidung gestellt werden muss. Lösungen müssen zudem auf Sicht kontrollierbar und beob-
achtbar sein. Nicht zuletzt aus diesem Grunde steht der Arbeitsschutz in
der Tradition, immer eine Lösung als die einzig richtige zu akzeptieren
(zum Beispiel:»Handlauf anfassen«). Aus wahrscheinlich Hunderten
von sicheren Techniken wird vom Unternehmen eine einzige akzeptierte
vorgegeben. Mitarbeiter*innen, die gelernt haben, dass es für jedes Problem immer mehrere Lösungen gibt, dürfen nicht selbst entscheiden.
Wer sich gegängelt fühlt, hält sein Wissen zurück. Im wirklichen Leben
steht in der Regel ein ganzes Bündel von Lösungen zur Verfügung, aus
denen je nach Umstand ausgewählt wird. Je vernetzter und komplexer
die Systeme sind, mit denen sich Belegschaften beschäftigen, desto
weniger zielführend sind eindimensionale Lösungen.
      Unter den veränderten Umständen dürfte eine Differenzierung von
Verhaltensregeln sinnerfüllender sein (weniger Gießkannenprinzip). Ein
Lösungsansatz kann darin liegen, zukünftig statt eindimensionalen Vorgaben Korridore zu definieren, die Entscheidungsspielräume beinhalten.

Kontext
Das Prinzip der arbeitsteiligen Fertigung in der industriellen Massenpro-
duktion hat in manchen Arbeitsbereichen zu immer kleineren Arbeitseinheiten geführt. Handhabungen mit hohem Standardisierungsgrad
können nach kurzer Einarbeitung ausgeführt werden.
      Die höhere Nachfrage nach dem Sinngehalt der eigenen Arbeit
kann ein Stück weit beantwortet werden, wenn vor- und nachgeschal-
tete Abteilungen von den Beschäftigten strukturiert besucht werden. In

einem Pilotprojekt wurden nach der Klärung technischer Prozesse folgende Fragen diskutiert:»Welche Gefahren durch die Arbeit der vorgelagerten Abteilung beherrsche ich?«,»Welche Gefahren können durch meine Arbeit in der Folgeabteilung entstehen?«,»Wie viel Mehrarbeit wird durch Schlechtarbeit in der Folgeabteilung ausgelöst?« Die Klärung solcher Fragen beinhaltet Konfliktstoff und muss auf jeden Fall moderiert bzw. gecoacht werden. Im Ergebnis des begleiteten Pilotprojekts wurde der Sinngehalt der Eigenarbeit im Kontext deutlich hervorgehoben. Konkret wurde eine frühzeitige Information über Abweichungen von Sollwerten verabredet.

Ein solcher Prozess löst nicht alle Probleme und ist im Tagesgeschäft nicht immer durchführbar. Aber immer dann, wenn er möglich ist, kann er stattfinden. Generallösungen sind nicht möglich.

Stolz

Computergesteuerte Produktionsanlagen werden über Balken- oder QR-Codes gelenkt. Produkte und Kunden erhalten mehrstellige Zahlencodes. Es verschwimmt für einzelne Bearbeiter, für welchen Kunden und für welchen Verwendungszweck ein Produkt gefertigt wird. In der Folge fällt es schwer, so etwas wie »Stolz« auf ein besonders hervorragendes Ergebnis zu empfinden. Es fehlt ein Motiv, im privaten Umfeld davon zu berichten, dass zum Beispiel ein Produkt für einen Weltraumflug gefertigt wurde.

Auf die Frage an einen Produktionsmitarbeiter, welches Produkt er fertige, verwies dieser auf eine Zahlenkombination auf einem seiner Kontrollmonitore. Er könne jetzt nachschlagen und den Verwendungszweck herausfinden. Auf die Frage an den Produktionsleiter, ob hier nicht Klartext programmiert werden könnte, winkte dieser ab und hob die Augenbrauen. Um tätig zu werden, muss der Nutzen für das Unternehmen in jedem Fall höher sein als der Aufwand. Eine Steigerung der Produktivität durch eine Änderung der Programmstruktur schien dem Produktionsleiter unwahrscheinlich. Wird die Programmierung zum Beispiel in Indien oder andernorts auf der Welt programmiert, dürfte es schwer sein, einen Programmierer für technischen Support davon zu überzeugen, den Sinngehalt für die Bediener*innen zu berücksichtigen.

Um bei Entscheidern sinngebende oder sinnerhaltende Elemente von vornherein zu berücksichtigen, bedarf es einer Bewusstseinsänderung. Das Thema Sinngebung von Arbeit braucht eine höhere Priorität in den Entscheidungsbäumen.

Bewusstseinsänderung

Eine Erhöhung der Bedeutung »Sinngebender Arbeitsgestaltung« in den Köpfen von Entscheidungsträger*innen kann nicht kurzfristig und per Anweisung erfolgen. Die Veränderung von Prioritäten im Denken und Entscheiden ist ein Changeprozess, der in vielen kleinen Schritten erfolgt, der Zeit erfordert und auf Teilerfolgen aufbaut. Ein gesellschaftliches Bedürfnis scheint gewachsen zu sein. Systeme, Strategien und Strukturen reagieren häufig erst nachlaufend darauf.

Eigene, festgefahrene Denkmuster willentlich zu verändern, ist harte Arbeit an sich selbst. Einstellungen und Haltungen oder ganze Menschen- und Weltbilder nachhaltig bei anderen Personen zu verändern, ist noch aufwendiger. Eine Veränderung von Strategien und Strukturen hat zwangsläufig systemische Anpassungen bei allen Beteiligten zur Folge. Ob strukturelle Maßnahmen »erwünschte« oder aber »unerwünschte« Folgen nach sich ziehen, ist schwer vorhersehbar.

Die oben dargestellten vielen kleinen Ansatzpunkte können als Beispiele gelten, die in der Praxis stattfanden und sich bei entsprechender Motivation auf andere Situationen übertragen lassen.

Prioritäten und Aufgaben

Wenn ein Unternehmen das Sinnempfinden seiner Mitarbeiter*innen fördern will, welche Aufgaben kommen dann auf das Management und die Führungskräfte zu? Prinzipiell kommen die gleichen Handlungsstränge zur Anwendung, die auch in anderen Themenbereichen bemüht werden. Der Unterschied liegt in der Schwerpunktsetzung bzw. in der Integration des Themas »Sinnempfinden«. Wenn es gelingt, dass die vielen kleinen Impulse des Alltags in den Köpfen der Beteiligten Berücksichtigung finden, wird eine Reise angetreten.

Bottom up

»Der Fisch stinkt vom Kopf«, »Top down-Führung«, sind häufig bemühte Management-Prämissen der Vergangenheit. Die Kommunikationswege vom Management bis in den letzten Winkel des Unternehmens sind relativ gut ausgebaut. Auf der anderen Seite steht die Erkenntnis, dass die Basis-Mitarbeiter*innen ihren Arbeitsplatz und die vielen kleinen Hindernisse am besten kennen. Allerdings sind die Kommunikationswege »bottom up« mit vielen Barrieren gepflastert. Das Sinnempfinden steigt, wenn die Bedürfnisse und Wünsche der Belegschaften einbezogen werden (das bedeutet: hinhören, zuhören, evaluieren) und in resonanzfähige Entscheidungen umgesetzt werden.

Qualifikation der Führungskräfte
In vielen kleinen, überschaubaren Arbeitseinheiten hat die Hinwendung zum einzelnen Mitarbeiter immer stattgefunden. Die Führungskräfte der Basis kennen die Fähigkeiten und Fertigkeiten ihrer Mitarbeiter*innen. Um diese gezielt weiterzuentwickeln, bedarf es allerdings Ressourcen. Soll die Führungskraft zur Kompetenzentfaltung der Beschäftigten beitragen, Fähigkeiten unterstützen, Hindernisse erkennen und aus dem Weg räumen, braucht es Freiräume und strukturierte Qualifizierung in zeitgemäßer Personalführung.

Mitarbeiter*innen, die den gesellschaftlichen Entwicklungen unterliegen, brauchen eine Personalführung, die »Entfaltungskonkurrenz statt Ausschlusskonkurrenz« unterstützt. Woher sollen Personen diese Fähigkeiten nehmen, die Führungskraft geworden sind, weil sie die Arbeitsabläufe gut beherrschen?

Empathie
Zwischen der Bewertung eines Problemkerns aus der Perspektive des Managements oder aus der Sichtweise der Basis-Mitarbeiter*innen liegen manchmal Welten. Sich in die Handlungszwänge und Motive anderer Personen, Hierarchien und Abteilungen hineinzudenken, erfordert Bereitschaft und Einfühlungsvermögen. Es bedarf Übersetzungshilfen unterschiedlicher Sprachen und Empfindungen. Ein Coaching, eine Supervision, eine Moderation sind nach wie vor geeignete Instrumente, um das Sinnempfinden des jeweils anderen besser nachvollziehen zu können.

Partizipation
Größeres Sinnempfinden gelingt über Beteiligung. Es wird nie gelingen, dass jeder Mitarbeiter bzw. jede Mitarbeiterin in allen Belangen mitreden und entscheiden kann. Es bedarf des Vertrauens in das Management, dass dort alle möglichen Faktoren abgewogen wurden, um unter den gegebenen Umständen zu guten Entscheidungen zu kommen. In einem ausgewogenen Miteinander sind die Personal- oder Betriebsräte Teilhaber an Entscheidungen und Mittler des Vertrauens.

Es kann davon ausgegangen werden, dass Partizipation nicht von jetzt auf gleich möglich ist. Oftmals vernachlässigte Funktionsträger, mit denen begonnen werden kann, können Sicherheitsbeauftragte o.ä. sein. Diese Gruppe als »Stimme der Basis« einzubeziehen und als Kommunikationssterne aufzunehmen, kann ein sinnvoller Schritt zu mehr Beteiligung sein.

In größeren Unternehmen kann damit begonnen werden, in einem kalkulierbaren Maß notwendige Beschlüsse innerhalb kleinerer Arbeitseinheiten zuzulassen. Ein übergestülpter Beschluss von »oben« muss kontrolliert und gegebenenfalls sanktioniert werden. Ein Beschluss in einer überschaubaren Arbeitseinheit (z.B. Schichtgruppe), bei dem alle mitgenommen werden, führt zu höherer Akzeptanz und ggf. zur gegenseitigen sozialen Kontrolle und Korrektur (Beispiel: private Handynutzung während der Arbeitszeit).

Resümee

Es ist nicht alles sofort und auf einmal realisierbar. Die veränderten gesellschaftlichen Bedingungen und die damit verbundenen Veränderungen im Bewusstsein der Beschäftigten erfordern eine schrittweise Demokratisierung. Sie muss vom System verkraftbar sein und immer dann und immer dort stattfinden, wo immer es möglich ist.

Literatur

Kotter, John P. (2008): Das Unternehmen erfolgreich erneuern, in: Harvard Business Manager, April.

Kruse, Peter (2011): next practice. Erfolgreiches Management von Instabilität. 6. Aufl., Offenbach: Gabal.

Kruse, Peter (2013): Zukunft der Führung: kompetent, kollektiv oder katastrophal?, Vortrag von Prof. Dr. Prof Peter Kruse, verfügbar als Video: www.youtube.com/watch?v=gLa4ropqcuY (letzter Abruf 24.7.2020)

Nieschmidt, Peter (2009): Arbeiten und Führen unter veränderten gesellschaftlichen Bedingungen. IHK Bildungszentrum Halle-Dessau GmbH.

Tobias Reuter/Anja Liebrich/
Marianne Giesert
Betriebliches Eingliederungsmanagement als Ansatz für die Gestaltung sinnvoller Arbeit

1. Einleitung

»Arbeit mit Sinn« trägt zu einer besseren Gesundheit und Arbeitsfähigkeit bei. Arbeitszufriedenheit und Arbeitsleistung steigen, wenn Arbeit als sinnvoll erlebt wird. Das Betriebliche Eingliederungsmanagement (BEM) ist ein gesetzlich verankertes Instrument, das »sinnvolle Arbeit« gestalten kann. Es verpflichtet Arbeitgeber*innen gemeinsam mit Arbeitnehmer*innen, Arbeit so zu gestalten, dass einer erneuten Arbeitsunfähigkeit entgegengewirkt und Arbeitsfähigkeit erhalten und gefördert wird. BEM ist ein gemeinsamer, auf die BEM-Berechtigten zentrierter und »ergebnisoffener Suchprozess« (BAG 20.11.2014 – 2 AZR 755/13), der je nach Ausgangssituation der BEM-Berechtigten sowie den Möglichkeiten im Betrieb unterschiedlich gestaltet werden muss. Es existieren also die unterschiedlichsten Wege und Maßnahmen, um das Ziel zu erreichen: erneuter Arbeitsunfähigkeit vorzubeugen und den Arbeitsplatz zu erhalten.

In diesem Zusammenhang stellt sich die Frage, wo man im betrieblichen Alltag ansetzen kann, um eine »erneute Arbeitsunfähigkeit« zu verhindern und eine Arbeit mit »Sinn« zu gestalten. Hier ist die Kreativität der prozessgestaltenden Akteur*innen gefragt: BEM-Berechtigte, Arbeitnehmervertreter*innen, Betriebs- und Personalräte, Betriebsärzte etc. Aber es existieren auch wichtige Anhaltspunkte auf der Suche nach Faktoren, die dieses für das BEM formulierte Ziel unterstützen. Mit dem finnischen Arbeitsfähigkeitskonzept und dem hier verwendeten Modell des »Hauses der Arbeitsfähigkeit« existiert ein Ordnungsrahmen, der die Handelnden in systematischer Weise bei der Ausgestaltung des individuellen Weges unterstützt (vgl. Tempel/Ilmarinen 2013). Hierbei zeigt sich vor allem, dass der Aspekt der »Werte und Sinnhaftigkeit der Arbeit«, in der Logik des Hauses der »3. Stock« (siehe auch Abbildung 7,

S. 126), eine besondere Rolle bei der Gestaltung von Arbeitssituationen im Rahmen eines BEM besitzt. Hier werden häufig die Grundsteine für eine gute und nachhaltige Wiedereingliederung gelegt.

2. Das Betriebliche Eingliederungsmanagement im Betrieblichen Gesundheitsmanagement

Der grundlegende Gedanke des BEM ist es, Beschäftigte nach längerer Erkrankung zu unterstützen, wieder im Betrieb Fuß zu fassen. Bei der Gestaltung dieser Unterstützung treten zwei Aspekte in den Vordergrund: Auf der einen Seite sind dies die Arbeitsanforderungen, die aus der Arbeitstätigkeit resultieren. Auf der anderen Seite sind die individuellen Möglichkeiten, Fähigkeiten und Fertigkeiten des BEM-Be-

Abbildung 1: Balance zwischen Arbeitsanforderungen und individuellem Leistungsvermögen

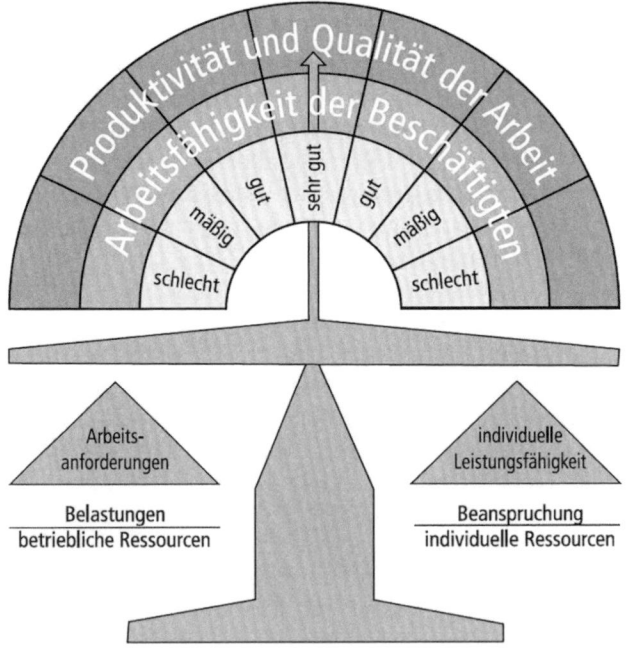

Quelle: Giesert et al. 2013

rechtigten zu sehen. Es geht darum, beide Seiten zu betrachten, zu gestalten und zu unterstützen, sodass für die individuelle Situation eine optimale Passung erreicht wird. Um dieses Ziel zu verdeutlichen, wird häufig auf das Bild einer Waage zurückgegriffen (siehe Abbildung 1). Es wird angestrebt, die individuellen Voraussetzungen mit den Arbeitsanforderungen auszutarieren, sodass ein Gleichgewicht entsteht und diese Aspekte in der Balance sind. Diese Forderung nach Ausgeglichenheit findet sich in vielen arbeitspsychologischen Ansätzen. Sie verspricht eine Arbeitssituation, die »passt«, nicht unterfordert und nicht überfordert und eine fähigkeitsgerechte Arbeit, bei der Fähigkeiten und Fertigkeiten sinnvoll für eine produktive Arbeit eingesetzt werden.

2.1 Rechtliche Grundlagen des Betrieblichen Eingliederungsmanagements

Im Jahr 2004 hat der Gesetzgeber in Deutschland mit dem § 84 Abs. 2 des Neunten Sozialgesetzbuches (SGB) das BEM eingeführt. Nach der Novellierung des SGB IX findet sich die rechtliche Grundlage seit dem 1.1.2018 unter § 167 Abs. 2 SGB IX:

»Sind Beschäftigte innerhalb eines Jahres länger als sechs Wochen ununterbrochen oder wiederholt arbeitsunfähig, klärt der Arbeitgeber mit der zuständigen Interessenvertretung im Sinne des § 93, bei schwerbehinderten Menschen außerdem mit der Schwerbehindertenvertretung, mit Zustimmung und Beteiligung der betroffenen Person die Möglichkeiten, wie die Arbeitsunfähigkeit möglichst überwunden werden und mit welchen Leistungen oder Hilfen erneuter Arbeitsunfähigkeit vorgebeugt und der Arbeitsplatz erhalten werden kann (betriebliches Eingliederungsmanagement). (…)«

Im Rahmen der Einführung vor mehr als 15 Jahren argumentierte der Gesetzgeber: »Durch die gemeinsame Anstrengung aller Beteiligten soll ein betriebliches Eingliederungsmanagement geschaffen werden, das durch geeignete Gesundheitsprävention das Arbeitsverhältnis möglichst dauerhaft sichert. Viele Abgänge in die Arbeitslosigkeit erfolgen immer noch aus Krankheitsgründen.« (Deutscher Bundestag 2003)

Hier wird die Rolle des BEM im betrieblichen Gesundheitsmanagement deutlich. Betriebliche gesundheitspräventive Maßnahmen sind explizit zu berücksichtigen, und somit erscheint es mehr als sinnvoll, das BEM als festen Bestandteil eines Betrieblichen Gesundheitsmanagements zu verorten. Dieser Argumentation folgend besteht ein ganzheitliches Betriebliches Gesundheitsmanagement aus dem Betrieblichen

Abbildung 2: Das Betriebliche Gesundheitsmanagement mit den Handlungsfeldern Arbeitsschutz, BEM und Betriebliche Gesundheitsförderung

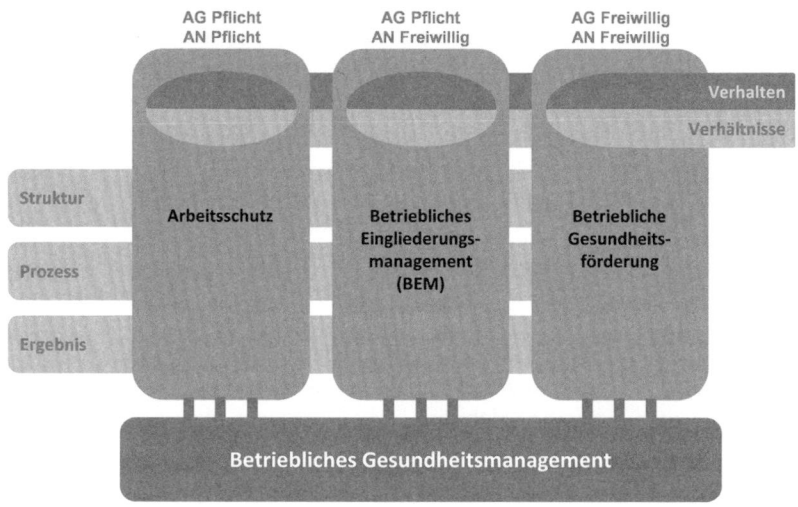

Quelle: Giesert 2012

Arbeitsschutz, dem Betrieblichen Eingliederungsmanagement sowie der Betrieblichen Gesundheitsförderung (siehe Abbildung 2).

Das Betriebliche Gesundheitsmanagement ist die Basis für alle Aktivitäten zum Schutz und zur Stärkung der physischen, psychischen und sozialen Gesundheit der Beschäftigten. Dabei ist es essenziell, dass in allen Bereichen das individuelle Verhalten der Beschäftigten ebenso unterstützt wird wie die Gestaltung von gesundheitsgerechten Arbeitsbedingungen sowie Regelungen von gesundheitsförderlichen Prozessen (Giesert 2012). Vor allem die Gestaltung von Verhältnissen und Arbeitssituationen ist ein bedeutender Ansatzpunkt für betriebliche Verantwortungsträger. Denn es ist wichtig, die Bedeutung der einzelnen Tätigkeiten, deren Zusammenspiel und den Wert, der durch die eigene Wertschöpfung entsteht, sichtbar und erlebbar zu machen (vgl. auch den Beitrag von Anja Liebrich in diesem Band).

Alle drei Handlungsfelder haben eine gesetzliche Grundlage. Neben dem BEM, welches in § 167 Abs. 2 SGB IX beschrieben ist, ist der Arbeitsschutz für Arbeitgeber*innen und Beschäftigte im Sinne des Arbeitsschutzgesetzes Pflicht. Die Betriebliche Gesundheitsförderung ist in § 20b SGB V definiert und verpflichtet die Krankenkassen in Kooperation z.B. mit den Unfallversicherern Betriebe zu unterstützen. Für alle Handlungsfelder ist es grundlegend, dass geeignete Strukturen und Prozesse vorhanden sind. Am Beispiel des BEM werden unten (Abschnitt 3) notwendige Strukturen und der BEM-Prozess skizziert. Vor allem bei den personellen Strukturen und bei der Frage nach den Akteuren der Umsetzung ist eine gute Zusammenarbeit der unterschiedlichen Akteur*innen im Rahmen des Betrieblichen Gesundheitsmanagements wünschenswert. So müssen die drei genannten Handlungsfelder auch so gestaltet sein, dass sie eng miteinander verzahnt sind und entstehende Synergien genutzt werden können. Das BEM sollte bspw. die Gefährdungsbeurteilungen aus dem Arbeitsschutz zur Analyse hinzuziehen, kann aber auch selbst Hinweise für betriebliche Verbesserungsmaßnahmen generieren. Ebenso ist es sinnvoll, bestehende Gesundheitsförderungsprogramme in das individuelle BEM-Verfahren zu integrieren (Reuter/Jungkunz 2015).

Das BEM muss vom Arbeitgeber angeboten werden. Es ist allerdings mitbestimmungspflichtig, sodass die Interessenvertretung – meist der Betriebs- oder Personalrat – an der Einführung und Umsetzung entscheidend mitwirkt. Von zentraler Bedeutung ist die Partizipation der BEM-Berechtigten selbst, ohne deren Zustimmung ein BEM erst gar nicht durchgeführt werden darf. Weitere Beteiligte sind nach dem Gesetz die Schwerbehindertenvertretung, Betriebsärztin/-arzt sowie Rehabilitationsträger oder das Integrationsamt (Inklusionsamt).

2.2 Grundsätze des BEM

Wie das BEM vom Arbeitgeber umgesetzt werden soll, geht nicht aus dem Gesetz hervor. Jedoch haben sich im Laufe der Zeit Mindeststandards aus der Rechtsprechung herauskristallisiert. So fordert bspw. das Bundesarbeitsgericht (BAG) eine Einbeziehung aller nach dem Gesetz geforderten Stellen und Personen und macht deutlich, dass eine sachliche Erörterung aller von den Teilnehmenden eingebrachten Vorschläge zu erfolgen hat. Dabei dürfen keine Anpassungs- und Änderungsmöglichkeiten per se ausgeschlossen werden (BAG 10.12.2009 – 2 AZR 400/08). Das Bundesverwaltungsgericht verdeutlicht zudem, dass das BEM einer Analyse der bestehenden Arbeitsbedingungen bedarf, um konkrete Anpassungen vornehmen zu können. Hierzu gehören auch der Einsatz von technischen Hilfsmitteln, Anpassung des Arbeitsgeräts, Arbeitsplatz- und Arbeitszeitgestaltung (BVerwG 5.6.2014 – 2 C 22/13).

Abbildung 3: Grundsätze des BEM

Quelle: Reuter et al. 2015

Für die Zielsetzung des BEM sind systematische, verbindliche und transparente Strukturen und Prozesse notwendig. Diese müssen wesentlichen Grundsätzen des BEM gerecht werden (vgl. Abbildung 3 und Reuter/Prümper/Jungkunz 2015).

- *Freiwilligkeit:* Vertrauen und Akzeptanz sind die Grundlage für jeden BEM-Prozess. Der Prozess muss als Hilfe wahrgenommen werden und allen Beschäftigten transparent sein, dass das BEM bei allen Aktivitäten und Maßnahmen freiwillig ist und der Zustimmung der BEM-Berichtigten bedarf. Diese sind »Herr« des Verfahrens.
- *Gleichheit:* Das BEM muss so gestaltet sein, dass alle BEM-Berechtigten den gleichen systematischen Prozess und damit dieselbe Chance erhalten. Der Betrieb muss gewährleisten, dass alle Berechtigten korrekt identifiziert werden und genügend personelle Ressourcen für die Fallarbeit zur Verfügung stehen.
- *Beteiligung:* Der Erfolg der betrieblichen Eingliederung hängt von der konstruktiven Mitarbeit der inner- und außerbetrieblichen Akteu-

rinnen und Akteure ab. Es muss sichergestellt werden, dass insbesondere die BEM-Berechtigten an allen Schritten entscheidend mitgestalten können und alle Vorschläge sachlich diskutiert werden. Es sollten Vernetzungsstrukturen aufgebaut werden, damit die innerbetrieblichen (z.b. Betriebsärztin/-arzt, Fachkraft für Arbeitssicherheit, Führungskräfte) und außerbetrieblichen (z.b. Rehabilitationsträger und Integrationsamt) Akteur*innen gut eingebunden sind.

- *Vertraulichkeit und Datenschutz:* Die vertrauensvolle Zusammenarbeit aller Beteiligten, insbesondere mit den BEM-Berechtigten, ist entscheidend für den Erfolg der Verbesserungsmaßnahmen. Ebenso ist es von besonderer Bedeutung, den Datenschutz für alle Verantwortlichen in jedem Schritt zu klären und die gesetzlichen Grundlagen (z.b. Datenschutz-Grundverordnung und Bundesdatenschutzgesetz) zu beachten. Beim Datenschutz gilt:»So wenig Datenerhebung wie möglich, so viel wie nötig.«
- *Prävention:* BEM bedeutet nicht nur die Wiederherstellung der Arbeitsfähigkeit, sondern die erneute Arbeitsunfähigkeit soll verhindert werden. Die Maßnahmen sind von daher auch so zu gestalten, dass langfristig eine stabile Balance zwischen Arbeitsanforderungen und den Möglichkeiten der Beschäftigten entsteht. Dabei ist sowohl die Verhaltens- als auch Verhältnisprävention zu beachten.

3. Das Rahmenkonzept Arbeitsfähigkeitscoaching zur Gestaltung sinnvoller Arbeit

Um der gesetzlichen Pflicht eines BEM nachzukommen und die oben beschriebenen Mindeststandards und Grundsätze zu erfüllen, wurde in zwei Projekten[1] das Rahmenkonzept Arbeitsfähigkeitscoaching (AFCoaching; siehe auch Abbildung 4) entwickelt und erprobt. Es wurde bereits in zahlreichen Betrieben umgesetzt, zudem wurden sogenannte Arbeitsfähigkeitscoaches qualifiziert und zertifiziert.

---

[1] Das Arbeitsfähigkeitscoaching wurde erstmalig im Projekt »Neue Wege im BEM« (2010 bis 2013, gefördert vom Ausgleichsfonds und dem Bundesministerium für Arbeit und Soziales) entwickelt und umgesetzt. Im Projekt »BEM-Netz« (www.bem-netz.org, 2013-2015, gefördert vom ESF in Bayern) wurde der Ansatz weiterentwickelt.

Abbildung 4: Das Rahmenkonzept Arbeitsfähigkeitscoaching®

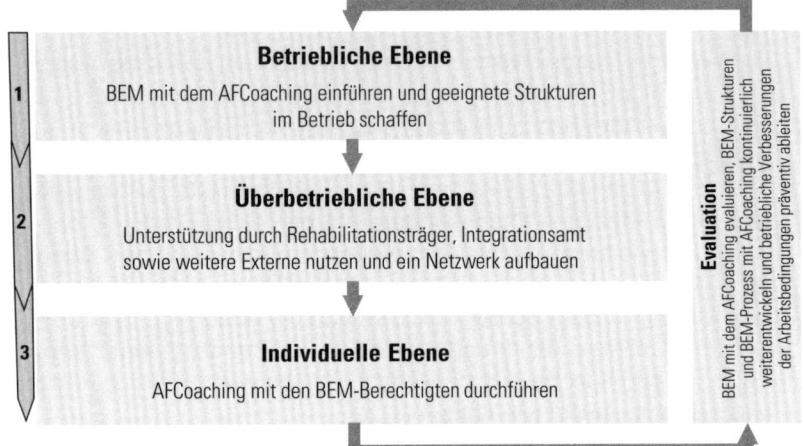

Quelle: Giesert et al. 2013

Dieses Konzept ist darauf ausgelegt, Prozesse und Strukturen auf betrieblicher, überbetrieblicher und individueller Ebene so zu gestalten, dass der betriebliche Eingliederungsprozess der BEM-Berechtigten nachhaltig begleitet und unterstützt wird. Darüber hinaus wird auf den Erwerb betrieblicher sowie individueller Handlungskompetenzen gezielt (Giesert/Reuter 2015), um die Arbeitsfähigkeit auch langfristig zu erhalten und zu fördern.

3.1 Gute betriebliche Rahmenbedingungen schaffen

Die Implementierung des BEM auf betrieblicher Ebene beginnt mit der Bildung eines mit entsprechenden Entscheidungsbefugnissen ausgestatteten Steuerungskreises, der die Einführung, aber auch kontinuierliche Weiterentwicklung des BEM lenkt (Prümper/Reuter 2015). Der Steuerungskreis hat auch zur Aufgabe, das BEM im Kontext des Betrieblichen Gesundheitsmanagements zu formen. Daher hat es sich in der Praxis bewährt, auf bestehende Strukturen wie bspw. einen Steuerungskreis»Betrieblicher Gesundheits- und Arbeitsschutz« für alle Themen zurückzugreifen.

Daran knüpft auch die folgende Ist-Situationsanalyse des Betrieblichen Gesundheitsmanagements an, um bestehende Strukturen und

Abbildung 5: Qualifizierung, Zertifizierung und Rezertifizierung zum Arbeitsfähigkeitscoach

Grundlagen- und Methodenschulung *(4 Tage)* BEM im BGM, AF-Coaching, Fallbeispiele, Rollenspiele etc.	Fallarbeit *(2 Tage Reflexion und kontinuierlich)* Übernahme BEM-Fall, Fallbegleitung, Reflexion und Supervision in der Gruppe	Kolloquium und Zertifizierung *(nach ca. 1 Jahr)* Hausaufgabe Fallbeschreibung und Bewertung Kolloquium	Rezertifizierung *(kontinuierlich alle 2 Jahre)* Supervision und Weiterbildung

Quelle: www.arbeitsfaehig.com

Prozesse zu identifizieren, weiterzuentwickeln und für das BEM zu nutzen. Zentral ist die Festlegung des eigenen BEM-Prozesses mit den dazugehörenden Verantwortlichkeiten (Reuter/Stadler 2015). In diesem Zusammenhang ist es zielführend, Aufgaben und Erwartungen der involvierten internen Akteur*innen durch einen moderierten Rollenklärungsprozess intensiv zu diskutieren und festzulegen. Mehrere Qualifizierungen flankieren diese Maßnahmen. So werden Fallmanager, sogenannte Arbeitsfähigkeitscoaches (AFCoaches), in einer ca. einjährigen Weiterbildung befähigt, die BEM-Berechtigten bei ihrer Eingliederung zu begleiten und zu unterstützen. Die einzelnen Schritte werden unten erläutert. Die Qualifizierung erfolgt dabei in drei Schritten mit einer kontinuierlichen Rezertifizierung (vgl. Abbildung 5).

Um diesen Prozess adäquat zu unterstützen werden neben den künftigen Fallmanager*innen/Arbeitsfähigkeitscoaches weitere wichtige betriebliche Verantwortliche (Führungskräfte, Interessensvertretung, Betriebsarzt/-ärztin etc.) zu ihren Handlungsmöglichkeiten sowie zu ihren Rechten und Pflichten beim BEM und Betrieblichen Gesundheitsmanagement geschult (Giesert/Reuter 2015). Um die Bekanntheit und Transparenz des BEM in der Belegschaft zu fördern, eignet sich ein Kommunikationskonzept, das interne Kommunikations- und Informationsprozesse nutzt. Beispielhafte Medien, die in der betrieblichen Praxis hierfür verwendet wurden, sind Betriebs-, Belegschafts- oder Personalversammlungen, BEM-Flyer, Aushänge, Betriebszeitung, Intranet, Anschreiben zur Kontaktaufnahme und Qualifizierungsmaßnahmen (Liebrich 2015).

3.2 Externes Netzwerk aufbauen und weiterentwickeln

In § 167 Abs. 2 SGB IX wird die Zusammenarbeit mit den Rehabilitationsträgern und dem Integrationsamt (Inklusionsamt) gefordert. Von daher ist es ratsam, auf überbetrieblicher Ebene eine gute Vernetzung mit externen Akteur*innen aufzubauen. Neben den Rehabilitationsträgern und den Integrations- bzw. Inklusionsämtern) können viele weitere Akteur*innen hinzugezogen werden, z.b. Kliniken und Berufsförderungswerke. Alle Akteur*innen haben unterschiedliche beratende, finanzielle oder materielle Unterstützungsmöglichkeiten. Diese strukturiert aufzuarbeiten, hilft bei der Fallarbeit ungemein. In der Praxis haben sich dafür sogenannte Runde Tische bewährt (Liebrich/Reuter 2018, siehe auch den Beitrag von Klaus Berg in diesem Band).

Abbildung 6: Ablauf des Arbeitsfähigkeitscoachings in sieben Schritten

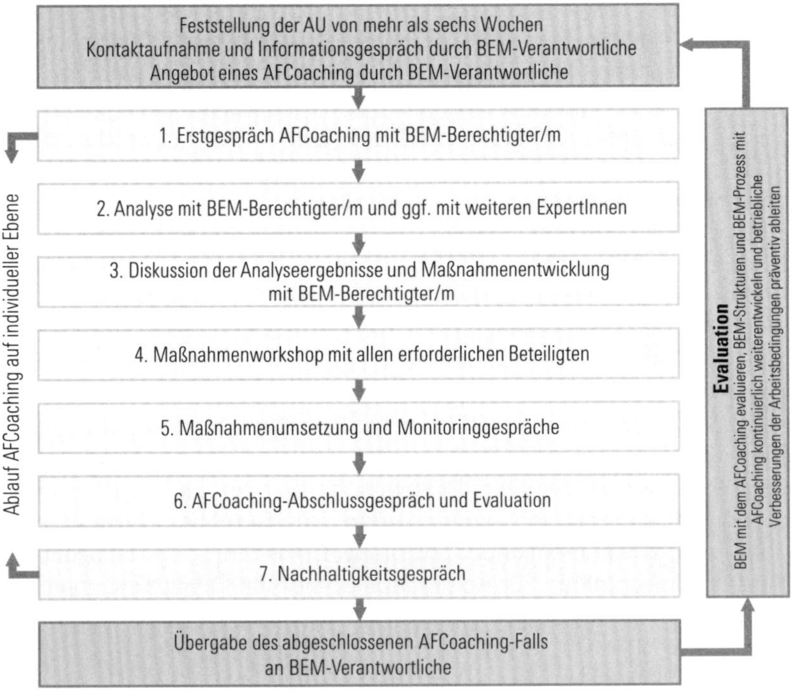

Quelle: Giesert et al. 2013

3.3 BEM-Berechtigte richtig eingliedern und Arbeit mit Sinn gestalten

Sind gute Rahmenbedingungen auf betrieblicher und außerbetrieblicher Ebene geschaffen, gelingt die eigentliche Eingliederungsarbeit wesentlich effektiver und effizienter. Auf der individuellen Ebene steht also der BEM-Prozess mit den BEM-Berechtigten im Vordergrund. Das Arbeitsfähigkeitscaoching sieht hierfür die Begleitung von BEM-Berechtigten bei ihrer Eingliederung durch einen AFCoach in sieben Schritten vor (Liebrich et al. 2015; Abbildung 6).

Der Prozess beginnt formal mit der Feststellung der Arbeitsunfähigkeit von mehr als sechs Wochen, einer darauffolgenden (schriftlichen) Kontaktaufnahme sowie dem Angebot eines BEM/AFCoachings an den BEM-Berechtigten. Erst wenn dieser dem Verfahren und dem weiteren Verlauf zustimmt, beginnt das AFCoaching mit einem Erstgespräch zwischen AFCoach und BEM-Berechtigten. Dieses Gespräch wie auch alle weiteren Schritte sind freiwillig, d.h., die BEM-Berechtigten können den Prozess auch jederzeit ablehnen bzw. abbrechen.

Der Kernprozess beginnt mit Schritt 1, dem Erstgespräch. Dieses ist für eine vertrauensvolle Zusammenarbeit besonders wichtig und beinhaltet die Erläuterung des Verfahrens, der Ziele und des Datenschutzes sowie die Unterzeichnung eines Coachingvertrags, der die Rahmenbedingungen und Rollen der Beteiligten verdeutlicht. Im zweiten Schritt, »Analyse«, wird die Ausgangssituation auf Basis des finnischen Arbeitsfähigkeitskonzepts mit dem »Haus der Arbeitsfähigkeit« (Tempel/Ilmarinen 2013; siehe Abbildung 7) mit den Faktoren Gesundheit, Kompetenz, Werte, Arbeit sowie persönliches, familiäres und regionales Umfeld analysiert. Zur Wiederherstellung, dem Erhalt und der Förderung der Arbeitsfähigkeit der Beschäftigten im BEM ist es wichtig, sich alle Handlungsfelder anzusehen und die Ausgangssituation ganzheitlich zu begreifen. Die einzelnen Stockwerke und das äußere Umfeld können wie folgt beschrieben werden:

- **1. Stockwerk – Gesundheit:** Hier wird die Gesundheit und Leistungsfähigkeit der BEM-Berechtigten betrachtet.
  Beispielhafte Fragen: Welche Ressourcen, aber auch Einschränkungen bestehen gesundheitlich? Inwieweit haben Gesundheit und Leistungsfähigkeit Einfluss auf die Bewältigung der Arbeitsanforderungen? Welche relevanten körperlichen oder mentalen Aspekte gibt es? Wie sieht das soziale Wohlbefinden aus?
- **2. Stockwerk – Kompetenz:** Kompetenz kann als fachliche, methodische, soziale oder Selbst-Kompetenz beschrieben werden.

Abbildung 7: Das Haus der Arbeitsfähigkeit

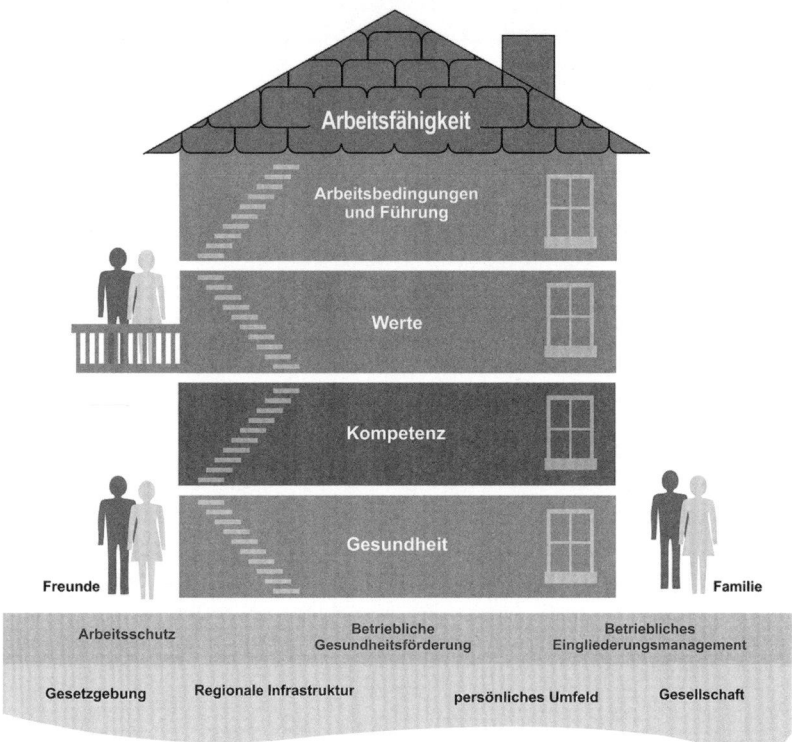

Quelle: in Anlehnung an Tempel/Ilmarinen

Beispielhafte Fragen: Wie sieht die fachliche, methodische oder soziale Kompetenz in Bezug zur Arbeit aus? Wird der/die Beschäftigte ausreichend fortgebildet und kann bei der Arbeit Neues dazulernen?

- **3. Stockwerk – Werte, Einstellung, Motivation:** Für eine gute Arbeitsfähigkeit ist es wichtig, dass unsere eigenen Werte und Einstellungen zur Arbeit passen. Dies beeinflusst auch unsere Motivation.
Beispielhafte Fragen: Gehe ich mit Freude zur Arbeit? Habe ich Spaß? Werde ich bei der Arbeit wertgeschätzt? Werde ich gerecht behandelt? Habe ich zu meinem Arbeitgeber Vertrauen?

- **4. Stockwerk – Arbeitsbedingungen und Führung:** In diesem Stockwerk geht es um die Arbeit selbst, also um Arbeitsbedingungen und Arbeits-

anforderungen. Eine der wichtigsten Arbeitsbedingungen ist die Führung.
Beispielhafte Fragen: Ist meine Arbeit ergonomisch gut gestaltet? Ist sie gut organisiert? Werde ich von der Führung oder den Kolleg*innen unterstützt? Erhalte ich Rückmeldung zu meiner Arbeit?

- **Familiäres, persönliches, regionales Umfeld:** Arbeit wirkt sich auf die Welt außerhalb aus und umgekehrt haben Aspekte von außerhalb Einfluss auf meine Arbeitsfähigkeit. Persönliches, Familiäres und Regionales spielen von daher ebenfalls eine gewichtige Rolle. Topthemen in diesem Bereich sind z.b. zu pflegende Angehörige und die Betreuung von Kindern.
Beispielhafte Fragen: Habe ich Angehörige oder Kinder zu betreuen? Passen die Arbeitszeitregelungen zu meiner aktuellen Lebenssituation? Beeinflusst die Infrastruktur oder mein Wohnort meine Arbeitsfähigkeit?

Durch den Ansatz des Hauses der Arbeitsfähigkeit wird auch eine sinnvolle Arbeit betrachtet und gestaltet. Greift man in diesem Zusammenhang auf die arbeitsbezogene Sinnforschung zurück, so wird dies durch die verschiedenen Quellen für Sinnerfahrung unterstrichen (vgl. zusammenfassend Ehresmann/Badura 2018). So resultiert Sinnerleben z.B. aus

- den eigenen Überzeugungen, den Werten und Gefühlen der Beschäftigten,
- der Spiritualität bei der Arbeit (z.B. der Sehnsucht, einem höheren Zweck zu dienen),
- anderen Menschen bei der Arbeit (z.B. Kolleg*innen und Kunden) und dem Zugehörigkeitsgefühl,
- der Arbeitstätigkeit selbst und dem Arbeitskontext,
- dem Betriebsklima und dem Führungsverhalten,
- der eigenen Persönlichkeitsentwicklung und der Möglichkeit zur Entfaltung bei der Arbeit.

Diese Aufstellung zeigt, wie wichtig es ist, alle Dimensionen des Hauses der Arbeitsfähigkeit für die Gestaltung einer Arbeit mit Sinn zu betrachten. Dies wird auch nochmal deutlich, wenn man die Folgen »sinnvoller« bzw. »nicht-sinnvoll erlebter« Arbeit versteht. Erlebte Sinnhaftigkeit korreliert mit Aspekten wie Commitment, Arbeitszufriedenheit, Arbeitsleistung und Effizienz (Hu/Hirsh 2017; Geldenhuys et al. 2014). Auch können Zusammenhänge zur Gesundheit aufgezeigt werden, wie z.B. mit dem psychischen Wohlbefinden, Stress und Burnout, Ängstlichkeit,

Depression (Arnold et al. 2007; Fairlie 2011; Ommen et al. 2008) sowie Fehlzeiten und innere Kündigung (Ehresmann/Badura 2018). Der Ansatz des Hauses der Arbeitsfähigkeit bietet uns einen gut strukturierten Leitfaden zur Analyse und Ableitung von Maßnahmen auch zur Gestaltung einer Arbeit mit »Sinn«. Hierfür sind zwei Perspektiven grundlegend:
1. Was kann die/der BEM-Berechtigte selbst für sich tun und
2. was kann das Unternehmen für den Beschäftigten tun, um die Arbeitsfähigkeit wiederherzustellen, zu erhalten und zu fördern?
Diese beiden Perspektiven werden bei allen Handlungsfeldern eingenommen, um darauf aufbauend in Schritt 3 die Maßnahmenentwicklung im Dialog zwischen BEM-Berechtigten und AFCoach anzugehen. Die Maßnahmen werden priorisiert und sind, sofern weitere Verant-

Abbildung 8: Analyse und Maßnahmen im BEM mit dem Haus der Arbeitsfähigkeit

Arbeitsfähigkeit

4. Stockwerk: Arbeitsbedingungen und Führung

- Fehlende Ergonomie am Arbeitsplatz
- Kaum Verantwortung bei der Arbeit

- SIFA und Betriebsarzt hinzuziehen, Gefährdungsbeurteilung berücksichtigen und nachsteuern, Begehung
- Handlungsspielraum erhöhen

3. Stockwerk: Werte, Einstellung, Motivation

- Fehlende Wertschätzung durch Führungskraft
- Konflikte, Mobbing oder Bossing
- Fehlende Motivation wegen Monotonie

- Direktes Gespräch mit Führung suchen
- Konflikt- bzw. Mobbingexperten hinzuziehen; Umbesetzung auf neue Stelle
- Aufgabenvielfalt erhöhen und Ganzheitlichkeit der Aufgabe anpassen

2. Stockwerk: Kompetenz

- Fehlende fachliche Kompetenz für neue Stelle
- Schwere Lese- und Rechtschreibschwäche
- Fähigkeitspotenziale unklar

- Qualifizierungsmaßnahme
- Qualifizierungsmaßnahme in Spezialschule
- Einbeziehung Berufsförderungswerk für Potenzialanalyse

1. Stockwerk: Gesundheit

- Gesundheitliche Einschränkung
- Psychische Beeinträchtigung
- Chronische Einschränkung und Schwerbehinderung

- Antrag für medizinische Rehabilitation
- Hinzuziehen Betriebsarzt, Facharzt, Psychologe des EAP, Psychotherapie
- Beratende und finanzielle Unterstützung durch das Integrationsamt

Familiäres, persönliches, regionales Umfeld

- Pflege von Angehörigen
- Pendler mit langem Anfahrtsweg
- Schulden

- Nutzung »Elder Care« des Unternehmens; Hinweis auf Pflegeberatung der Pflegekassen
- Stärkung Telearbeit und Homeoffice
- Vermittlung Schuldenberatung/Kredit des Unternehmens

ANALYSE

MASSNAHMEN

Quelle: eigene Darstellung

wortliche nötig sind, die Grundlage für den »Maßnahmenworkshop« (Schritt 4). Hier treffen sich BEM-Berechtigte, AFCoach und weitere interne Akteure, z.b. Führungskraft, Betriebsärztin/-arzt, Mitglied der Personalabteilung, sowie ggf. auch externe Akteure, die für die Umsetzung der wichtigsten Maßnahmen bedeutend sind. Es werden konkrete Schritte, Umsetzungstermine und Verantwortlichkeiten beschlossen. Beispiele für Aspekte aus der Analyse und abgeleitete Maßnahmen im Haus der Arbeitsfähigkeit zeigt Abbildung 8. Schritt 5 beinhaltet die Umsetzung der vereinbarten Maßnahmen sowie die Wirksamkeitsprüfung. Nach der wirkungsvollen Umsetzung folgt ein Abschlussgespräch (Schritt 6) über den Verlauf des Prozesses sowie ein Nachhaltigkeitsgespräch (Schritt 7) nach ca. drei bis vier Monaten.

Die Arbeitsfähigkeitscoaches unterstützen und begleiten die BEM-Berechtigten bei ihrem Eingliederungsprozess. Die eigentliche Veränderungsarbeit erwächst aus der Kooperation zwischen BEM-Berechtigten, betrieblichen und außerbetrieblichen Akteur*innen. So entstehen ausreichend Möglichkeiten, der individuellen Situation des BEM-Berechtigten sowie der des Unternehmens gerecht zu werden. Durch diese partizipative Vorgehensweise können maßgeschneiderte Lösungen erarbeitet werden, die auf eine langfristige Wiederherstellung und Erhaltung der Arbeitsfähigkeit und auf eine »sinnvolle Arbeit« abzielen (Liebrich et al. 2011).

3.4 BEM evaluieren

Begleitet wird das AFCoaching durch einen systematischen Evaluationsprozess. Folgende Fragen sollten durch die Evaluationsmaßnahmen beantwortet werden:

- Sind die gesetzlichen (§167 Abs. 2 SGB IX) und vereinbarten Ziele (z.b. in der Betriebs- oder Dienstvereinbarung) des BEM erreicht worden?
- Existieren im BEM effektive und effiziente Prozesse und Strukturen?
- Welche betrieblichen Verbesserungsmaßnahmen lassen sich aus den individuellen BEM-Verfahren ableiten (z.B. Hinweise für den Arbeitsschutz und die Gesundheitsförderung)?

Die Ergebnisse zeigen auf individueller Ebene, ob der einzelne Eingliederungsprozess erfolgreich war, und geben darüber hinaus Anstoß für einen kontinuierlichen Verbesserungsprozess sowie Ansätze für betriebliche und damit kollektive Präventivmaßnahmen (Reuter/Prümper 2015; Abbildung 9).

Abbildung 9: Evaluationskonzept für das BEM

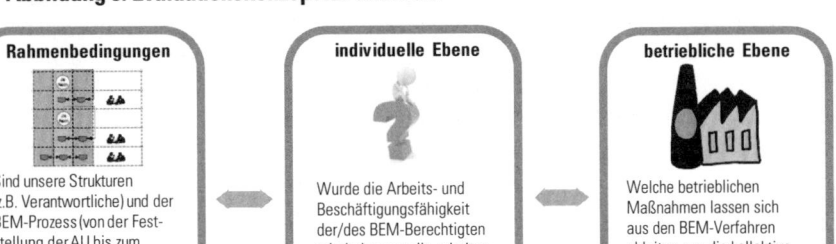

Rahmenbedingungen	individuelle Ebene	betriebliche Ebene
Sind unsere Strukturen (z.B. Verantwortliche) und der BEM-Prozess (von der Feststellung der AU bis zum Nachhaltigkeitsgespräch) geeignet für die Wiederherstellung, den Erhalt und die Förderung der Arbeits- und Beschäftigungsfähigkeit der Beschäftigten?	Wurde die Arbeits- und Beschäftigungsfähigkeit der/des BEM-Berechtigten wiederhergestellt, erhalten und gefördert? Wurde der Arbeitsplatz erhalten?	Welche betrieblichen Maßnahmen lassen sich aus den BEM-Verfahren ableiten, um die kollektive Arbeits- und Beschäftigungsfähigkeit zu fördern?

Quelle: eigene Darstellung

3.5 Ergebnisse aus Forschung und Praxis zum Arbeitsfähigkeitscoaching

Im Rahmen der Ausbildung zum zertifizierten AFCoach ist die Begleitung vom Erstgespräch bis zum Abschlussgespräch vorgesehen. Im Zuge der Zertifizierung wird eine Hausarbeit erstellt, in denen der Fall aufbereitet und eine Bewertung des Falls abgegeben wird. Hierbei werden von den BEM-Berechtigten selbst eine Arbeitsfähigkeitseinschätzung bei Beginn und bei Ende des Verfahrens mittels Skalen des Work Ability Index (WAI) abgegeben.

Auf Grundlage der Daten einer Ausbildungskohorte (insgesamt 19 AFCoaches) wird im Folgenden eine erste Bewertung des AFCoachings skizziert, um den Beitrag des AFCoachings zur Verbesserung der Arbeitsfähigkeit und damit auch für eine sinnhaftere Arbeit insgesamt aufzuzeigen. Zu Beginn des Verfahrens beurteilen die BEM-Berechtigten die Dimension 1 des Work Ability Index im Durchschnitt mit vorher = 4,58 Punkten (Mittelwert des Arbeitsfähigkeitwerts Dimension 1, vgl. Abbildung 10). Dies entspricht einer kritischen Arbeitsfähigkeit. Am Ende des AFCoachings liegt der Wert bei nachher = 7,08 und hat sich somit um knapp drei Einheiten auf dieser 11er Skala verbessert. Diese Verbesserung entspricht statistisch einem großen Effekt (siehe Effektstärke dAF= 1,01).

Ebenso können hinsichtlich der Beurteilung der körperlichen und psychischen Beanspruchung deutliche Effekte verzeichnet werden (vgl. Abbildung 11). Die Mittelwerte dieser zweiten Dimension des WAI stei-

Abbildung 10: Einschätzung der aktuellen Arbeitsfähigkeit vor und nach der Begleitung im AFCoaching

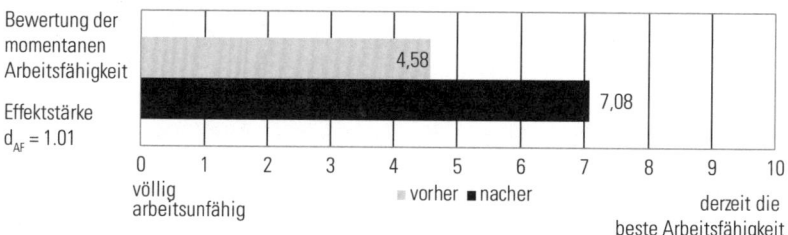

Quelle: eigene Darstellung

Abbildung 11: Einschätzung der Arbeitsfähigkeit in Relation zu den körperlichen und psychischen Arbeitsanforderungen vor und nach der Begleitung im AFCoaching

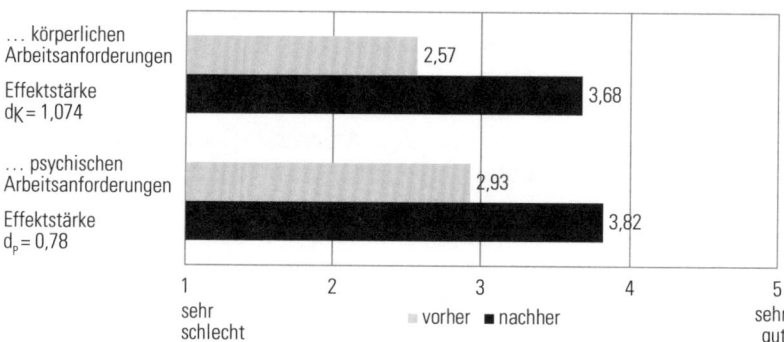

Quelle: eigene Darstellung

gen im physischen Bereich von vorher = 2,93 auf nachher = 3,82, was einem großen Effekt entspricht (d = 1,074). Die Bewertung der psychischen Anforderungen steigt von vorher = 2,57 auf nachher = 3,68 und ist statistisch als mittlerer Effekt einzustufen (d = 0,78).

Um diese erste evidenzbasierte Einschätzung der Effekte des AFCoachings adäquat interpretieren zu können, ist zu bedenken, dass die Daten die Einschätzung der BEM-Berechtigten widerspiegeln, die sich bereit erklärten, sich im Rahmen der Ausbildung in ihrem BEM-Prozess begleiten zu lassen. Es ist davon auszugehen, dass dadurch eine gewisse Positivauswahl getroffen wurde. Trotz dieser Einschränkung lassen sich aufgrund der Daten bedeutsame Effekte feststellen.

Neben der oben beschriebenen Studie unterstreichen auch die Ergebnisse von Sporbert et al. (2015) aus dem Projekt BEM-Netz (www. bem-netz.org) und eine Fallstudie in der öffentlichen Verwaltung (siehe Fischer et al. 2017) die positive Wirkung des AFCoachings auf die Arbeitsfähigkeit. Daneben wird in diesen beiden Beiträgen auch nochmal deutlich, wie wichtig professionelle Strukturen bzw. Rahmenbedingungen für ein erfolgreiches BEM sind und dass mit dem AFCoaching auch ein effektives und effizientes BEM-Verfahren gegeben ist.

4. Fazit

Das Betriebliche Eingliederungsmanagement ist ein gemeinsamer, individueller Suchprozess zur Wiederherstellung, dem Erhalt und der Förderung der Arbeitsfähigkeit. Die gesetzliche Grundlage lässt Fragen offen, insbesondere wie das BEM konkret umzusetzen ist. Aus der Rechtsprechung und durch Forschungsarbeiten haben sich bislang Mindeststandards und Grundsätze des BEM etabliert. Auf dieser Grundlage dient das Rahmenkonzept Arbeitsfähigkeitscoaching dazu, betriebliche und außerbetriebliche Rahmenbedingungen für ein BEM zu schaffen, um darauf aufbauend BEM-Berechtigte in sieben Schritten bei der Eingliederung zu unterstützen und zu begleiten. Um das BEM auf seine Wirksamkeit zu prüfen und kontinuierlich weiterzuentwickeln, ist ein Evaluationskonzept notwendig, das den Erfolg des einzelnen Falls prüft, Prozesse und Strukturen weiterentwickelt sowie betriebliche Verbesserungsvorschläge aufzeigt.

Die arbeitsbezogene Sinnforschung beschreibt die Quellen für Sinnerleben bei der Arbeit und skizziert die Folgen. Ein professioneller BEM-Prozess greift diese Quellen auf und gestaltet Arbeit so, dass sie als sinnvoll erlebt werden kann und damit Arbeitsfähigkeit, Gesundheit und Wohlbefinden gefördert werden. Hierbei kann die Nutzung des Hauses der Arbeitsfähigkeit als Grundstruktur eine gute Hilfe leisten.

Dies zeigen auch Evaluationsergebnisse zum Arbeitsfähigkeitscoaching. Diese betonen die Bedeutung klarer Strukturen und Prozesse auf betrieblicher Ebene. Ebenfalls wird die Nützlichkeit einer überbetrieblichen Vernetzung zur besseren Inanspruchnahme externer Ressourcen betont. Auf individueller Ebene deuten die Ergebnisse darauf hin, dass das AFCoaching einerseits einen erfolgreich gestalteten BEM-Prozess, andererseits den Aufbau von Handlungskompetenz aufseiten der BEM-Berechtigten fördert. BEM-Berechtigte berichten von einer besseren Unterstützung und von einer Verbesserung der selbsteingeschätzten Arbeitsfähigkeit. Die positive Beurteilung der Zusammenarbeit mit betrieblichen Verantwortlichen lässt Rückschlüsse auf die Bedeutung der Prozessgestaltung und Rollenklärung zu.

Literatur

Arnold, Kara A./Turner, Nick/Barling, Julian/Kelloway, Kevin/McKee, Margaret C. (2007): Transformational leadership and psychological well-being: the mediating role of meaningful work. Journal of Occupational Health Psychology 12(3): 193-203.

BAuA (2015): Volkswirtschaftliche Kosten durch Arbeitsunfähigkeit 2013. Online: www.baua.de/de/Informationen-fuer-die-Praxis/Statistiken/Arbeitsunfaehigkeit/Kosten.html, Abrufdatum: 28.2.2016.

Deutscher Bundestag (2003): Gesetzentwurf der Fraktionen SPD und BÜNDNIS 90/DIE GRÜNEN. Entwurf eines Gesetzes zur Förderung der Ausbildung und Beschäftigung schwerbehinderter Menschen, Drucksache 15/1783. Online: http://dip21.bundestag.de/dip21/btd/15/017/1501783.pdf, Abrufdatum: 28.2.2016.

Ehresmann, Cona/Badura, Bernhard (2018): Sinnquellen in der Arbeitswelt und ihre Bedeutung für die Gesundheit. In: Badura, Bernhard/Ducki, Antje/Schröder, Helmut/Klose, Joachim/Meyer, Markus (Hrsg.), Fehlzeiten-Report 2018. Sinn erleben – Arbeit und Gesundheit. Berlin: Springer, S. 47-59.

Eurostat (2015): Erwerbstätigenquote älterer Erwerbstätiger. Online: http://ec.europa.eu/eurostat/tgm/table.do?tab=table&init=1&language=de&pcode=tsdde100&plugin=1, Abrufdatum: 28.2.2016.

Fairlie, Paul (2011): Meaningful work, employee engagament, and other key employee outcomes: Implications for human resource development. Advances Developing Human Resources 13: 508-525.

Fischer, Claudia/Neubauer, Martina/Reuter, Tobias/Jäckel, Simone (2017): Das Arbeitsfähigkeitscoaching® in der öffentlichen Verwaltung: Vom Projekt zur gelebten Dienstvereinbarung. In: Giesert, Marianne/Reuter, Tobias/Liebrich, Anja (Hrsg.), Arbeitsfähigkeit 4.0. Eine gute Balance im Dialog gestalten. Hamburg: VSA: Verlag, S. 163-173.

Geldenhuys, Madelyn/Laba, Karolina/Venter, Cornelia M. (2014): Meaningful work, work engagement and organisational commitment. SA Journal of Industrial Psychology 40: 1-10.

Giesert, Marianne (2012): Arbeitsfähigkeit und Gesundheit erhalten. In: AiB – Arbeitsrecht im Betrieb, Nr. 5, S. 336-340.

Giesert, Marianne/Reiter, Diana/Reuter, Tobias (2013): Neue Wege im Betrieblichen Eingliederungsmanagement – Arbeits- und Beschäftigungsfähigkeit wiederherstellen, erhalten und fördern. Ein Handlungsleitfaden für Unternehmen, betriebliche Interessenvertretungen und Beschäftigte. Düsseldorf: DGB Bildungswerk Bund.

Giesert, Marianne/Reuter, Tobias (2015): Qualifizierung betrieblicher AkteurInnen – Kooperation und Handlungskompetenz. In: Prümper, Jochen/Reuter, Tobias/Sporbert, Alexandra (Hrsg.), BEM-Netz – Betriebliches Eingliederungsmanagement erfolgreich umsetzen. Berlin: Hochschule für Technik und Wirtschaft, S. 63-68.

Hu, Jing/Hirsh, Jacob B. (2017): Accepting Lower Salaries for Meaningful Work. Frontiers in Psychology 8: 1649.

Knieps, Franz/Pfaff, Holger (2015): Langzeiterkrankungen. BKK Gesundheitsreport. Berlin: Medizinisch Wissenschaftliche Verlagsgesellschaft.

Liebrich, Anja (2015): Gut geplant ist halb gewonnen – Kommunikation und Information zum BEM. In: Prümper, Jochen/Reuter, Tobias/Sporbert, Alexandra (Hrsg.), BEM-Netz – Betriebliches Eingliederungsmanagement erfolgreich umsetzen. Berlin: HTW, S. 59-62.

Liebrich, Anja/Giesert, Marianne/Reuter, Tobias (2015): Das Arbeitsfähigkeitscoaching. In: Prümper/Reuter/Sporbert (Hrsg.), BEM-Netz – Betriebliches Eingliederungsmanagement erfolgreich umsetzen. Berlin: HTW, S. 73-78.

Liebrich, Anja/Giesert, Marianne/Reuter, Tobias (2011): Das Arbeitsfähigkeitscoaching im Betrieblichen Eingliederungsmanagement. In: Giesert, Marianne (Hrsg.), Arbeitsfähig in die Zukunft – Willkommen im Haus der Arbeitsfähigkeit! Hamburg: VSA: Verlag.

Liebrich, Anja/Reuter, Tobias (2018): Externe Unterstützung für das Betriebliche Eingliederungsmanagement. Vernetzung und Runde Tische vor Ort. In: Giesert, Marianne/Reuter, Tobias/Liebrich, Anja (Hrsg.), Betriebliches Eingliederungsmanagement 4.0. Ein kreativer Suchprozess. Hamburg: VSA: Verlag, S. 221-228.

Liebrich, Anja/Reuter, Tobias/Giesert, Marianne (2016): Das Arbeitsfähigkeitscoaching. Vorgehensweise und empirische Ergebnisse. In: GfA (Gesellschaft für Arbeitswissenschaft) (Hrsg.), Arbeit in komplexen Systemen – Digital, vernetzt, human?! Dortmund: GFA-Press, B.1.19, S. 1-4.

Lippold, Kati/Wögerer, Klaus (2015): Externe Unterstützung im BEM. In: Prümper/Reuter/Sporbert (Hrsg.), BEM-Netz – Betriebliches Eingliederungsmanagement erfolgreich umsetzen. Berlin: HTW, S. 93-96.

Ommen, Oliver/Driller, Elke/Janßen, Christian/Richter, Peter/Pfaff, Holger (2008): Burnout bei Ärzten – Sozialkapital im Krankenhaus als mögliche Ressource? In: Brähler, Elmar/Alfermann, Dorothee/Stiller, Jeannine (Hrsg.), Karriereentwicklung und berufliche Belastungen im Arztberuf. Göttingen: Vandenhoeck & Ruprecht, S. 189-207.

Prümper, Jochen/Reuter, Tobias (2015) Realisierung des Betrieblichen Eingliederungsmanagements. Organisation, Initiierung, Intervention und

Evaluation. In: GesundheitsManager, Nr. 5, S. 6-11.
Reuter, Tobias/Jungkunz, Claus (2015): Betriebliches Eingliederungsmanagement im Betrieblichen Gesundheitsmanagement. In: Prümper/Reuter/Sporbert (Hrsg.), BEM-Netz – Betriebliches Eingliederungsmanagement erfolgreich umsetzen. Berlin: HTW, S. 9-14.
Reuter, Tobias/Prümper, Jochen (2015): Evaluation im Betrieblichen Eingliederungsmanagement. In: Prümper/Reuter/Sporbert (Hrsg.), BEM-Netz – Betriebliches Eingliederungsmanagement erfolgreich umsetzen. Berlin: HTW, S. 104-109.
Reuter, Tobias/Prümper, Jochen/Jungkunz, Claus (2015): Grundsätze des Betrieblichen Eingliederungsmanagements. In: Prümper/Reuter/Sporbert (Hrsg.), BEM-Netz – Betriebliches Eingliederungsmanagement erfolgreich umsetzen. Berlin: HTW, S. 43-48.
Reuter, Tobias/Stadler D. (2015): Das BEM-Verfahren und notwendige Strukturen im Betrieblichen Eingliederungsmanagement. In: Prümper/Reuter/Sporbert (Hrsg.), BEM-Netz – Betriebliches Eingliederungsmanagement erfolgreich umsetzen, Berlin: HTW, S. 59-53.
Sporbert, Alexandra/Prümper, Jochen/Reuter, Tobias (2015): Projektevaluation – Ergebnisse aus dem transnationalen BEM-Netz. In: Prümper/Reuter/Sporbert (Hrsg.), BEM-Netz – Betriebliches Eingliederungsmanagement erfolgreich umsetzen, Berlin: HTW, S. 110-118.
Tempel, Jürgen/Ilmarinen, Juhani (2013): Arbeitsleben 2025. Das Haus der Arbeitsfähigkeit im Unternehmen bauen. Hrsg. von Marianne Giesert. Hamburg: VSA: Verlag.

Ina Riechert
Wirksame Maßnahmen?
Erfahrungen aus dem Betrieblichen Eingliederungsmanagement von Mitarbeiter*-innen mit psychischen Störungen

Wie oft habe ich von Menschen nach einer psychischen Erkrankung und längeren Zeiten von Arbeitsunfähigkeit gehört, dass sie wieder etwas Sinnvolles tun und wieder dazugehören wollen. Damit meinten sie, dass sie wieder arbeiten wollten. Sinn und Zugehörigkeit zählen zu den menschlichen Grundbedürfnissen. Beides wird in der Arbeitswelt ermöglicht. Arbeit schafft neben Sinn und Zugehörigkeit auch Identität, was sich in Sätzen ausdrückt wie zum Beispiel: »Ich bin Eisenbahner«, »Ich arbeite bei einem Flugzeugbauer«, »Ich arbeite bei der Freien und Hansestadt Hamburg«. Ein ganz wesentlicher Aspekt von Arbeit ist dabei die Zugehörigkeit zum Unternehmen als Ganzem.

Sinn erleben bedeutet auch, mit der eigenen Arbeit seinen Teil für ein großes Ganzes beitragen zu können. Sinn meint auch: das zu tun, was man kann und was man will, sei es in der Produktion, als Teil einer Verwaltung, eines Dienstleisters, im Handwerk oder auch im Ehrenamt. Passen neben Sinn und Zugehörigkeit auch die Aufgaben und das soziale Umfeld, bestehen gute Chancen, dass ein Mensch an dieser Stelle lange arbeiten und dabei gesund bleiben kann.

Unter diesen Gesichtspunkten kommt dem Gelingen des Betrieblichen Eingliederungsmanagements (BEM) eine besondere Bedeutung zu. Das gilt bei der Gestaltung des Arbeitsplatzes, der Arbeitsorganisation, des Arbeitsumfeldes und der Aufgaben im Hinblick auf die ausgeübte Tätigkeit.

Aus meinen Erfahrungen berichte ich über zwei BEM-Verläufe und werde einige Aspekte herausgreifen, die zum Gelingen einer Wiedereingliederung beitragen können.

1. Die Ausgangslage

Wir haben es bei psychischen Störungen im BEM oft mit der Rückkehr nach langen Krankheitsverläufen zu tun. Die Angst vor Stigmatisierung und Ausgrenzung ist einer der Hauptgründe, weshalb Menschen meist so lange am Arbeitsplatz durch- und aushalten, bis es gar nicht mehr geht. Diese Angst ist häufig auch der Grund, weshalb es zu langen Fehlzeiten kommt. Gelänge es, früher miteinander ins Gespräch zu kommen und Maßnahmen für die Betroffenen zu ergreifen, könnte einer Verschlimmerung oder gar Chronifizierung der Erkrankung vorgebeugt oder sie sogar vermieden werden. Aber so weit sind wir in den meisten Fällen noch nicht. Wichtig wäre, vor allem Führungskräfte für das Thema »psychische Störungen« zu sensibilisieren und sie im Umgang mit Menschen mit psychischen Störungen zu schulen. Sie sind diejenigen, die ihre Beschäftigten kennen und Veränderungen im Arbeits- und Sozialverhalten wahrnehmen und ansprechen können.

In der Regel weiß niemand im Betrieb von den psychischen Problemen der Beschäftigten, denn bei der Arbeit wirken sie fachlich und sozial kompetent und werden von den Kolleg*innen anerkannt und geschätzt. So geht es meist viele Jahre und sie trauen sich kaum, sich beispielsweise wegen chronischer Erschöpfung, Ängsten oder Depressionen krankschreiben zu lassen. Es gibt zwar Tage, an denen es ihnen richtig schlecht geht, dann fehlen sie schon mal einen Tag. Aber die Angst, als Simulant angesehen zu werden, oder die Furcht vor Kündigung und Stigmatisierung verhindern immer wieder eine rechtzeitige Behandlung. Noch gilt häufig der Satz: »Niemand darf etwas wissen.« Irgendwann ist der Punkt erreicht, da gelingt es den Beschäftigten nicht mehr, sich an einzelnen Tagen zu erholen. Nichts geht mehr, die Ängste oder Depressionen sind zu stark. Sie sind richtig psychisch krank und fallen tatsächlich längere Zeit aus.

2. Gesprächsvorbereitung

So ging es auch unseren beiden Fallgebern, Frau Behrens und Herrn Wolter. Die Namen sind geändert. Sie stehen exemplarisch für viele andere.

Frau Behrens leidet seit Jahren an Ängsten und Depressionen. Ihr wurde wegen ihrer psychischen Erkrankung ein Grad der Behinderung

(GdB) von 50 zuerkannt. Nach einer längeren Fehlzeit wird für sie ein BEM eingeleitet und sie bekommt eine Einladung dafür. Als erstes denkt sie: »Jetzt werden sie mich kündigen« und weiß nicht, was sie tun soll. Sie möchte aber auf keinen Fall etwas falsch machen und stimmt der Teilnahme an einem BEM zu. Sie wendet sich an ihre Schwerbehindertenvertretung (SBV) im Betrieb und informiert sich über das BEM. Gemeinsam mit ihrer SBV bereitet sie sich auf das BEM-Gespräch und die zentralen Fragestellungen vor: Hat die Erkrankung etwas mit der Arbeit zu tun? Welche Beeinträchtigungen gibt es und was kann der Betrieb, was können Sie tun, um wieder gesund zu werden und langfristig gesund zu bleiben?

Bei ihrer jetzigen Tätigkeit hat sie große Probleme. Sie hat eine verantwortungsvolle Aufgabe mit komplexen Arbeiten, Fristen und Zeitdruck. Dann kommt auch noch der Chef und macht zusätzlichen Druck. Doch sie kann unter Druck schlecht arbeiten.

Auf die Frage nach ihren Beeinträchtigungen ist sie jetzt auch vorbereitet. Über ihre Diagnose wird sie nichts sagen, lediglich über die Auswirkungen ihrer Ängste sprechen und ihre Anstrengungen beschreiben.

Nach der Vorbereitung mit der SBV auf das BEM-Gespräch ist sie ganz erleichtert. Sie weiß nun, was auf sie zukommt.

Hilfreich ist jemand, der die Betroffenen unterstützt. Das kann ein Mitglied aus der betrieblichen Interessenvertretung sein: Betriebs- oder Personalrat oder Schwerbehindertenvertretung. Es besteht auch die Möglichkeit für Schwerbehinderte und Gleichgestellte, Beratung durch den Integrationsfachdienst zu bekommen. Alle anderen können einen Coach von außen über Leistungen zur Teilhabe am Arbeitsleben gem. § 49 SGB IX beim Reha-Träger beantragen. Das bietet den Betroffenen die Möglichkeit, sich vor und während des BEM-Verfahrens und oft auch darüber hinaus mit ihm zu beraten.

3. Arbeitsassistenz

Im BEM-Gespräch berichtet Frau Behrens das erste Mal über ihre gesundheitlichen Beeinträchtigungen und Ängste, von denen bisher noch niemand im Betrieb etwas wusste. Und sie spricht über ihre Ideen, die sie zu einem »gesünderen Arbeitsgebiet« hätte. Festgehalten werden folgende Wünsche: weniger komplexe Arbeiten mit Zeitdruck und

Herausnahme aus der Vertretung für andere, Reduzierung der Arbeitsmenge, weniger Aufgaben mit Publikumsverkehr. Für die morgendlichen Anlaufschwierigkeiten wünscht sie sich eine Ausweitung der Gleitzeit um eine Stunde bis 10:00 Uhr, sodass sie ohne »schlechtes Gewissen« morgens später kommen kann.

Ihre Vorschläge werden im BEM-Gespräch wohlwollend aufgenommen.

Die SBV hat noch eine weitere Idee: Sie schlägt vor, für Frau Behrens eine *Arbeitsassistenz* zu beantragen, das heißt eine Hilfestellung bei der Arbeitsausführung. Es geht dabei um eine kontinuierliche, regelmäßige Unterstützung am konkreten Arbeitsplatz. Der zeitliche Umfang und die Maßnahmen sind vom Bedarf des einzelnen schwerbehinderten Beschäftigten abhängig. Frau Behrens ist oft unsicher und ihr gefällt die Vorstellung, eine Unterstützung zu bekommen.

Der Betrieb stellt dazu einen Antrag beim zuständigen Integrationsamt. Eine Psychologin vom Integrationsamt führt ein Gespräch mit der Führungskraft und Frau Behrens, um die Notwendigkeit und den Bedarf abzuklären. Bei diesem Gespräch wird deutlich, wie hoch die Arbeitsanforderungen an diesem Arbeitsplatz tatsächlich sind und wie sehr der Betrieb Frau Behrens schätzt und sie gerne behalten will. In Abstimmung mit dem Integrationsamt wird für Frau Behrens eine Arbeitsassistenz bewilligt. Eine Sozialpädagogin und eine Ergotherapeutin werden mit der Unterstützung bei allen die Arbeit betreffenden Themen betraut: Arbeitsorganisation, Entwicklung von Arbeitsstrukturen, Prioritäten und Grenzen setzen, Umgang mit Stress und belastenden Situationen, Aufbau von Selbstsicherheit und Kommunikation mit Kolleg*innen und Führungskräften.

Für die Rückkehr an den Arbeitsplatz wird neben der Arbeitsassistenz zunächst eine stufenweise Wiedereingliederung (STWE) geplant.

Die zeitliche Planung der STWE macht Frau Behrens gemeinsam mit ihrer Psychiaterin. Die Krankenkasse und der Betrieb stimmen dem Plan zu. Für die Dauer der STWE werden vier Monate veranschlagt. Die zeitlichen Stufen sind festgelegt und vor jeder neuen Stufe wird ein Feedbackgespräch mit der Führungskraft und den Arbeitsassistentinnen vereinbart.

Inhaltlich wird sie im Rahmen der STWE ihren liegen gebliebenen Arbeitsberg langsam abarbeiten und erst einmal keine weiteren Aufgaben übernehmen. Es finden regelmäßig Gespräche mit der Führungskraft und den Arbeitsassistentinnen statt. Mit steigender Arbeitszeit kommen in Absprache mit Frau Behrens weitere Aufgaben hinzu. Frau Behrens ist froh über die Unterstützung der beiden Arbeitsassistentinnen, denn sie ist immer noch sehr unsicher im Umgang mit ihrem Vorgesetzten und möchte ihm am liebsten alles sofort recht machen. Aber da wird sie von den Arbeitsassistentinnen ausgebremst.

Es geht in der STWE langfristig darum, wie im BEM Gespräch geplant, die Anforderungen auf ein realistisches Maß zu reduzieren. Das ist gar nicht so einfach, denn sie wird von ihren Führungskräften immer wieder an ihrem alten Leistungsstand gemessen. Die Vorgesetzten versuchen die Anforderungen zu steigern. Die Arbeitsassistenz hilft im Gespräch mit den Führungskräften, zu hohe Anforderungen abzuwehren.

Den beiden Führungskräften ist nicht bekannt, dass die Stufenweise Wiedereingliederung lediglich ein »arbeitsähnliches Verhältnis« begründet. Die Mitarbeiterin ist noch arbeitsunfähig, sie ist sozusagen zusätzlich da. Die STWE dient der Steigerung der Belastbarkeit und der Erprobung. Sie ist keine Teilzeittätigkeit. Der Arbeitgeber zahlt keinen Lohn und hat auch keinen Anspruch auf Leistung.

Empfehlenswert ist, die Führungskräfte vor Beginn der STWE darüber zu informieren.

Die beiden Arbeitsassistentinnen beraten Frau Behrens bei der Arbeitsorganisation, geben ihr Feedback und bearbeiten mit ihr ihre Versagensängste.

Nach einer Dauer von vier Monaten ist die STWE abgeschlossen und Frau Behrens hat eine erweiterte Gleitzeit am Morgen und einen neuen Aufgabenzuschnitt bekommen. Aufgaben wie die Erstellung und Überprüfung von Gutachten und Widersprüchen wurden reduziert und sie wurde aus der Vertretungsregelung herausgenommen. Dafür hat sie mehr vorbereitende Tätigkeiten für die Kolleg*innen übernommen.

Die Arbeitsassistentinnen begleiten Frau Behrens insgesamt zwölf Monate, also auch über die Dauer der STWE hinaus.

Bei Mitarbeiterinnen und Mitarbeitern mit einer Schwerbehinderung kann eine Arbeitsassistenz eine sinnvolle Unterstützung bei schwierigen Lernprozessen und dem Training von Arbeitsorganisation sein. Sie braucht klare Aufträge für eine effiziente Unterstützung.
(Weitere Informationen unter www.integrationsaemter.de/Fachlexikon/Arbeitsassistenz/77c545i1p/index.html)

4. Beschäftigungssicherungszuschuss

Es fällt vielen Vorgesetzten schwer, zu akzeptieren, dass Mitarbeiter*innen aus psychischen Gründen nicht mehr so viel leisten können, wenn sie Überforderung vermeiden und längerfristig gesund bleiben sollen. Bei Frau Behrens ist zwar eine Steigerung der Arbeitsleistung zu beobachten, doch bleibt sie auch weiterhin hinter ihren alten Leistungen zurück. Das genügt den Führungskräften nicht. Sie haben gehört, dass der Betrieb für einen Schwerbehinderten, der leistungseingeschränkt ist, einen Ausgleich – einen Beschäftigungssicherungszuschuss – bekommen kann.

Der Betrieb stellt beim Integrationsamt einen Antrag. Informationen zur Antragstellung gibt es im jeweiligen Bundesland beim Integrationsamt. Das zuständige Integrationsamt ist zu finden unter www.integrationsaemter.de.

Zur Begutachtung vor Ort wird der Integrationsfachdienst miteinbezogen. Beide Führungskräfte legen dar, dass Frau Behrens nur 30% ihrer Arbeit leiste und eine Minderleistung von 70% finanziell ausgeglichen werden müsse. Die Leistungsminderung um 70% ist eine grobe Schätzung, sie ist maßlos übertrieben und hat mit der realen Leistungsminderung von Frau Behrens nichts zu tun.

Das Integrationsamt lehnt diese Forderung ab mit der Begründung, mit 30% wäre sie gar nicht arbeitsfähig. 30% Leistungsminderung müsse der Betrieb bei einem schwerbehinderten Mitarbeiter tragen. Von Minderleistung wird immer dann gesprochen, wenn der Arbeitnehmer längerfristig qualitativ als auch quantitativ eine geringere Leistung erbringen kann als im Arbeitsvertrag oder in der Tätigkeitsbeschreibung gefordert.

Minderleistungen von Beschäftigten zwischen 30% und 50% können durch einen Zuschuss für den Betrieb ausgeglichen werden. Es lohnt sich, bei einem Antrag auf Beschäftigungssicherungszuschuss die Leistungsminderung genau zu ermitteln und zu beschreiben. Sie muss behinderungsbedingt sein und gilt immer bezogen auf die jeweilige Tätigkeit und das Aufgabengebiet. Nur dann gibt es eine Chance, diesen Zuschuss auch gewährt zu bekommen.

Der Beschäftigungssicherungszuschuss kann für beide Parteien – Arbeitgeber*in und Arbeitnehmer*in – eine Entlastung darstellen und das Arbeitsverhältnis im Sinne des BEM sichern.

Er dient letztendlich der Entlastung des ganzen Systems und kann andere Mitarbeiterinnen und Mitarbeiter querfinanzieren. Die Antragstellung kann über das Integrationsamt erfolgen, für die Begutachtung wird der Integrationsfachdienst hinzugezogen. (Weitere Informationen gibt es unter: www.integrationsaemter.de/ Fachlexikon/77c10706i1p/index.html)

5. Gesprächsvorbereitung mit externem Coach

Es geht bei Menschen nach psychischen Krisen oder Erkrankungen fast immer um Verhaltens- und Einstellungsänderungen. Das betrifft dann nicht nur die BEM-Berechtigten, sondern hat Auswirkungen auf das ganze System, in dem die BEM-Berechtigten arbeiten. Das werden wir in der zweiten Fallbeschreibung sehen.

Herr Wolter hat eine anerkannte Schwerbehinderung aufgrund einer psychischen Erkrankung. Er arbeitet in einer großen kommunalen Verwaltung und hat nach längerer Erkrankung eine Einladung zum BEM bekommen. Er hat sich schon selber über das BEM informiert und ist überzeugt, dass er für eine gute Gestaltung seiner Arbeit Hilfe braucht. Herr Wolter engagiert einen externen Coach für das Verfahren. Das will er ausdrücklich so haben. Er kennt den Coach aus früheren Zusammenhängen und hat großes Vertrauen zu ihm. Im Vorgespräch stellt sich heraus, dass Herr Wolter sich in eine hoffnungslose Überlastungssituation hineinmanövriert hat. »Ich will anerkannt werden und als Schwerbehinderter nicht geschont werden.« Sein Antrieb, als vollwertiger Mitarbeiter anerkannt zu werden, hat ihn über Jahre dazu gebracht, Aufgaben zu übernehmen, die weit über seine eigentliche Qualifikation und Stellenbeschreibung hinausgingen. Er lebte in ständiger innerer Hochspannung und hat sich fehlendes Fachwissen neben der Arbeit in Eigeninitiative angeeignet.

Mit seinem Coach berät er sich darüber, wie eigentlich seine Arbeit gestaltet sein müsste, damit er dauerhaft gesund bleibt. Die bisher vorherrschende Überforderung will und muss er langsam abbauen und letztendlich ganz vermeiden. Er wünscht sich Arbeitsaufgaben, die seiner Stellenbeschreibung und seiner Qualifikation entsprechen und die Arbeitsmenge auf ein realistisches Maß zurückschrauben. Er weiß, dass es nicht einfach für ihn werden wird und dass er Unterstützung braucht.

Das BEM-Gespräch führt er auf seinen Wunsch allein mit seiner Vorgesetzten und seinem Coach. Auf Personalrat und Schwerbehindertenvertretung verzichtet er bewusst. Er will keine Sonderrolle.

Ein *Externer Coach* ist für Menschen mit psychischen Störungen sehr hilfreich. Er kann helfen zu strukturieren und zu ordnen und Führungskräfte und Mitarbeiter*innen im Betrieb in den Prozess miteinbeziehen. Auch nach erfolgter Wiedereingliederung kann er den Beschäftigten zur Seite stehen und ihnen helfen, Ängste und Unsicherheiten zu überwinden und Stabilität zu gewinnen. Er kann beim zuständigen Reha-Träger im Rahmen von Leistungen zur Teilhabe am Arbeitsleben beantragt werden (siehe SGB IX § 49). Schwerbehinderte und Menschen mit einer Gleichstellung können auch die Beratung durch den Integrationsfachdienst in Anspruch nehmen.

6. Gestaltung der Wiedereingliederung ohne STWE – mobiles Arbeiten

Herr Wolter will keine Stufenweise Wiedereingliederung, sondern in Vollzeit neu beginnen. Er wünscht sich für seinen Wiedereinstieg wegen seiner Beeinträchtigungen (Schwindel, Schlaf- und Konzentrationsprobleme, »Matschigkeit«) einen »sanften »Einstieg« mit einer morgendlichen Zeitspanne von drei Stunden zwischen 7:00 und 10:00 Uhr, in der er sich zuhause in Ruhe auf den Tag vorbereiten kann. Er braucht Zeit, um morgens geistig und körperlich in Gang zu kommen.

Für ihn hat seine Vorgesetzte für den Wiedereinstieg *mobiles Arbeiten* beantragt. Durchschnittlich hat er dafür morgens drei Stunden in Anspruch genommen, bei besonders komplexen Aufgaben hat er auch mal fünf Stunden mobil gearbeitet. Wichtig an diesem Arrangement war für ihn: in Ruhe alleine arbeiten zu können. Sobald er im Betrieb auftaucht, ist er voll belastbar und braucht keine Rücksichtnahme.

Nach eineinhalb Jahren ging es ihm morgens besser und er konnte auf die Regelung des mobilen Arbeitens wieder verzichten.

Für ihn war diese Maßnahme eine Hilfe, um über die »kritische Zeit« am Morgen hinwegzukommen und sich mit realistischen Arbeiten zu beschäftigen – ohne Ausfallzeiten! »Das hat mir ein Jahr Tagesklinik und den Jobverlust erspart.«

Mobiles Arbeiten und Homeoffice sind durchaus Optionen zur Entlastung in der Gestaltung der Arbeitszeit. Im Einzelfall sollte diese Op-
tion mit dem Betriebsarzt oder den Behandlern abgestimmt werden.

7. Die eigene Einstellung verändern – die Persönlichkeit entwickeln

Am Anfang stand die Erkenntnis: Eine große Arbeitsmenge, der hohe
eigene Leistungsanspruch, Komplexität mit Fristen und Druck von außen
sind für Herrn Wolter krankmachende Anforderungen. Die Bearbeitung
von Aufgaben, die eine höhere Qualifikation erfordern, kostet ihn viel
Zeit und Energie und überfordert ihn langfristig, obwohl ihm diese Herausforderung auch gefällt. Im Zuge der Wiedereingliederung wurden
seine Aufgaben reduziert und teilweise im Team umverteilt. Komplexe
Aufgaben wurden an höhere Stellen mit der entsprechenden Qualifikation abgegeben.

Das BEM war ein langer Prozess, der auch inhaltlich in Stufen vollzo-
gen werden musste: So wurde der Arbeitsbereich stufenweise »umge-
baut«, Aufgaben wurden umverteilt, an andere Stellen delegiert und
die Aufgaben neu zugeschnitten.

Die Zeit war verbunden mit der Arbeit an sich selbst: Dazu gehörte
die Änderung der eigenen Haltung und die Erkenntnis, dass Herr Wolter
auf seine Beeinträchtigungen Rücksicht nehmen muss. Für ihn bedeutet es harte Arbeit, seine Aufgaben auf ein normales Maß zu reduzieren und einige der sehr komplexen Aufgaben anderen Fachleuten zu
überlassen. Die schwierigen Aufträge hat er Schritt für Schritt reduziert, denn es war ihm nicht möglich, von heute auf morgen auf diesen
durchaus herausfordernden Bereich zu verzichten.

Aber die Erkenntnis: »Ich muss nicht mehr der im Moment genials-
te sein« hat ihm letztendlich geholfen durchzuhalten.

Mit dem Gelingen der Wiedereingliederung, dem Abbau der Überforderung zugunsten von mehr Freiraum und auch Freizeit ist er inner-
lich gewachsen und gereift.

8. Auswirkungen des BEM auf das System

Für die Führungskraft von Herrn Wolter ist ihr Leistungsträger länger ausgefallen. War dieser bisher durch seine besonderen Ansprüche auch eine Entlastung für sie und die Kolleg*innen gewesen, musste sie nun ihren Mitarbeiter schützen und unterstützen. Nach dem BEM-Gespräch hat sie sich im Rahmen des BEM für ihn und die anderen Mitarbeiterinnen und Mitarbeiter stark gemacht und ihnen den Rücken gestärkt. Sie hat für mehr Handlungsspielraum gesorgt und Aufträge an die Abteilung begrenzt. Für sich persönlich hat sie nach dem BEM-Verfahren einen Tag Homeoffice eingeführt.

Herr Wolter hat sich gegenüber den Kolleg*innen geöffnet und sie haben gemeinsam Wege gesucht, die Arbeit neu zu verteilen und zu organisieren. Bei der neuen Arbeitsorganisation haben sie die Stärken der Kolleg*innen herausgefunden, genutzt und sich gegenseitig bereichert. Dabei haben alle mitgemacht und sind hochzufrieden über die gemeinsam geschaffene Aufgabenverteilung und Zusammenarbeit.

Die Teammitglieder haben alle ein ausgeglichenes Arbeitszeitkonto und verfügen jetzt über mehr Handlungsfreiheit, Eigenverantwortung und Einflussnahme auf die Ziele und Interessen des Teams.

Das Team nutzt zudem mobiles Arbeiten als Arbeitszeitgestaltung bei gesteigerter Verantwortlichkeit für die Ziele der Abteilung.

Systemische Auswirkungen

Sobald ein Mitglied eines Systems sich verändert, sind alle anderen auch betroffen. Oft zeigen die anderen Beteiligten, das heißt Vorgesetzte und Kolleg*innen, ein Beharrungsvermögen. Doch wenn es gut läuft, dann profitieren alle – wie in dem Beispiel von Herrn Wolter. In diesem Prozess ist ein externer Coach für den BEM-Berechtigten besonders hilfreich.

9. Der Königsweg – die Stufenweise Wiedereingliederung

Grundlage aller Maßnahmen ist nach meinen Erfahrungen immer die Stufenweise Wiedereingliederung. Sie eignet sich besonders als Trainingsmaßnahme für die Rückkehr an den Arbeitsplatz nach psychischen Krisen und Erkrankungen. Die STWE ist im Grunde genommen eine medizinische Rehabilitation und hat fast schon einen therapeutischen Charakter für die betreffenden Mitarbeiter*innen. Es geht in vielerlei Hinsicht um die Gestaltung eines Anpassungsprozesses: Dazu gehören die Anpassung der Arbeitsaufgaben an die Fähigkeiten, klare Absprachen und Vereinbarungen, Persönlichkeitsentwicklung, Änderung von Arbeitsverhalten und Auseinandersetzung mit den eigenen Werten und Einstellungen. Die Zeit für die STWE sollten die Beteiligten nicht zu kurz ansetzen, sondern berücksichtigen, dass diese eine Trainingszeit ist. Auch nach der STWE braucht es Zeit zur Festigung der neu erarbeiteten Veränderungen:

Die *Anpassung des Arbeitsplatzes* ist abhängig von der genauen Gestaltung der Arbeitsaufgaben: Sie erfordert, Komplexität zu reduzieren, Verantwortung zu reduzieren, belastende Anforderungen wie Publikumsverkehr oder auch Führungsaufgaben zu verändern sowie lange Pendelwege zum Arbeitsplatz zu berücksichtigen. Eine Veränderung der Arbeitsinhalte eines Teammitgliedes bietet die Chance, die Arbeit insgesamt neu zu gestalten und zu ordnen.

In dem *Anpassungsprozess, den die betroffenen BEM-Berechtigten vollziehen,* geht es um sehr persönliche Ziele: Es geht um die Auseinandersetzung mit psychischen Beeinträchtigungen, Wertvorstellungen, Leistungsansprüchen, Ängsten und Unsicherheiten. Dazu gehört auch die Veränderung des Arbeitsverhaltens, das heißt, Grenzen zu setzen, sich nicht mehr für alles verantwortlich zu fühlen, Hilfe anzunehmen, Pausen einzuhalten und insgesamt gut für sich zu sorgen, um nur einige Ziele zu nennen.

Zur *Anpassung der Kolleg*innen* gehört: Wenn der zurückkehrende Mitarbeiter an sich, seinen Leistungsansprüchen, Einstellungen, Arbeitsverhalten arbeitet und sich verändert, sind auch die Kolleg*innen gefordert, ihn bei diesem Prozess zu unterstützen. Als besonders hilfreich wird von Rückkehrern diese Unterstützung und Ermutigung erlebt.

Die *Aufgabe der Führungskraft* ist es, das Verständnis für die rückkehrenden Mitarbeiter*innen zu stärken, das heißt ein akzeptierendes Umfeld zu schaffen, Vorbehalte und Vorurteile bei den Kolleg*innen abbauen und dabei immer auch den Zusammenhalt im Team und dessen Belastungen in der Vertretung mit im Blick zu haben. Alte Konflikte mit Kolleg*innen sollten unbedingt vorher mit der Führungskraft thematisiert werden.

Es muss aber auch ein *klar definiertes Ende* eines BEM-Verfahrens geben, am besten mit einem Abschlussgespräch.

Zu guter Letzt

In beiden hier dargestellten Fällen handelt es sich um Beschäftigte mit einer schweren psychischen Erkrankung und einer längeren Krankengeschichte. Bei beiden konnten die Maßnahmen im BEM den Arbeitsplatz erhalten und die anfangs genannten Grundbedürfnisse nach Sinn und Zugehörigkeit erfüllen.

Herr Wolter hat sein BEM abgeschlossen und hatte seitdem keine krankheitsbedingten Fehlzeiten mehr wegen seiner psychischen Erkrankung.

Frau Behrens schafft ihre Arbeit besser und sie ist selbständiger und selbstsicherer geworden. Sie leidet zwar noch unter Ängsten, aber sie arbeitet und ist nicht vorzeitig berentet.

Christoph Beyer
Inkludierte
Gefährdungsbeurteilung

Vor rund drei Jahren hat das Inklusionsamt des Landschaftsverbandes Rheinland (LVR-Inklusionsamt[1]) mit Sitz in Köln ein Forschungsvorhaben zur Inkludierten Gefährdungsbeurteilung abgeschlossen. Das Vorhaben wurde aus Mitteln der Ausgleichsabgabe finanziert und gemeinsam mit dem Institut für Arbeitsmedizin, Sicherheitstechnik und Ergonomie e.V. (ASER)[2] aus Wuppertal verwirklicht.

1.

Im Vorwort des 2017 veröffentlichten Forschungsberichts[3] werden die Motive für seine Erstellung wie folgt geschildert: »Die Gefährdungsbeurteilung für Arbeitsplätze von Menschen mit Behinderung bringt gerade kleine und mittelständische Betriebe schnell an ihre Grenzen. Deshalb hat das Inklusionsamt des Landschaftsverbandes Rheinland (LVR) ein Forschungsprojekt initiiert, das Arbeitgeberinnen und Arbeitgebern eine Hilfe an die Hand geben soll, um auch spezielle Gefährdungen für Menschen mit Behinderung ermitteln und bewerten zu können sowie bei speziellen Gefahren dann die erforderlichen Maßnahmen des Arbeitsschutzes und der Arbeitsgestaltung zu treffen.

Arbeitgeberinnen und Arbeitgeber sind gesetzlich verpflichtet, mögliche Gefährdungen am Arbeitsplatz zu ermitteln, zu bewerten und erforderlichenfalls dafür zu sorgen, dass die Beschäftigten vor Gefahren geschützt werden. Das schreibt das Arbeitsschutzgesetz vor. Das Gesetz gilt auch bei der Beschäftigung von schwerbehinderten Menschen. Nach Erfahrung des LVR-Inklusionsamtes in Köln sind die

---

[1] Nordrhein-Westfalen, Bayern und das Saarland sind die drei Bundesländer, in denen das Integrationsamt in Inklusionsamt umbenannt wurde.

[2] Einzelheiten zum Institut finden sich unter www.institut-aser.de.

[3] LVR-Integrationsamt, Methodik und Handlungshilfe für eine inkludierte Gefährdungsbeurteilung. Forschungsprojekt im Auftrag des Integrationsamtes des Landschaftsverbandes Rheinland, Köln, Oktober 2017. Abrufbar unter: www.lvr.de/media/wwwlvrde/soziales/menschenmitbehinderung/1_dokumente/arbeitundausbildung/dokumente_229/forschungsvorhaben_ina/17_3979-Inkludierte_Gefaehrdungsbeurteilung_barrierefrei.pdf.

Arbeitgeberinnen und Arbeitgeber aber häufig damit überfordert. Sie können nicht absehen, welche Auswirkungen verschiedene Behinderungen mit sich bringen, welche speziellen Gefährdungen für Beschäftigte mit Behinderung daraus entstehen können und wie ein erhöhtes Verletzungs- oder Erkrankungsrisiko vermieden, beseitigt oder minimiert werden kann.«

Dem LVR-Inklusionsamt geht es wie allen anderen Integrationsämtern in den Ländern auch vor allem darum, Menschen mit einer Schwerbehinderung eine Beschäftigung auf dem ersten Arbeitsmarkt zu ermöglichen. Dies schließt sowohl den Erwerb eines Arbeitsplatzes als auch seinen Erhalt mit ein. Bei der Frage des Erwerbs eines Arbeitsplatzes arbeiten die Integrationsämter eng mit der Bundesagentur für Arbeit zusammen. Beim Erhalt eines Arbeitsplatzes, der aufgrund von Krankheit oder Behinderung gefährdet ist, steht die Zusammenarbeit und Abstimmung mit den Rentenversicherungen und Krankenkassen im Vordergrund.

Im Rheinland hat das LVR-Inklusionsamt in den letzten Jahren darüber hinaus eine enge Kooperation mit den Kammern geknüpft. Bei allen Handwerkskammern sowie bei der Mehrzahl der Industrie- und Handelskammern sind Fachberaterinnen bzw. Fachberater für Inklusion im Auftrag des Inklusionsamtes tätig. Sie sind fachlich mit dem technischen Beratungsdienst des LVR-Inklusionsamtes verknüpft und werden aus der Ausgleichsabgabe finanziert. Der Aufgabenbereich der Fachberaterinnen und -berater umfasst im Kern die Beratung von Unternehmerinnen und Unternehmern der Mitgliedsbetriebe zu allen Fragestellungen rund um die Beschäftigung von Menschen mit Schwerbehinderung. Basis für diese Beratung bildet, neben vielen weiteren Kenntnissen in der beruflichen Rehabilitation, wie beispielsweise zu Nachteilsausgleichen, Leistungen zur Teilhabe, Zuständigkeiten, Rechten und Pflichten von Arbeitgebern und Beschäftigten im Sinne des SGB IX, eine technische Beratungskompetenz. Zu dieser gehört auch die Erstellung fachtechnischer Gutachten zur Arbeitsplatz- und Arbeitsstättengestaltung.

2.

Die Gefährdungsbeurteilung ist seit 1996 das zentrale Element im betrieblichen Arbeitsschutz. Sie verpflichtet alle Arbeitgeber, die Gefährdung der Beschäftigten bei der Arbeit systematisch zu erfassen, zu beurteilen, Maßnahmen festzulegen, diese durchzuführen, sie auf ihre

Wirksamkeit zu überprüfen und die Ergebnisse zu dokumentieren. Die Gefährdungsbeurteilung ist nur sinnvoll und entspricht dem Gesetz, wenn sie als kontinuierlicher Entwicklungsprozess begriffen wird.

§ 3 des Arbeitsschutzgesetzes (ArbSchG) bestimmt als Grundpflichten des Arbeitgebers in seinen beiden Absätzen:

(1) Der Arbeitgeber ist verpflichtet, die erforderlichen Maßnahmen des Arbeitsschutzes unter Berücksichtigung der Umstände zu treffen, die die Sicherheit und Gesundheit der Beschäftigten bei der Arbeit beeinflussen.

(2) Er hat die Maßnahmen auf ihre Wirksamkeit zu überprüfen und erforderlichenfalls sich ändernden Gegebenheiten anzupassen. Dabei hat er eine Verbesserung von Sicherheit und Gesundheitsschutz der Beschäftigten anzustreben.

Und § 5 ArbSchG formuliert zur Beurteilung der Arbeitsbedingungen:

(1) Der Arbeitgeber hat durch eine Beurteilung der Arbeitsbedingungen der für die Beschäftigten mit ihrer Arbeit verbundenen Gefährdung zu ermitteln, welche Maßnahmen des Arbeitsschutzes erforderlich sind.

(2) Der Arbeitgeber hat die Beurteilung je nach Art der Tätigkeiten vorzunehmen. Bei gleichartigen Arbeitsbedingungen ist die Beurteilung eines Arbeitsplatzes oder einer Tätigkeit ausreichend.

Abbildung 1: »Max und Moritz auf der Brücke«

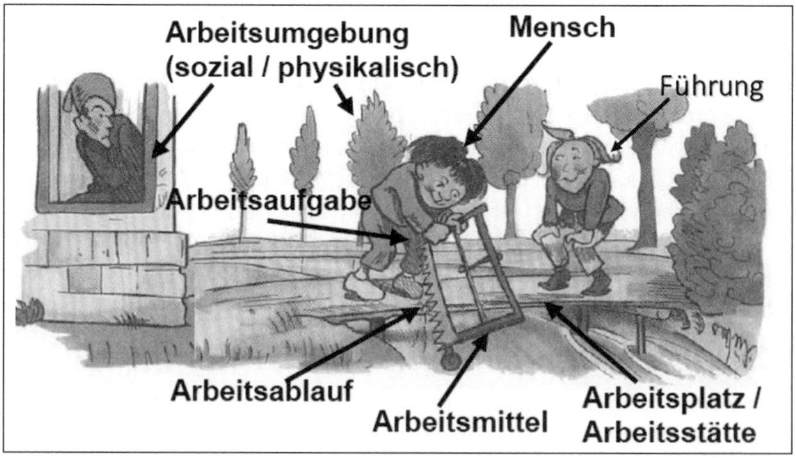

Das Schaubild wurde mit dankbarer Genehmigung von Stefanie Floegel, Human Ressources & Change Management (HR&C), übernommen.

Abbildung 1 verdeutlicht, worum es bei einer Gefährdungsbeurteilung geht. Um eine Gefährdungsbeurteilung erstellen zu können, kommt es auf das gesamte Arbeitssystem an. Zu beurteilen ist der Arbeitsplatz (die Brücke) sowie die Arbeitsstätte (das Umfeld der Brücke), die Frage, welche Arbeitsmittel gebraucht werden und zur Verfügung stehen (die Säge), wie sich der Arbeitsablauf gestaltet (das Sägen mit der Handsäge), wie die Arbeitsaufgabe lautet (das Ansägen der Brücke[4]), in welche Hierarchie die Arbeit eingebunden ist (Führung) und wie sich die Arbeitsumgebung darstellt (Mitarbeiterinnen und Mitarbeiter).

Jeder Mensch wird durch die Bedingungen, unter denen er arbeitet, beansprucht. Die Beanspruchung kann allerdings ganz unterschiedlich als eine Belastung empfunden werden. Ist Max mit der Säge geübt und macht ihm seine Arbeit Spaß, wird er die Arbeit vermutlich weniger als eine Last sehen, seine empfundene Belastung ist geringer. Hat Max jedoch eine Behinderung, fehlt ihm ein Arm und er trägt eine Prothese, so sieht die Sache schon ganz anders aus.

Die Gefährdungsbeurteilung orientiert sich an den abstrakten Arbeitsbedingungen. Sie fragt nicht danach, ob Max eine Behinderung hat. Sie ist objektiv und nicht subjektiv ausgerichtet. Sie würde jedoch zu kurz greifen, wenn sie sich allein an einem idealtypischen Arbeitnehmer ausrichtet. Menschen mit besonderen Bedarfen werden dann nicht angemessen berücksichtigt. Daher ergibt sich aus dem Mutterschutzgesetz, dass jeder Arbeitsplatz auch dahingehend überprüft werden muss, ob auf ihm eine schwangere Frau beschäftigt werden kann. Wohlgemerkt, es geht nicht um eine konkrete Frau während ihrer Schwangerschaft, sondern um die grundsätzliche Möglichkeit der Arbeit einer Frau während ihrer Schwangerschaft auf dem jeweiligen Arbeitsplatz.

3.

Denselben Ansatz verfolgt die inkludierte Gefährdungsbeurteilung. Sie fragt danach, ob ein Mensch mit einer bestimmten Behinderung auf dem Arbeitsplatz eingesetzt werden kann. Könnte ein Beschäftigter mit einer Armprothese die Brücke ansägen wie Max im Schaubild? Welche behinderungsbedingt notwendige Ausstattung müsste der Arbeitsplatz bzw. die Arbeitsstätte haben?

In der Praxis kommt es immer noch häufig vor, dass entweder gar keine oder nur eine veraltete Gefährdungsbeurteilung vorliegt. Gibt es

---

[4] Wer die Geschichte kennt, weiß, dass die Brücke nur angesägt werden soll.

eine aktuelle Gefährdungsbeurteilung, werden Menschen mit besonderen Bedarfen oft nicht angemessen berücksichtigt. Dies liegt vielfach
daran, dass im Gegensatz zur tätigkeits- und arbeitsplatzbezogenen
Beurteilung die personenbezogene Gefährdungsbeurteilung aufwän-
diger ist und besondere bzw. zusätzliche Kenntnisse erfordert. Hinzu
kommt, dass sie betriebsintern als zusätzliches Hindernis eingestuft wird.

Das Ziel des Forschungsvorhabens des LVR-Inklusionsamtes war
daher von Anfang an, eine Handlungshilfe für die betriebliche Praxis
zur Beurteilung von Arbeitsbedingungen für Menschen mit Behinderung zu erarbeiten. Arbeitgeber sollen nicht durch den Gedanken an
die Abfolge »Arbeitsschutz, Gefährdungsbeurteilung, Behinderung«
von der Einstellung oder Weiterbeschäftigung einer Mitarbeiterin oder
eines Mitarbeiters mit Behinderung abgehalten werden. Denn natürlich
stellen sie sich die Frage, welche arbeits- und sozialrechtlichen[5] Konsequenzen ein möglicher Betriebsunfall eines Menschen mit einer Behinderung hat. Aber auch hier wie bei jedem Betriebsunfall gilt der Grund-
satz: Betriebsunfälle passieren nicht, sie werden verursacht!

Arbeitgebern wird mit der Handlungshilfe »inkludierte Gefährdungsbeurteilung« ein Instrument an die Hand gegeben, das mit verhält-
nismäßig geringem Aufwand ein paar spezielle Prüfungspunkte zu
der ohnehin erforderlichen Gefährdungsbeurteilung hinzufügt. Bei der
Beschäftigung von Menschen mit Behinderung ist für die Durchführung
der Gefährdungsbeurteilung eine erweiterte Betrachtung insoweit nötig,
als sichergestellt werden muss, dass eine mit der Tätigkeit verbundene
Gefährdung kein höheres Gefährdungspotenzial für eine Gruppe von
Beschäftigten mit Behinderung als für andere Beschäftigte birgt. Um dieses Ziel zu verfolgen, ist es nötig, dass individuelle Eigenschaften, die
einen Einfluss auf das Erreichen eines akzeptierten Arbeitsschutzniveaus
ausüben, mit den bei der Tätigkeit auftretenden Gefährdungsfaktoren
und ihrer Ausprägung verglichen werden und im Ergebnis anzeigen, ob
Arbeitsschutzmaßnahmen unter den gegebenen Umständen notwendig sind. Hierbei wird ein vorgegebenes Grenzrisiko durch die Umsetzung von Maßnahmen erreicht, während sich der Bewertungsmaßstab
gegenüber der Beurteilung der Arbeitsbedingungen anderer Beschäf-

---

[5] Natürlich ist an erster Stelle daran zu denken, dass Überlegungen zu einer
personenbezogenen Gefährdungsbeurteilung von der Unfallversicherung angestellt werden. Dies ist allerdings bisher nicht erfolgt. Das LVR-Inklusionsamt hat
die DGUV über den Verlauf des Forschungsvorhabens von Beginn an informiert.

tigter nicht ändert. Wenn Max in unserem Schaubild eine Armprothese trägt, könnte dies aufgrund eingeschränkter Beweglichkeit sein Verletzungsrisiko (Schnitt ins Bein, Sturz von der Brücke) deutlich erhöhen. Das Forschungsvorhaben des LVR-Inklusionsamtes nähert sich diesen Anforderungen für den Anwendungsfall eines Menschen mit einer Hörschädigung.[6] Im Zentrum der Überlegungen standen die Fragen »Welche speziellen Gefährdungen können sich für hörgeschädigte Menschen ergeben?« sowie »Welche wirksamen Maßnahmen können eingesetzt werden?« So wurden in den erarbeiteten Handlungshilfen die allgemeinen Fragestellungen im Rahmen der Gefährdungsbeurteilung um spezielle Fragen ergänzt. Diese lauten z.b.: »Können sich Beschäftigte in lauter Umgebung aufhalten, ohne dass eine weitere Schädigung des Gehörs zu erwarten ist?« sowie »Sind die Hörhilfen für den Einsatz unter gegebenen Voraussetzungen geeignet? Können die Hörhilfen in lauter Umgebung genutzt werden? Ist die Hörhilfe gleichzeitig Gehörschutz? Ist ein zusätzlicher Gehörschutz erforderlich? Kann ein Gehörschutz wirksam getragen werden?« In den Erläuterungen zu den Fragen wird als Erklärung für den Arbeitgeber hervorgehoben: »Wenn die technische Hörhilfe als persönliche Schutzausrüstung baumustergeprüft ist, kann sie als Gehörschutz eingesetzt werden. Insbesondere, wenn Gehörschutz zusätzlich zu Hörgeräten getragen wird, muss sichergestellt sein, dass die Kombination möglich ist, und es muss auf ordnungsgemäßen Sitz nach Angabe des Herstellers geachtet werden.«

Das entwickelte Vorgehen anhand von Fragen des Arbeitsschutzes in Arbeitssystemen mit höreingeschränkten Beschäftigten kann als Konzept auch auf weitere Behinderungsarten übertragen werden. Dabei kann das Grundprinzip, basierend auf sensibilisierenden Fragen mit zusätzlicher Information, als beispielhafter Lösungsansatz für den Anwendenden erhalten bleiben und die Funktionalität der Handlungshilfe kann durch entsprechende Anpassungen auf die jeweilige Art der Behinderung sichergestellt werden. Neben weiteren sensorischen können auch motorische Einschränkungen einbezogen werden. Durch die Zusammenstellung einzelner Handlungshilfen mit gleichartigem Aufbau bietet sich für unterschiedliche Behinderungsarten die Möglich-

---

[6] Siehe als neueres Beispiel auch die Broschüre »Arbeiten mit Epilepsie. Handlungshilfe zum inkludierten Gefährdungsmanagement«, die ebenfalls den Ansatz der inkludierten Gefährdungsbeurteilung berücksichtigt (vgl. www.epilepsie-arbeit.de).

keit, ein ganzheitliches Konzept als Hilfestellung zur Ermittlung, Beurteilung, Umsetzung und Überprüfung der Wirksamkeit von Maßnahmen des Arbeitsschutzes zu schaffen.[7] Erste Ansätze zur Anwendung der inkludierten Gefährdungsbeurteilung in der Praxis sind erfolgt, weitere werden hoffentlich zeitnah folgen.[8]

4.

Eine inkludierte Gefährdungsbeurteilung steht in positiver Wechselwirkung zu einer weiteren Arbeitgeberpflicht: dem Betrieblichen Eingliederungsmanagement (BEM, § 167 Abs. 2 SGB IX, siehe auch Abbildung 2). Ebenso wie der Arbeitgeber eine Gefährdungsbeurteilung erstellen muss, ist er verpflichtet, einem Beschäftigten bei Vorliegen der Voraussetzungen ein BEM ordnungsgemäß anzubieten. Die Spielregeln für ein ordnungsgemäßes BEM sind in den letzten Jahren durch die Rechtsprechung weitgehend geklärt worden.[9] Immer wieder lohnenswert ist es hervorzuheben, dass es auch denkbares Ergebnis eines BEM sein kann, dass der Arbeitnehmer vom Arbeitgeber auf eine Maßnahme der Rehabilitation verwiesen wird. Dem steht ausdrücklich nicht entgegen, dass deren Durchführung von der Mitwirkung des Arbeitnehmers abhängt und nicht in der alleinigen Macht des Arbeitgebers steht.[10] § 167 Abs. 2 Satz 4 SGB IX ist im Zuge des Bundesteilhabegesetzes (BTHG) dahingehend geändert worden, dass der Arbeitgeber verpflichtet ist, die Rehabilitationsträger oder bei schwerbehinderten Beschäftigten das Integrationsamt hinzuzuziehen, wenn Leistungen zur Teilhabe (§ 49 SGB IX) oder begleitenden Hilfe (§ 185 Abs. 2 SGB IX) in Betracht kommen.[11] Damit wächst die betriebliche Bedeutung der Rehabilitationsträger. Sie können sich der im Gesetz vorgesehenen Beteiligung nicht entziehen.[12] Die arbeitsgerichtliche Judikatur, die zu

---

[7] Forschungsbericht »Inkludierte Gefährdungsbeurteilung« (s. Anm. 3), Seite 79f.

[8] Die aktuelle Richtlinie des Landes Nordrhein-Westfalen erklärt sie unter Ziffer 8.8 für alle Landesbehörden anwendbar.

[9] Eine Handlungsempfehlung zum Betrieblichen Eingliederungsmanagement der Inklusionsämter Rheinland und Westfalen-Lippe kann unter www.inklusionsamt.lvr.de in der 7. Auflage heruntergeladen werden.

[10] BAG, Urteil vom 20.11.2014 – 2 AZR 755/13, bei www.juris.de.

[11] Zur entsprechenden Hinweispflicht des Arbeitgebers vgl. Hessisches Landesarbeitsgericht, Urteil vom 13.8.2018 – 16 Sa 1466/17, bei juris.

[12] Düwell, Franz Josef/Beyer, Christoph (2017): Das neue Recht für behinderte Beschäftigte, Baden-Baden, Rn. 185.

Abbildung 2: Inkludierte Gefährdungsbeurteilung und BEM-Verfahren

Quelle: Kirsten Reinhold

Recht die im Gesetz verlangte Heranziehung der Rehabilitationsträger im BEM-Verfahren betont, ist zugleich eine Herausforderung für die Rehabilitationsträger, die nach § 12 SGB IX einzurichtenden Ansprechstellen hinreichend auszustatten sowie effektive und allgemein zugängliche Informationen bereitzustellen.[13]

Eine höhere Aufmerksamkeit als bisher verdient das Zusammenspiel zwischen dem BEM einerseits und der Gefährdungsbeurteilung andererseits. Die inkludierte Gefährdungsbeurteilung, die bestimmte Einschränkungen in den Blick nimmt, bietet hierzu einen weiteren Anlass. Der Ausgangspunkt solcher Überlegungen ist, dass der Arbeitgeber zentraler Adressat der heutigen Arbeitsschutzpflichten ist, der im Betrieb durch die betriebliche Organisation einen präventiven Gefährdungsschutz zu realisieren hat.[14] Zutreffend wird hervorgehoben, dass die

---

[13] Kohte, Wolfhard/Liebsch, Matthias, jurisPR-ArbR (juris PraxisReport Arbeitsrecht) 3/2019, Anm. 2

[14] Kohte, Wolfhard, in: Ders./Faber, Ulrich/Feldhoff, Kerstin (2014): Gesamtes Arbeitsschutzrecht, Baden-Baden (I. – Unionsrecht; S. 70 Rn. 16).

Verhältnismäßigkeitsprüfung bei der Krankheitskündigung eine stärkere Bedeutung erhält, weil nunmehr regelmäßig Fragen der Anpassung des Arbeitsplatzes und der Änderung der Arbeitsorganisation von Bedeutung sind. Dies stimme mit den Wertungen des heutigen Arbeitsschutzrechts und Rehabilitationsrechts überein, in denen die Anpassung des Arbeitsplatzes und der Arbeitsorganisation eine Schlüsselrolle einnehme.[15]

Zwei aktuelle sozialgerichtliche Entscheidungen verdeutlichen das mögliche Zusammenspiel. In beiden ging es um den gegen den zuständigen Rehabilitationsträger gerichteten Anspruch auf Versorgung mit Hörgeräten.

Das Sozialgericht Speyer hat festgestellt, dass die Verpflichtung des Arbeitgebers, seinen Beschäftigten eine persönliche Schutzausrüstung (PSA) zur Verfügung zu stellen (§ 3 Abs. 1 Satz 1 ArbSchG iVm § 2 Abs. 2 der PSA-Benutzungsverordnung), nicht zugleich die Bereitstellung eines Hilfsmittels zur Wiederherstellung der Hörfähigkeit umfasst.[16] Die Klägerin war Schichtführerin in einer lärmintensiven Produktion. Die aufgeworfene sozialrechtliche Fragestellung wäre arbeitsrechtlich im Rahmen eines BEM-Verfahrens zu klären.[17] Liegt bereits eine entsprechende Gefährdungsbeurteilung des Arbeitsplatzes vor, kann im BEM hierauf zurückgegriffen werden.

Das Hessische Landessozialgericht hat geurteilt, dass ein schwerhöriger Projektleiter, der für die Bauüberwachung von Großbaustellen zuständig ist, Anspruch auf Hörgeräte hat, die sich automatisch wechselnden Geräuschkulissen anpassen.[18] Nach den Feststellungen des Gerichts stellte der Arbeitsplatz des Klägers aufgrund der inhomogenen und durch technische Maßnahmen kaum zu beeinflussenden Geräuschkulissen hohe Anforderungen an sein Hörvermögen. Dies galt insbesondere für nicht im voraus planbare Besprechungen auf den Baustellen. Auch hier hätte eine vorliegende Gefährdungsbeurteilung, die die Höreinschränkung des Klägers mit umfasst, einerseits in einem eventuellen BEM-Verfahren und andererseits zur Unterstützung im sozialgerichtlichen Verfahren herangezogen werden können.

---

[15] Kohte, Wolfhard, DB (Der Betrieb) 2008, 582, 585.
[16] Sozialgericht Speyer, Urteil vom 19.10.2018 – S 19 KR 650/17, bei juris.
[17] So zutreffend Kohte, jurisPR-ArbR 30/2019 Anm. 6.
[18] Hessisches Landessozialgericht, Urteil vom 13.9.2018 – L 1 KR 229/17, bei juris.

Fallbeispiele aus der Praxis für die Praxis

Norbert Fröhndrich
Sinnhaftigkeit und Werte in der Pflege oder: Kann Pflege in Deutschland »wert-voll« sein?

Einführung

Denjenigen, die täglich beruflich in der Pflege tätig sind, ist die nachfolgende Situation nicht unbekannt: Noch während der Dienstübergabe klingelt das Telefon und eine Mitarbeiterin informiert darüber, dass sie aufgrund großer gesundheitlicher Beschwerden unverzüglich den Arzt aufsuchen muss und nicht zum Dienst erscheinen wird. Die Dienstabläufe sind neu zu regeln.

Gegen 8.00 Uhr meldet sich die Angehörige der zu pflegenden Frau M. und äußert ihre Unzufriedenheit mit dem Betreuungsangebot für ihre Mutter. Sie möchte unbedingt noch heute einen Gesprächstermin. Ein Zeitfenster wird ihr vorgeschlagen.

Um 9.00 Uhr erscheint der Medizinische Dienst der Krankenversicherung (MDK) zur Überprüfung des Höherstufungsantrages von Frau Z. Eine Begleitung durch Pflegekräfte wird abgesichert.

Die Bewohnerin Frau L. fühlt sich sehr unwohl. Der Hausarzt ist nicht sofort zu erreichen, da die Schmerzen zunehmen, wird der Notarzt informiert, der 15 Minuten später eintrifft. Die Begleitung durch eine Pflegekraft ist abzusichern.

Um 11.00 Uhr ist für ca. 60 Minuten eine Pflichtfortbildung für zwei Mitarbeiterinnen zur Medikation vorgesehen – die Teamleiterin muss mit den Mitarbeiterinnen entscheiden, ob es dabei bleiben kann.

Das sind nur wenige Situationen an einem Vormittag, wie sie so oder ähnlich täglich in den Pflegeeinrichtungen in Deutschland auftreten.

Diejenigen, die in der Pflege ihre Berufung sehen, die wert-volle und sinnhafte Pflege leisten möchten, sind nicht nur stark fremdgesteuert, sondern ringen täglich darum, Sinnhaftigkeit und Werte in der Pflege zu leben und zu erleben. Doch sie geraten permanent an Grenzen, überschreiten diese oder scheitern.

Wie verhält es sich mit dem Erleben von Sinnhaftigkeit und Werten im täglichen Pflegeprozess? Sind die täglichen Abläufe und Besonder-

heiten in der Pflege mit dem eigentlichen Sinn der Pflege und den übergeordneten Werten in Einklang zu bringen?
Dieser Problematik soll im vorliegenden Beitrag nachgegangen werden.

Thesen

Vor dem Hintergrund einer substanziellen Auseinandersetzung mit der geschilderten Thematik und auf der Basis eigener Untersuchungen lassen sich folgende Thesen aufstellen:

1. These
Die Bedingungen, Abläufe und Situationen im täglichen Pflegeprozess befinden sich nur bedingt in Übereinstimmung mit den Motivationen und Werten der Pflegekräfte sowie mit den übergreifenden Normen und Werten in der Pflege.

2. These
Mit einer klaren Unternehmensphilosophie, Vision, Strategie, einem aktiven und nachhaltigen Gesundheitsmanagement sowie einem abgestimmten Maßnahmenpaket kann ein wirksamer Beitrag geleistet werden, um Werte im Pflegeprozess leben und die Sinnhaftigkeit erleben zu können.

3. These
Es bedarf grundsätzlicher Veränderungen in den Rahmenbedingungen, begleitenden Faktoren und in der Pflege selbst, damit der tägliche Pflegeprozess von den in der Pflege Tätigen nachhaltig als sinnhafter Werteprozess ge- und erlebt werden kann.

Wer sind wir: das Senioren- und Pflegezentrum Brandenburg (SPZ)?

Die Senioren- und Pflegezentrum Brandenburg gGmbH ist seit fast 60 Jahren im Bereich der Pflege in der Stadt Brandenburg an der Havel aktiv. Im Unternehmen arbeiten 280 Mitarbeiterinnen und Mitarbeiter und 28 Auszubildende. Unsere Leistungen und Angebote sind in der Tabelle 1 aufgeführt.

Tabelle 1: Leistungen und Angebote des Senioren- und Pflegezentrums Brandenburg (SPZ)

Wohnen	Pflege und Betreuung	Service & Beratung	Kompetenz-zentrum für Demenz	Gastronomie	SPZ Akademie
Wohngruppen für Menschen mit Demenz Betreutes Wohnen	Stationäre Pflege Kurzzeitpflege Verhinderungs-pflege Tagespflege Hauskranken-pflege häusliche Betreuung	Soziale Bera-tung Therapien Therapie-begleithunde Hausarzt-Service Haustechnik Reinigung Wäscherei Frisör & Fußpflege	ambulante Wohngruppen Tagespflege stationäre Wohnbereiche Beratungs-stelle Begegnungs-stätte besondere Betreuungs-kompetenz Helferinnen & Helfer	eigene Koch-küche eigene Back-küche Café Martha Café Clara Catering	Weiterbildung Schulungen Dozenten Tiergestützte Intervention Vorträge

Wir sind ganz klar auf zwei Zielgruppen ausgerichtet: zum einen auf unsere Kunden, vor allem die pflegebedürftigen Menschen, aber ebenso auf Angehörige, Gäste und Mieter. Zum anderen auf diejenigen, die die Leistungen für unsere Kunden erbringen, auf unsere Mitarbeiterinnen und Mitarbeiter, auf Ehrenamtler und Helfer. Deshalb sind Themen wie ein nachhaltiges Gesundheitsmanagement oder die Vereinbarkeit von Familie und Beruf immanente Bestandteile unserer Unternehmensphilosophie. Die Auszeichnungen mit dem 1. Gesundheitspreis der AOK im Land Brandenburg sowie mit dem ersten Platz als familienfreundliches Unternehmen (2017) sind wertschätzende Bestätigungen unserer Arbeit. Unsere Vision und Mission lautet in diesem Sinn:

»In unseren Vertrauenslandschaften können Menschen in ihrer Vielfalt Potenziale entdecken und entwickeln. Dazu schaffen wir ein inspirierendes Umfeld. Gemeinsam gestalten wir moderne und attraktive Lebensangebote.

Nachhaltig wachsen für eine gepflegte Zukunft. SPZ!«

Wir sind der Auffassung, dass wir mit unserer Vision und Mission, mit unserer strategischen Ausrichtung und unseren klaren Bekenntnissen zur Einheit von Pflege und Gemeinnützigkeit entscheidende Weichen für eine sinnhafte und wertebasierte Pflege gestellt haben.

Sinnhaftigkeit und Werte als gesetzliche und normethische Vorgaben

Grundlegende Aussagen zu den Rechten und Werten von hilfe- und pflegebedürftigen Menschen finden sich in den acht Artikeln der »Charta der Rechte hilfe- und pflegebedürftiger Menschen«[1] aus dem Jahr 2005, die im Jahr 2018 eine Anpassung erhielt.

Eine weitere wichtige normethische Grundlage bildet der ICN-Ethikkodex für Pflegende (ICN = International Council of Nurses),[2] der 1953 verabschiedet und bis heute mehrmals überprüft und angepasst wurde. Dieser Kodex versteht sich als Leitfaden für ein Handeln nach sozialen Werten und Bedürfnissen für in der Pflege Tätige.

Diese normethischen Grundlagen und Rechte finden sich im deutschen Recht wie den Grundrechten des Grundgesetzes, im Sozialgesetzbuch (SGB) XI sowie im SGB I wieder.

Damit liegt für die Pflege ein übergeordneter Rahmen für Verhaltensnormen, für Werte und Sinnhaftigkeit vor. Diese Werte sind insbesondere: Würde – Einzigartigkeit – Teilhabe – Privatheit – körperliche und seelische Unversehrtheit – Selbstbestimmung.

Doch bereits im SGB XI tritt ein erster Widerspruch auf. Im § 2 werden die übergeordneten Werte benannt, die in § 14 durch die Definition des Begriffes der Pflegebedürftigkeit eine klare Einengung erfahren. Denn hier wird Pflegebedürftigkeit als körperliche, kognitive und psychische Beeinträchtigung definiert, der durch verrichtungsbezogene Tätigkeiten begegnet werden soll. Dieser Pflegebedürftigkeitsbegriff bestimmt nachfolgend das SGB XI und führt durch die klare Überhöhung der verrichtungsbezogenen Tätigkeiten zu einer objektiven Unterrepräsentanz der Werte und Normen im Gesetz und schließlich im täglichen Prozess.

---

[1] Bundesministerium für Familie, Senioren, Frauen und Jugend/Bundesministerium für Gesundheit 2018.
[2] ICN-Ethikkodex für Pflegende (2014). Die Rechte der deutschen Übersetzung liegen u.a. beim Deutschen Berufsverband für Pflegeberufe (DBfK).

Sinnhaftigkeit und Werte aus der Sicht der in der Altenpflege Tätigen

Die Werte und die Sinnhaftigkeit in der Pflege leiten sich zum einen aus den normethischen und gesetzlichen Vorgaben ab, zum anderen jedoch ebenso stark aus den Erwartungen, Vorstellungen und Einstellungen derjenigen, die in der Pflege tätig sind.

Dazu wurden verschiedene Studien ausgewertet.[3] Im Ergebnis lässt sich feststellen, dass die in der Pflege tätigen Mitarbeiterinnen und Mitarbeiter Sinnhaftigkeit verbinden mit folgenden Aspekten:

- mit dem Versorgen, der Betreuung und Hilfe für andere Menschen
- mit der Arbeit etwas Sinnvolles bewirken zu können (Selbstwirksamkeit)
- mit dem Wissen, Teil eines Teams zu sein
- mit dem Kontakt zu anderen, insbesondere älteren Menschen
- mit vielseitiger und abwechslungsreicher Tätigkeit und dem Wunsch der Beschäftigten, dass sie das, was sie besonders gut können, in den Job einbringen können
- Pflegeberuf als Berufung

Zusammenfassend lässt sich formulieren, dass Pflege auf einer Beziehungsebene sowohl zu den Pflegebedürftigen als auch zu den Angehörigen und eigenen Teammitgliedern stattfindet, die durch Zuwendung, Nähe, Kontakt, Kommunikation und eigene Selbstwirksamkeit und -verwirklichung gekennzeichnet ist (bzw. sein sollte).

In diesen Studien wurde ebenso ermittelt, welches jene Faktoren sind, die die Ausprägung der Werte und das Erleben der Sinnhaftigkeit in der Pflege behindern. Die Studien zeigen hier übereinstimmende Ergebnisse auf. Die Altenpflege in Deutschland ist demnach beeinträchtigt durch:

- Personalengpässe bzw. -mangel
- negatives Image
- eine zu geringe Wertschätzung der Arbeit auf der politischen und gesellschaftlichen Ebene
- schlechte Rahmenbedingungen

---

[3] meinestadt.de (2018), Initiative Neue Qualität der Arbeit (INQA) 2017, Scharfenberg 2016; Leuphana 2012, Bundesanstalt für Arbeitsschutz und Arbeitsmedizin (BAuA) 2010, Institut für Public Health und Pflegeforschung 2010, Bundesanstalt für Arbeitsschutz und Arbeitsmedizin (BAuA) (2007).

- hoher Dokumentationsaufwand; Bürokratisierung in der Pflege
- Umgang mit Menschen mit Demenz und herausforderndem Verhalten
- Zeitdruck in der Pflege
- »fehlende kompetente« Führung
- Probleme in der Kommunikation und Interaktion

Um die konkrete Situation im SPZ einschätzen zu können, wurde im Zeitraum vom 24.9. bis zum 31.10.2019 eine schriftlich anonymisierte Befragung von 39 Auszubildenden und 18 Mitarbeiterinnen und Mitarbeitern im SPZ durchgeführt. Die Rücklaufquote lag bei 35%.

Bei den Fragestellungen ging es darum zu ermitteln, warum die Mitarbeiter*innen den Beruf der Pflege gewählt haben, ob und wie sie sich in der täglichen Arbeit verwirklichen können und mit welchen Arbeitsbedingungen sie unzufrieden sind. Dabei zeigte sich: Die Hauptmotivation für die Wahl des Pflegeberufes besteht darin, älteren Menschen helfen, sie begleiten und unterstützen zu wollen. An zweiter Stelle steht die Aussage, dass in der Altenpflege eine sinnvolle Tätigkeit gesehen wird. Weitere Motivationen für die Wahl bzw. Ausübung des Pflegeberufes sind:

- Nähe und individuelle Zuwendung geben und erleben können,
- im Team arbeiten,
- sich selbst verwirklichen können und
- mit den Fähigkeiten und Ressourcen der Klienten arbeiten.

Wir können somit zwischen der Motivation der Pflegekräfte, ihrer Berufung für diese Tätigkeit und den allgemeinen Werten und Normen eine hohe Übereinstimmung feststellen. Zugleich werden die Ergebnisse der weiter oben dargestellten Studien durch die eigene Mitarbeiterbefragung bestätigt.

Die Frage nach den belastenden bzw. einschränkenden Bedingungen/Faktoren im täglichen Pflegeprozess zeigte das bemerkenswerte Ergebnis, dass die Mitarbeiter*innen im SPZ diese Belastungen zwar empfinden, diese jedoch geringer ausgeprägt sind als im Vergleich zu den Studienergebnissen. Es besteht z.B. eine Unzufriedenheit mit der seelischen oder körperlichen Arbeitsbelastung. Jedoch äußerten sich ca. Dreiviertel der Befragten, dass dies für sie auf der vierstufigen Skala eher weniger oder gar nicht zutrifft.

Im Ergebnis sowohl der eigenen Befragungen als auch der Auswertung der Studien muss festgestellt werden, dass in der Pflege objektiv folgender Widerspruch besteht:

Postulierte Werte und Normen		Belastungen im täglichen Pflegeprozess
■ gesetzliche Vorgaben ■ normethische Grundlagen ■ Motivation der Mitarbeitenden ■ Beziehungsebene; Eigenständigkeit und Selbsthilfe	**Wider- spruch** ⇔	■ funktionales System der Pflege ■ verrichtungsbezogener Pflegeprozess ■ Erwartungen der Gesellschaft ■ Grenzen, die uns der Gesetzgeber vorgibt

Zum Umgang des SPZ mit dieser Herausforderung

Welches sind die Erfolgsfaktoren des SPZ, die dazu beitragen, den bestehenden Widerspruch zwischen dem tatsächlichen Pflegeprozess und den zu beachtenden Werten sowie der der Pflege innewohnenden Sinnhaftigkeit soweit wie möglich auflösen zu können? Diese Erfolgsfaktoren sind das Ergebnis eines längeren Entwicklungsprozesses; sie setzen sich aus verschiedenen Elementen zusammen und finden sich auf unterschiedlichen Ebenen wieder. Die Erfolgsfaktoren für das SPZ sind:

■ Herausbildung einer aktiven Verantwortungs- und Kommunikationsstruktur (Organigramm, Stellenbeschreibungen, Kommunikationsmatrix, Jour fixe, Termine ...)
■ honorierte Funktionsübertragung in allen Bereichen und auf allen Ebenen für alle Mitarbeiter*innen (Praxisanleiterinnen, Wundassistentin, Medikationsfachkräfte, Auditor*innen, Mapper, Palliativ-Care-Fachkräfte ...)
■ hohes Niveau der Fort-, Weiter- und Ausbildung (10% Azubis, SPZ-Akademie)
■ nachhaltige, über Jahre angelegte Führungskräfte- und Nachwuchskräfteentwicklung
■ Prozesscharakter (»Dranbleiben«)
■ Bildung von praxis- und bedarfsorientierten Arbeitsgruppen
■ ein aktives und nachhaltiges Gesundheitsmanagement mit den Elementen:
  – Verantwortungsübernahme (Gesundheitsbeauftragte, BEM [Betriebliches Eingliederungsmanagement]-Team, eigene Fachkraft für Arbeitssicherheit)

- Begleitung durch externe Partner (BGW [Berufsgenossenschaft für Gesundheitsdienst und Wohlfahrtspflege], Institut für Arbeitsfähigkeit)
- kontinuierliche Gefährdungsbeurteilungen mit konkreter Auswertung
- Schaffung eines Bewusstseins, dass jeder für sich selbst verantwortlich ist und etwas tun muss (Achtsamkeit)
- Entwicklung und feste Etablierung von physischen und psychischen gesundheitsfördernden und -erhaltenden Maßnahmen bzw. Aktivitäten.

Auch wenn wir im SPZ viel erreicht haben, so wird die Gesamtheit unserer Maßnahmen und Aktivitäten (und die jedes anderen Pflegeunternehmens) nicht ausreichend sein, um den aufgezeigten Widerspruch zwischen den Werten, der Motivation der Pflegemitarbeiter, der Sinnhaftigkeit von Pflege und der tatsächlichen Situation im täglichen Pflegeprozess beseitigen zu können, und dies deshalb, weil die äußeren Rahmenbedingungen und begleitenden Faktoren diesen immer wieder aufs Neue erzeugen.

Grenzen und Barrieren

Woraus resultieren die Belastungen im Pflegeprozess, die von den Mitarbeitern empfundenen und erlebten Einschränkungen? Welche sind die Ursachen dafür, dass die normativen Werte ständig Einschränkungen erfahren und die gewollte Sinnhaftigkeit konterkariert wird? Folgende Grenzen und Barrieren lassen sich benennen:

- Pflege erfolgt im Arbeits- und Minutentakt (die »Tour« in der Pflege entspricht der von Henry Ford im Jahr 1913 eingeführten Fließfertigung – wie soll hier Beziehungsarbeit möglich sein?)
- permanenter Widerspruch zwischen dem gesellschaftlichen Anspruch an Pflege und dem tatsächlich Leistbaren, abgeleitet aus den Vorschriften und Vereinbarungen – dadurch entsteht eine hohe psychische Belastung der Mitarbeiter
- sektorale Segmentierung der Pflege (stationär, ambulant, teilstationär) und unterschiedliche Module in diesen Segmenten
- Pflegebegriff als »Verrichtungs«-Begriff; (Grund- und Behandlungspflege; Entwicklung von Leistungskomplexen mit klarer Zuordnung von Zeiten und Kosten)

- Pflege, Betreuung, Versorgung von pflegebedürftigen Menschen rund um die Uhr an 365 Tagen (Anforderungen des Schichtdienstes, zwingende Absicherung von Mitarbeiterausfall)
- Personalschlüssel von 1995 (mit einer kleinen Korrektur im Jahr 2017. So sind z.b. im Nachtdienst zwei Mitarbeiter*innen für 94 Bewohner*innen tätig.)
- Begleitende Faktoren sind nicht auf die Pflege abgestimmt (das betrifft z.b. Schließzeiten von Kitas, Öffnungszeiten, den öffentlichen Nahverkehr), der »Anstaltscharakter« der Pflegeeinrichtung besteht weiter.
- Möglichkeiten der Selbstpflege der Mitarbeiter*innen sind durch das System eingeschränkt.
- gesundheitliches Engagement der Mitarbeiter*innen außerhalb der Arbeitszeit
- Angebote der Kassen oder anderer engagierter Institutionen, die nicht mit der Spezifik in der Pflege abgestimmt sind.

Lösungsansätze und Ausblick

Gibt es Möglichkeiten, dass die genannten Grenzen und Barrieren überwunden werden und der aufgezeigte Widerspruch zwischen den Werten, der Sinnhaftigkeit, der Motivation der Pflegekräfte und den Belastungen im täglichen Pflegeprozess aufgelöst wird?

Aus der Sicht des Autors bestehen diese. Der neuralgische Punkt wird in einem neuen, erweiterten Pflegebegriff gesehen:

1. Der bestehende Pflegebegriff ist kritisch zu hinterfragen und neu zu bestimmen; hin zur Wertschätzung, Beziehungsarbeit, Zugewandtheit, Begleitung und Lebensnähe. (Damit kann endlich auch der Personalschlüssel auf eine »sinn- und wert-volle« Grundlage gestellt werden.)
2. Die Neujustierung der Finanzierung muss zu einer Begrenzung des Eigenanteils und zu einer Stärkung pflegender Angehöriger führen. Damit würde die psychische Belastung der Betroffenen deutlich sinken.
3. Der Errichtung stationärer Großeinrichtungen muss durch Anreizsysteme für die Entwicklung und Ausdifferenzierung von ambulanten Pflege- und Wohnformen (Kleinteiligkeit, Auflösung stationärer Strukturen usw.) entgegengewirkt werden.

4. Pflege muss kleinteilig im Quartier stattfinden und die kommunalen Gebietskörperschaften sollten ihre Steuerungs- und Planungskompetenz aktiv wahrnehmen.

Seit nunmehr 25 Jahren warten sowohl die in der Pflege tätigen Mitarbeiterinnen und Mitarbeiter als auch die pflegebedürftigen Menschen darauf, dass das System der Pflege in Deutschland an die für die Pflege gültigen Werte und Normen, an die von den Beschäftigten empfundene Berufung für diesen Beruf und an die von der Gesellschaft erwartete Sinnhaftigkeit der Pflege angepasst wird. Solange dies nicht erfolgt, wird die eingangs geschilderte fiktive Situation sich täglich hundertfach in Deutschland so oder ähnlich wiederholen.

Literatur

Bundesanstalt für Arbeitsschutz und Arbeitsmedizin (BAuA) (Hrsg.) (2007): Für eine neue Qualität der Arbeit in der Pflege – Leitgedanken einer Gesunden Pflege – Memorandum. Dortmund.
Bundesanstalt für Arbeitsschutz und Arbeitsmedizin (BAuA) (Hrsg.) (2010): Zeitdruck in der Pflege reduzieren. 2. Aufl., Berlin.
Bundesministerium für Familie, Senioren, Frauen und Jugend und Bundesministerium für Gesundheit (Hrsg.) (2018): Charta der Rechte hilfe- und pflegebedürftiger Menschen. Berlin; online: www.bmfsfj.de/blob/93450/534bd1b2e04282ca14bb725d684bdf20/charta-der-rechte-hilfe-und-pflegebeduerftiger-menschen-data.pdf.
Initiative Neue Qualität der Arbeit (INQA) (2017): Kein Stress mit dem Stress – Lösungen und Tipps für stationäre und ambulante Pflegeeinrichtungen. Berlin: Bundesanstalt für Arbeitsschutz und Arbeitsmedizin (BAuA).
Institut für Public Health und Pflegeforschung (2010): Einstellungen von Schülern zur möglichen Ergreifung eines Pflegeberufes. Bremen: Universität Bremen.
International Council of Nurses (ICN) (2012): ICN-Ethikkodex für Pflegende. Berlin: Deutscher Berufsverband für Pflegeberufe (DBfK); online (Berlin, Juli 2014): www.wege-zur-pflege.de/fileadmin/daten/Pflege_Charta/Schulungsmaterial/Modul_5/Weiterfu%CC%88hrende_Materialien/M5-ICN-Ethikkodex-DBfK.pdf
Leuphana (2012): Gute Führung entscheidet. Forschungsbericht zur organisationalen Gesundheit in der Pflegebranche. Lüneburg: Universität Lüneburg.
meinestadt.de (Hrsg.) (2018): Attraktive Jobs Studie: Was Fachkräfte sich von Arbeitgebern wünschen; [online] www.hcm-magazin.de/files/smfiledata/2/1/7/0/6/4/7/Whitepaper-Attraktive-Jobs.pdf. [20.02.2020].
Scharfenberg, Elisabeth (2016): Was beschäftigt Pflegekräfte? Berlin.

Renate Czeskleba
Warum und wie kann Arbeit sinnhaft werden?
Best-Practice-Beispiele aus unterschiedlichen Branchen in Österreich

Die drei Dimensionen zur Sinnhaftigkeit der Arbeit von Joachim Bauer[1] (siehe die Abbildung auf der folgenden Seite) stellen eine gute Basis für die im Folgenden anhand von Befragungen dargestellten Best-Practice-Beispiele aus vier verschiedenen Unternehmen dar. Bauer stellt dabei zudem die Dimensionen Resonanzerfahrung und Entfremdung gegenüber: Arbeit kann glücklich, aber auch krankmachen.

Zur *ersten Dimension* schreibt er: »Indem wir arbeiten, begegnen wir der Welt. Zum einen der äußeren Welt, die einst eine noch unberührte Natur war, deren Angesicht sich im Verlauf von zwölftausend Jahren menschlicher Zivilisation erheblich verändert hat.«[2] Wenn ich Menschen in Unternehmen dabei begleite, diese erste Dimension zu konkretisieren, kommen als Antworten oft folgende Themen: Ich arbeite, daher habe ich eine Wohnung, daher wohne ich in einer attraktiven Stadt oder in einem netten Dorf in der Nähe meines Arbeitsplatzes; ich arbeite, daher kann ich meine Familie ernähren; ich bin versichert und meine Gesundheit hat gute Chancen, lange anzuhalten; oder einfach auch nur: Nun, ich bin auf der Welt.

Die *zweite Dimension* definiert Bauer als »eine zweite Art von Weltbegegnung ... mit uns selbst. Hier erleben wir – in einer spezifischen, durch die Arbeit bedingten Weise, unseren Körper, unsere Sinne, unsere Potenziale, aber auch unsere Grenzen. Auch die selbsterhaltenden, unsere Bedürfnisse befriedigenden Effekte des Arbeitens sind Teil dieser Selbstbegegnung, ebenso der Beitrag, den die durch Arbeit erworbenen Erfahrungen und Kompetenzen zu unserer personalen Identität

---

[1] Bauer, Joachim (2015): Arbeit. Warum sie uns glücklich oder krank macht. 3. Aufl., München: Wilhelm Heyne Verlag.
[2] Ebd., S. 14

Abbildung 1: Dimensionen zur Sinnhaftigkeit der Arbeit

Quelle: Bauer 2015

leisten.«[3] Wenn die zweite Dimension der Arbeit in Unternehmen zum Thema gemacht wird, kann man zum Beispiel Folgendes hören: Natürlich brauchen wir unsere Arbeit; ja, die Gesundheit ist halt auch wichtig – zum Beispiel, wenn ich am Bau arbeite –, bis 60 kann das keiner; ich arbeite schon gern, weil ich meinen Lieblingsberuf ausüben kann; ich kann halt an diesem Arbeitsplatz mal zeigen, was ich gelernt habe; ich bin – seit ich hier arbeite – schon ziemlich gut geworden; in der Pflege verdien' ich ja nicht so viel, aber mit den Kranken zu arbeiten, macht mich schon stolz; für mich ist die Firma ein bisschen wie eine zweite Familie; wir haben dieses Jahr ein super Ergebnis geschafft; ich möch-

---

[3] Ebd., S. 15

te nicht das Unternehmen wechseln, ich glaube, es ist wichtig, dass wir das … produzieren.

Zur *dritten Dimension* erläutert Bauer: »Schließlich bedeutet die Arbeit aber immer auch eine Begegnung mit anderen, mit unserem sozialen Umfeld. Dies gilt nicht nur dann, wenn wir unmittelbar gemeinschaftlich tätig sind. Auch wer allein arbeitet, ist mit dem, was er oder sie tut, immer mittelbar oder unmittelbar auf andere bezogen.« Dabei, so Bauer, gehe es um soziale Zugehörigkeit, soziale Hierarchien und die Konkurrenz. »Zu dieser dritten Art der Weltbegegnung gehört, … dass wir uns nur gemeinsam mit anderen reproduzieren können.«[4] Arbeit gibt immer auch Struktur, einen Rahmen, in dem man Menschen begegnet. Oft wird das erst bewusst, wenn man aus diesem »Rahmen«, z.b. durch die Pensionierung (Rente) oder Kündigung und Arbeitslosigkeit, herausfällt. Bauer sagt: »Das Potenzial der dritten, sozialen Dimension zeigt sich dort, wo wir durch die Arbeit Anerkennung, Zugehörigkeit und soziale Teilhabe erleben.«[5]

Zu diesem Thema fallen allen Arbeitenden schnell viele positive und negative Rahmenbedingungen zu Begegnungen am Arbeitsplatz ein. Zum Beispiel Pausengestaltung, Pausenräume, Zeit für Pausen, um sich zu erholen und zu unterhalten; oder: Dienstplangestaltung, die rechtzeitig kommuniziert wird und Tag- und Nachtarbeit sowie freie Tage so einteilt, dass Mitarbeitende auch privat vorausschauend planen können; Teams, die so zusammengesetzt sind, dass sowohl Persönlichkeiten als auch Kompetenzen zu einem gemeinsamen Lernen und produktiven Arbeitserfolg beitragen; Möglichkeiten der Weiterentwicklung – nicht nur durch vertikale, sondern auch horizontale Veränderungen (hierarchische und fachliche Verbesserungen); Rückmeldungen zur Qualität der Arbeit durch direkte Vorgesetzte; Möglichkeiten, sich gegenseitig wahrzunehmen und gemeinsame Arbeitsziele zu reflektieren; gesundheitserhaltende und gesundheitsförderliche Arbeitsgestaltung – körperliche, aber auch psychische Bedürfnisse berücksichtigend. Negative Rahmenbedingungen sind z.B. Arbeitssituationen, in denen Begegnungen zu sehr eingeschränkt werden – etwa, weil fast alle oder alle Arbeitsplätze disloziert sind, also räumlich auseinanderliegen, oder weil Führungskräfte keinen Sensor für die Notwendigkeit der Zusammenarbeit für mehr Produktivität haben, oder weil die Arbeits-

---

4 Ebd., S. 15
5 Ebd., S. 16

organisation so gestaltet ist, dass Gespräche oder Zeit für schriftlichen Austausch nicht ausreichend möglich sind.

Vier Fallbeispiele im Gespräch

Ich habe vier Personen mit unterschiedlichen Funktionen aus vier Unternehmen unterschiedlicher Branchen jeweils um ein Interview gebeten. Die Unterschiedlichkeiten der Funktionen sind deshalb von Bedeutung, weil sie jeweils eine andere Perspektive ermöglichen. Eine Führungskraft hat im Vergleich zu einer Arbeitspsychologin, zu einer Behindertenvertrauensperson oder einer Personalvertreterin einen größeren Entscheidungsspielraum. Die Arbeitspsychologin berät und fokussiert auf die Psyche der Mitarbeiterinnen und Mitarbeiter, die Organisation und die Haltungen im Unternehmen. Die Behindertenvertrauensperson legt ihr Auge auf Menschen mit körperlichen und/oder psychischen Einschränkungen und unterstützt besonders diese Personengruppe. Die Personalvertreterin versteht sich als Mitarbeiter- und Mitarbeiterinnenvertretung gegenüber der Leitung und vermittelt zwischen beiden Gruppen. Natürlich spielen auch die Branchen und die Größen von Unternehmen eine Rolle, wenn es um die Förderung von Sinnfindung in der Arbeit geht. In der Gesundheits- und Sozialbranche ist das Helfen ein immanentes Thema, in einem Versicherungsunternehmen die Absicherung von Kunden und Kundinnen. Arbeitspsychologen und Arbeitspsychologinnen setzen in großen Unternehmen nicht nur Einzelmaßnahmen, sondern Programme um, und im öffentlichen Dienst geht es um die Aufrechterhaltung der Versorgung einer Stadt, einer Gemeinde bzw. eines Landes.

Ich habe die interviewten Personen im Vorfeld unserer Gespräche auf die Dimensionen von Joachim Bauer zu dem Thema »Sinnfindung in der Arbeit« aufmerksam gemacht und diese als Basis für die Interviews angekündigt. Die Interviewpartnerinnen kommen alle aus Unternehmen, die ich über mehrere Jahre zum Thema »Arbeitsfähigkeit erhalten, wiederherstellen und fördern« begleiten durfte. Ich konnte dabei längerfristig beobachten, dass die Unterschiedlichkeit der Funktionen dazu beiträgt, unterschiedliche Sichtweisen zum Thema »Sinnhaftigkeit der Arbeit« zu entwickeln. Die Interviewpartnerinnen sind: Eine *Führungskraft* aus dem Universitätsklinikum AKH (Allgemeines Krankenhaus) Wien, eine *Personalvertreterin* und gleichzeitig Leitungskraft in

einem öffentlichen Magistrat (Behörde) der Stadt Wien, eine *Behindertenvertrauensperson* (Schwerstbehindertenbeauftragte) eines großen
Versicherungsunternehmens und eine *Arbeitspsychologin,* die in meh-
reren Unternehmen Betriebliche Gesundheitsförderung aufgebaut hat.

1. Unerlässliche Tätigkeiten im Krankenhausbetrieb

Gerhild Katz, MSc (Master of Science), ist Leiterin der Betriebsabteilung des Universitätsklinikums AKH Wien. Die Abteilung ist Teil des
Infrastrukturellen Facility Managements der Technischen Direktion. In
der Betriebsabteilung tragen über 1.000 Mitarbeiterinnen und Mitarbeiter aus den Bereichen Patienten- und Patientinnentransport, Service-
dienst und Reinigung dazu bei, mit Supportleistungen den Betrieb des
Universitätsklinikums zu unterstützen.

Renate Czeskleba: *Was bedeutet Deinen Mitarbeitenden ihre Arbeit?*
Gerhild Katz: Es bedeutet für sie einerseits ihre Existenz und ihren
Lebensunterhalt zu sichern. Durch die Arbeit kann auch auf eine Struktur und auf Regelmäßigkeit zurückgegriffen werden. Einen wichtigen
Aspekt stellt sicher auch das Gefühl des Gebrauchtwerdens dar. Die
Tätigkeiten unserer Mitarbeiterinnen und Mitarbeiter sind unerlässlich
für den Krankenhausbetrieb. Besonders in der Zeit der Pandemie hat
der Stolz unserer Mitarbeitenden auf ihren Beitrag zur Versorgung unserer Patientinnen und Patienten zugenommen. Viele Mitarbeiterinnen
und Mitarbeiter sind über sich hinausgewachsen. Ich habe auch den
Eindruck, dass die Bedeutung und »Sichtbarkeit« der Berufsgruppen
und deren Leistungen verstärkt wahrgenommen und geschätzt werden.
    Im Zuge von Gesprächen ist immer wieder deutlich geworden, wie
bedeutend die in der Arbeit stattfindenden sozialen Beziehungen zu Kolleginnen und Kollegen sowie Vorgesetzten sind. Dies hat sich auch im
Ergebnis einer Zufriedenheitsbefragung im Reinigungsdienst gezeigt,
in welchem wir speziell das Sozialkapital[6] unserer Mitarbeiterinnen und
Mitarbeiter beleuchtet haben. Dabei hat sich gezeigt, dass die Verbundenheit und der Zusammenhalt mit Kolleginnen und Kollegen sowie mit
Vorgesetzten eine bedeutende Rolle spielt und höchste Werte erhalten hat. Sehr viele Arbeitskolleginnen und -kollegen sowie Vorgesetz-

---

[6] www.sozial-kapital.at/wie-gemessen-wird.html; abgerufen am 30.7.2020

te finden sich – im Zusammenhang mit Sozialkapital-Messung – in der Mikro-Ebene wieder. Der Mikro-Ebene werden sonst im Rahmen von Befragungen zum Sozialkapital fast immer nur die vertrautesten Personen in Familie und engem Freundes- und Freundinnenkreis zugeordnet. Dass Arbeitskolleginnen und -kollegen auch der Mesoebene zugeordnet werden, ist üblicher, da zur Meso-Ebene Menschen gehören, die bei Bedarfsfall Unterstützung gewähren, hilfreiche Beziehungen ermöglichen, sie müssen dabei nicht zur Gruppe der vertrautesten Personen zählen. Das heißt, dass Begegnungen, Vertrauen und enge Freundschaften am Arbeitsplatz, hier bin ich bei Joachim Bauers dritter Dimension, die Mitarbeitenden unterstützen und hoch motivieren. Zudem räumen die Mitarbeiterinnen und Mitarbeiter der Arbeit und dem Beruf einen ungewöhnlich hohen Stellenwert ein.

Was ich in den letzten Jahren gelernt habe, ist, wie wichtig die sogenannten vermeintlichen Kleinigkeiten oder grundlegende Basisregeln im Umgang miteinander sind. Das fängt bei einem ernst gemeinten und nicht oberflächlich geführten Gespräch an, beim gelungenen Aussprechen von Lob über eine gute Leistung, bei der Äußerung von nicht kränkender Kritik, bei einem freundlichen Gruß, bei Anteilnahme oder individueller Rücksichtnahme in einer schwierigen Situation. Vertrauen kann so gefördert werden.

Wichtig erscheint mir auch, dem Sinn für Humor und Freude am Arbeitsplatz Raum zu geben und ihn zuzulassen. Unsere Befragung zum Sozialkapital hat bestätigt, dass dies gewünscht ist und Begegnungen positiv gestaltet. Es zeigte sich, dass die Mitarbeitenden fröhlicher und glücklicher sind, wenn die Kommunikation auch Spaß und Humor mit Vorgesetzten und Kolleginnen und Kollegen erlaubt.

Von Feedback bis Fortbildung: Maßnahmen mit Führungskräften und Mitarbeitenden

Was für Maßnahmen setzt Du konkret mit Deinen Führungskräften und in der Folge mit Euren Mitarbeitenden um, damit die Sinnhaftigkeit der Arbeit spürbar gemacht und erhalten wird?
Es ist für mich sehr wichtig, sowohl den Führungskräften als auch allen Basismitarbeiterinnen und -mitarbeitern zu vermitteln, wie wichtig und unerlässlich die Tätigkeit für den Krankenhausbetrieb und die Versorgung unserer Patientinnen und Patienten ist. Sehr wesentlich sind auch die Rückkoppelung und Besprechung von Lob, die wir z.B.

von Patientinnen und Patienten erhalten. Das kann sich beispielsweise auf die Freundlichkeit einer Serviceassistentin, die Einfühlsamkeit eines Mitarbeiters des Patienten- und Patientinnen-Transportdienstes beim Transport zum OP sein oder auf die Höflichkeit und Genauigkeit einer Reinigungsmitarbeiterin beziehen. Das verstärkt das Gefühl des »Gebrauchtwerdens«, was einen Aspekt der Sinnhaftigkeit der Arbeit widerspiegelt.

Aus meiner Sicht ist die Wertschätzung sowie die Anerkennung der Bedeutung der Erbringung dieser unerlässlichen Hilfs- und Servicetätigkeiten einer der wichtigsten Aspekte, genauso wie die Begegnung auf Augenhöhe unabhängig von beruflichen Hierarchien.

Wir nutzen gerne auch die hausinterne Möglichkeit, die Leistungen unserer Mitarbeiterinnen und Mitarbeiter oder auch die Tätigkeitsbilder im Haus bekannt zu machen, wie etwa durch informative Beiträge im Intranet. Unsere Mitarbeitenden freuen sich auch, wenn sie bei hausweiten Projekten mitwirken können, wie etwa bei der Gestaltung eines Imagevideos oder bei einem Video, das zeigt, wie interdisziplinäre Zusammenarbeit in Zeiten der Corona-Krise gelungen ist. Gleichzeitig bemühen wir uns auch um laufende Weiterentwicklung der Fähigkeiten und Fertigkeiten durch fachspezifische und persönlichkeitsbildende Seminare und Schulungen. Wichtig ist, dass die Führungskräfte in unserem Bereich besonders geschult werden, und dass sie sich ständig austauschen und weiterentwickeln. Auf dieser Basis setzen wir laufend Projekte um, um die Mitarbeitenden zu unterstützen und sie nicht nur fachlich, sondern auch emotional an Bord zu haben.

Die eigenen Führungskräfte erfolgreich zu stärken, geht nicht nur mit Wissensweitergabe, sondern auch mit dem Ermöglichen von Spielräumen und der Freiheit, Maßnahmen im eigenen Bereich selbständig umsetzen zu können. Die Arbeit von Führungskräften und deren Stärkung im Umgang mit Mitarbeiterinnen und Mitarbeitern ist sehr bedeutend. Kränkungen, Nicht-gehört-Werden oder Nicht-gefragt-Werden wirken sich negativ auf die Arbeitsfähigkeit und das Wohlbefinden am Arbeitsplatz aus.

Die Arbeit der Führungskräfte ist sehr herausfordernd und erfordert eine gute Unterstützung und Stärkung. Es werden regelmäßig entsprechende Seminare und Workshops veranstaltet, beispielsweise zum »Gesunden Führen« oder zu selbstbewusster und wertschätzender Kommunikation. Partizipation und das Einbringen eigener Ideen sind hier ebenso wie bei den Basismitarbeiterinnen und Basismitarbeitern ein wichtiger Punkt. Weiters können Führungskräfte bei Bedarf spezielle Führungskräfte-Coachings in Anspruch nehmen.

Die Maßnahmen für Mitarbeiter und Mitarbeiterinnen sind vielfältig. Besonderer Wert wird auf das Einholen von Feedback gelegt, beispielsweise im Rahmen von Orientierungsgesprächen mit den Vorgesetzten, im Rahmen von Mitarbeiter- und Mitarbeiterinnenbefragungen oder durch Teilnahme an internen Workshops (z.b. über Risikomanagement, alternsgerechtes Arbeiten …). Was die Auswahl von Arbeitsmitteln sowie persönlicher Schutzausrüstung (z.b. Sicherheitsschuhen) anbelangt, erfolgt eine Einbindung der Mitarbeiterinnen und Mitarbeiter in den Beurteilungsprozess.

Das Feedback erhalten wir auch aus standardisierten »Feedbackgesprächen« einige Wochen nach dem Eintritt von neuen Mitarbeiterinnen und Mitarbeitern, als auch bei »Austrittsgesprächen«, wenn Mitarbeitende in Pension gehen oder sich beruflich neu orientieren wollen. In den Austrittsgesprächen mit der Abteilungsleitung wird über das Erlebte während der Arbeit in der Abteilung gesprochen (schönstes Erlebnis, schönste Erinnerung, Verbesserungsvorschläge für die Zukunft …).

Unsere Mitarbeitenden haben sehr oft einen Migrationshintergrund. Sie leisten herausfordernde körperliche Arbeit und sind auf den Krankenhausstationen oder beim Transportdienst laufend mit Patientinnen und Patienten zusammen, die Einfühlsamkeit und Fingerspitzengefühl brauchen. Es braucht neben Maßnahmen zur Erhaltung der Resilienz im Alltag aller Mitarbeitenden auch ergonomische Unterstützung. So werden z.B. Kurse zum rückenschonenden Arbeiten und zum aktiven Hautschutz durchgeführt.

Wir arbeiten eng mit der Arbeitsmedizin des Krankenhauses zusammen. Es gibt Anlaufstellen für Mitarbeitende, die durch Erkrankungen besonders belastet sind, Arbeitsunfähigkeit vermeiden wollen und Unterstützung annehmen möchten. Wir wenden aktiv die »Initiative Arbeitsfähigkeit« des Wiener Gesundheitsverbundes an. So werden etwa strukturierte Gespräche mit Mitarbeitenden durchgeführt, die krankheitsbedingt ausgefallen sind. Bei schwereren Erkrankungen können auch gemeinsam mit der Arbeitsmedizin und Personalabteilung vorübergehende Diensterleichterung und Maßnahmen zur Gesundung ermöglicht werden, sodass Wiedereinstiege nach längerer Krankheit gelingen können. Für Mitarbeitende mit Behinderung arbeiten wir mit einer Organisation zusammen, die diesbezüglich Unterstützungsleistungen anbietet.

Was konkret setzt Du im heurigen Jahr um?

Der Fokus liegt in der verstärkten Miteinbeziehung der Mitarbeiterinnen und Mitarbeiter (Partizipation) bei der Gestaltung eines gesundheitsförderlichen und alternsgerechten Arbeitsumfeldes, in der Unterstützung und Sensibilisierung von Führungskräften sowie in der Förderung des Ausbaues der Qualität von sozialen Beziehungen am Arbeitsplatz (z.b. durch Erweiterung von adäquaten Kommunikationskanälen in der Abteilung).

So gibt es bei uns in diesem Jahr Veranstaltungen für Führungskräfte und Mitarbeiterinnen und Mitarbeiter zum Thema Generationenmanagement: Es finden also Workshops in allen Hierarchieebenen statt. Ebenso gibt es eine laufende Vortragsreihe für Basis-Mitarbeitende und Führungskräfte (z.b. zu den Themen Regeneration und Arbeitsfähigkeit, Ergonomie, Nachtarbeit, generationengerechtes alternssensibles Führen), die zu einem förderlichen Umgang zwischen Alt und Jung beitragen. Konkret geht es dabei auch um Berücksichtigung von Stärken und Bedürfnissen unterschiedlicher Altersgruppen und Förderung in den verschiedenen Lebensphasen. Weiters haben wir ein fortgeschrittenes Projekt zur Verknüpfung von Risikomanagement mit Aspekten zu alternsgerechtem Arbeiten und Arbeitssicherheit, welches wir weiterführen werden.

Wir haben schon vor einigen Jahren eine speziell geschulte und qualifizierte Gesundheits-Multiplikatorin eingesetzt, deren Aktivitäten wir im heurigen Jahr erweitern möchten. Sie begleitet Kolleginnen und Kollegen bei Gesundheitsfragen, sammelt Gesundheitsinformationen und gibt diese weiter. Sie führt vertrauensvolle Gespräche und vermittelt – z.b. zu Beratungsstellen, Anlaufstellen im Haus –, nimmt Seminarwünsche auf und unterstützt die Abteilung bei der Organisation von Gesundheitsförderungsangeboten. Gedanken der Gesundheitsförderung werden von der Gesundheits-Multiplikatorin dadurch auch niederschwellig an ihre Kolleginnen und Kollegen vermittelt. Es ist ein ergänzender Beitrag, um gesunde Arbeitsplätze zu schaffen sowie die Gesundheitskompetenz der Mitarbeiter*innen zu stärken.

Ich freue mich auch besonders auf zwei durch den Wiener Gesundheitsverbund ermöglichte Projekte, die von den Organisationen MEN und FEM begleitet werden. Bei dem Projekt mit MEN geht es um Betriebliche Gesundheitsförderung von männlichen Mitarbeitern (z.B. Mitarbeitern des Patient*innen-Transportdienstes, Reinigung und verwandten Berufsgruppen), bei FEM geht es um Betriebliche Gesundheitsförderung aller weiblichen Mitarbeiterinnen (z.B. Hausarbeiterinnen aus dem Reinigungsdienst, Serviceassistentinnen). In beiden Projekten geht es darum, die Resilienz der Mitarbeiterinnen und Mitarbeiter zu stärken, und um gender- und kultursensible Herangehensweisen. Neben einer Mitarbeiter- und Mitarbeiterinnenbefragung werden für Männer und für Frauen mehrsprachige Gesundheitszirkel durchgeführt, die in konkrete Angeboten münden (von individueller Gesundheitsförderung wie etwa Ernährung oder Bewegung bis zum Teambuilding oder zum »Gesunden Führen« ist vieles möglich), sowie Lösungsansätze entwickelt und umgesetzt. Eine Steuerungsgruppe entwickelt auf Basis der Rückmeldungen der Mitarbeiterinnen und Mitarbeiter z.B. Vorschläge für strukturelle Veränderungen im Arbeitsprozess, zur Sensibilisierung von Führungskräften, zu weiteren Möglichkeiten für Partizipation von Mitarbeitenden. Zur Stärkung und Unterstützung der Führungskräfte wird es ebenso ein spezielles Projekt geben.

Ergänzend werden weitere Themen und Projekte fortgeführt bzw. gestartet:

Zum Beispiel »Treffpunkt Reinigung« – eine monatliche einstündige Veranstaltung, bei der es um persönliche Kommunikations- und Informationsmöglichkeiten zwischen den Führungskräften und ihren Mitarbeitenden in angenehmer Atmosphäre geht. Das war die Idee einer Führungskraft des Reinigungsdienstes zur Stärkung des Zusammenhaltes und der Vertrauensbildung. Jeder Mitarbeiter, jede Mitarbeiterin kann dieses Angebot nützen. Im Zuge der Veranstaltungen werden auch Informationen vermittelt oder Erhebungen durchgeführt. Der Zulauf ist groß, Führungskräfte und Mitarbeitende bringen selbst gebackene Kuchen mit.

Ein weiteres Angebot sind diverse Gesprächsformate, wie z.B. monatliche Informationstage, an denen zwischen 9 und 12 Uhr alle Mitarbeitenden nach Terminvereinbarung mit dem Fachbereichsleiter des Reinigungsdienstes in Einzelgesprächen Anliegen vorbringen und Fragen stellen können. Auch dieses Angebot wird sehr gut genutzt. Es gibt regelmäßige Mitarbeiter*innen-Orientierungsgespräche (Vier-Augen-Prinzip) und Teamorientierungs-Gespräche finden in regelmäßigen Abständen statt. Zudem ist vorgesehen, vierteljährlich einen abteilungsinternen »Newsletter« für Reinigungsmitarbeiterinnen und -mitarbeiter zu gestalten. Darin werden Veranstaltungen angekündigt, wichtige fachliche Handlungsanweisungen (z.B. Hygienevorgaben, Arbeitssicherheitsaspekte) in Erinnerung gerufen oder über umgesetzte Maß-

nahmen aus Workshops informiert. Die Herausgabe des ersten News-
letters ist für das 3. Quartal 2020 geplant.

Was hilft Dir dabei, all das zu unterstützen und in Gang zu setzen?
   Mein loyales, kompetentes und engagiertes Führungskräfte-Team,
ohne dessen tatkräftige Unterstützung, Ideeneinbringung und Begeis-
terungsfähigkeit eine Umsetzung der Projekte und Maßnahmen nicht
möglich wäre. Auch bestärkende und positive Rückmeldungen von Mitarbeiterinnen und Mitarbeitern zu Projekten und Maßnahmen, sowie
deren Willen, sich aktiv in die Gestaltung von Arbeitsprozessen und
Betriebskultur einbringen, motivieren uns, diesen Weg weiterzugehen.
Die aktuell sehr herausfordernden Zeiten haben uns auch gezeigt, wie
wichtig das Zusammenspiel eines Teams und die gegenseitige Stärkung ist.
   Im Universitätsklinikum AKH Wien haben Personalentwicklung, Chan-
cengerechtigkeit, Diversität, interdisziplinäre Zusammenarbeit und
betriebliche Gesundheitsförderung eine sehr hohe Bedeutung. Dadurch
erhalten wir auch die Unterstützung für die Umsetzung der beschriebenen Projekte und Maßnahmen.

2. Wirtschaftlichkeit und Wohlbefinden zusammenbringen – arbeitspsychologische Perspektiven

Mag.a Mareike Schäfer ist Arbeitspsychologin in einem großen Wiener
Unternehmen mit ca. 2.500 Mitarbeiterinnen und Mitarbeitern und hat
jahrelange Erfahrung in verschiedenen Unternehmen im Bereich der
Betrieblichen Gesundheitsförderung gesammelt.

Renate Czeskleba: *Was braucht es aus deiner Sicht für Mitarbeiterinnen
und Mitarbeiter, um sich in der Arbeit wohlzufühlen und einen Sinn in
ihrer Arbeit zu sehen?*
Mareike Schäfer: In meiner beruflichen Laufbahn habe ich selbst in einigen Firmen viele Befragungen – in Gruppen oder auch in Einzelgesprächen – durchgeführt. Auf meine Frage, warum sie gerne in ihrem
Unternehmen arbeiten und welche Tätigkeiten sie schätzen, bekam ich
immer konkrete Rückmeldungen. Da kamen Antworten wie: Das Unternehmen ist ein verlässlicher Arbeitgeber; die Gestaltung der Arbeitszeit
wird als positiv erlebt; es gibt gute Sozialleistungen und Unterstützung

für Mitarbeiterinnen und Mitarbeiter; die Führung ist fair; das Unternehmen bietet einen sicheren Arbeitsplatz.

Ich bin bis heute in allen Betriebseinheiten des Unternehmens Ansprechperson zum Thema Evaluierung psychischer Belastungen. Dabei lege ich den Fokus immer darauf, dass Arbeitsbedingungen so gestaltet werden, dass gesundheitsgefährdende Belastungen reduziert werden. Meine Erfahrung ist, dass Verbesserungsvorschläge seitens der Mitarbeiterinnen und Mitarbeiter mit den Vorschlägen übereinstimmen, die auch aus arbeitspsychologischer Sicht empfohlen werden.

Mitarbeitende wollen Sicherheit und einen Rahmen, gleichzeitig aber auch einen für sie passenden Handlungsspielraum bei ihrer Arbeit. Sie wollen in Entscheidungen miteingebunden werden, sie brauchen Führungskräfte, die wertschätzend hinter ihnen stehen, und sie wollen sich in ihrem Team wohlfühlen. Einen besonderen Wert hat auch das Zusammenspiel von Arbeit und Privatem: Mitarbeitende melden mir immer wieder zurück, dass sie ihre individuelle Work-Life-Balance brauchen und realisieren wollen. Auf die Frage, warum sie in ihrem Unternehmen gerne arbeiten, antworten viele, dass sie froh sind, überhaupt eine Arbeit zu haben und Geld zu verdienen, um so ihren Lebensunterhalt gut gestalten zu können. Ich finde, dass solche Wahrnehmungen ganz gut zur ersten Dimension von Joachim Bauer passen. Es kommen aber auch Antworten wie zum Beispiel, dass ihre Arbeit einen Beitrag für die Bevölkerung leistet und somit absolut sinnvoll ist. In Produktionsbetrieben kann es für Mitarbeitende »das Größte« sein, wenn sie am Ende des Tages ein Produkt geschaffen haben, von dem sie wissen, dass es gebraucht und gern gekauft wird. Die Antworten auf die Frage, welchen Sinn die Arbeit für Mitarbeitende macht, sind immer individuell. Aus arbeitspsychologischer Sicht ermutige ich Führungskräfte dazu, ihre Mitarbeitenden dabei zu unterstützen, immer wieder den Sinn ihrer Arbeit zu reflektieren. Gut gelingt dies besonders, wenn Führungskräfte ihren Mitarbeitenden regelmäßig konstruktive Rückmeldung zur Qualität ihrer Arbeit geben.

Inwieweit beeinflussen Krisen – wie z.B. die Corona-Krise – die Frage nach dem Sinn in der Arbeit?
Ich habe den Eindruck, dass viele Mitarbeiterinnen und Mitarbeiter in dieser Zeit besonders stolz sind, ein Teil ihres Unternehmens zu sein. Vor allem bei Unternehmen der kritischen Infrastruktur ist es ja besonders wichtig, dass die Arbeit gut und sicher weiterläuft. Und man kann

auch sehen, wie stark gewisse Berufe hervorgehoben werden, die vorher vielleicht sogar belächelt oder gar nicht als wirklich wichtig wahrgenommen wurden.

Was für Maßnahmen tragen noch dazu bei, dass die Arbeit von Mitarbeitenden für sich selbst gesundheitsfördernd und fachlich interessant erlebt wird?

Ich glaube, es ist sehr wichtig, dass ein Unternehmen einen Rahmen schafft, der es ermöglicht, dass neben der Wirtschaftlichkeit des Unternehmens auch das Wohlbefinden der Mitarbeitenden einen besonderen Stellenwert bekommt. Denn aus meiner Sicht kann das eine ohne das andere langfristig nicht existieren.

Zu Betrieblicher Gesundheitsförderung und Wohlbefinden zählen dann konkrete Maßnahmen zur Vereinbarkeit von Beruf und Familie – z.b. durch Arbeitszeitflexibilität, eine gute Urlaubs- und Pausengestaltung, Fort- und Weiterbildungsmöglichkeiten sowie generell eine wertschätzende Führungskultur und positiv ausgerichtete Fehlerkultur. Betriebliche Gesundheitsförderung als Unternehmensstrategie funktioniert, wenn sie top down gefördert wird. Und nicht zu vergessen – immer im Fokus sollte die positiv ausgerichtete Fehlerkultur sein, ein Thema, das meiner Meinung nach immer noch vernachlässigt wird.

Betriebliche Gesundheitsförderung verankern

Welche Maßnahmen im Rahmen der Betrieblichen Gesundheitsförderung wirken aus Deiner Sicht besonders?

Ich persönlich setze sehr stark auf große zielgruppenspezifische und strukturell verankerte Programme, die sowohl den Führungskräften, aber auch den Mitarbeitenden jeweils Struktur bzw. Leitfäden mitgeben. Als Beispiele hierfür zählen für mich die Einführung eines Betrieblichen Eingliederungsmanagements (das in Österreich gesetzlich nicht gut verankert ist) sowie auch die Einführung eines Stufenplans innerhalb der Betrieblichen Suchtprävention. Um die beiden Themen offen anzusprechen und aktiv Unterstützung anzubieten, bedarf es Mut und Sensibilität. Denn weil diese Themen sehr sensibel sind, werden sie anfangs oft gescheut. Mithilfe strukturierter und abgestimmter Vorgehensweisen, die transparent sind, nehmen betroffene Mitarbeiterinnen und Mitarbeiter diese Angebote jedoch an. Zentraler Bestandteil von Programmen ist das direkte offene Gespräch: In den Gesprächen zur

Wiedereingliederung nach langem Krankenstand oder zu Suchtverhalten geht es immer darum, dass ich Mitarbeitenden zuhöre und mich in ihre Situation hineindenke. Sobald ein Mitarbeiter, eine Mitarbeiterin erkennt, dass es wirklich um sie und ihre Bedürfnisse geht, kann mit ihr bzw. ihm gemeinsam – mit Einbindung der zuständigen Führungskraft – nach Lösungen gesucht werden. Fast immer holen sich Führungskräfte auch von mir Rat, und ich habe, da ich auch sehr oft die Betroffenen unterstütze, die Rolle einer Verbindungsfunktion. Für Betriebliches Eingliederungsmanagement (BEM) und für Betriebliche Suchtprävention gilt, dass Lösungen Vorteile sowohl für die Betroffenen als auch für das Unternehmen haben müssen. Dass im BEM und in der Betrieblichen Suchtprävention die Zusammenarbeit mit Arbeitsmedizin und Arbeitspsychologie sowie auch mit der Personalabteilung genutzt wird, ist ein Erfolgsfaktor. Ein gewisser Handlungsspielraum macht Lösungen leichter, weil flexibler gedacht und gehandelt wird. Ich persönlich würde als Arbeitspsychologin jedes Unternehmen dazu motivieren wollen, Programme dieser Art umzusetzen. Natürlich gibt es auch einzelne Maßnahmen wie Schutzimpfungen, Veranstaltungen oder Workshops zu unterschiedlichen Gesundheitsthemen (zum Beispiel zu Ergonomie, Ernährung, Stressprävention), die für Mitarbeitende wertvoll sind. Wichtig ist jedenfalls die Umsetzung. Strukturiertes Vorgehen, wie beim BEM und Betrieblicher Suchtprävention, hilft jedoch nachhaltig, weil es nicht um Einzelmaßnahmen, sondern um Haltungen und Veränderungen bei Person und Arbeitsplatz/Unternehmen bedeutet.

Wo siehst du die größte Herausforderung, die Betriebliche Gesundheitsförderung zum gewollten Programm zu machen?
Dafür braucht es wichtige Entscheidungsträger. Sie müssen davon überzeugt werden, dass Betriebliche Gesundheitsförderung weit mehr als nur der Obstkorb im Aufenthaltsraum ist. Der Geschäftsführung muss klar sein, dass es um eine moderne Unternehmensstrategie geht, die Zeit, Struktur und auch ein Budget braucht, und deren Programme dazu beitragen, effektiv die Gesundheit von Mitarbeitenden zu erhalten, zu fördern und unter Umständen wiederherzustellen. Die Einsicht, dass sich die Programme und Maßnahmen langfristig sehr positiv auf die Wirtschaftlichkeit des Unternehmens auswirken, braucht Überzeugung und positive Erfahrungen. Wirtschaftlichkeit und Produktivität in der Arbeit generieren sich aus positiver Motivation und Identifikation der Mitarbeitenden mit dem Unternehmen. Hier finde ich mich in der

zweiten Dimension von Joachim Bauer wieder, der die Identifizierung mit der Arbeit und das Wahrnehmen der eigenen Kompetenzen als eine der Voraussetzungen für glückliche Arbeit sieht.

Wie wirst Du als Arbeitspsychologin im Rahmen der Betrieblichen Gesundheitsförderung wahrgenommen?
Meine Arbeit wird – wenn Betriebliche Gesundheitsförderung wie von mir angeleitet, strukturiert und nachhaltig umgesetzt wird – von Mitarbeitenden und von Führungskräften nach einer gewissen Zeit als sehr positive Intervention wahrgenommen. Ich habe hier die Rolle des nachhaltigen Einforderns von transparenten und erfolgreichen Vorgehensweisen. Ich helfe dabei, sichtbar zu machen, welche Maßnahmen und Haltungen zu nachhaltiger Gesundheit beitragen können. Führungskräfte und Mitarbeitende nehmen mich anfangs als Helferin in Stress-Situationen und bei psychischen Belastungen wahr. Dann merken sie mit der Zeit, dass es um mehr als um ein Gespräch oder einen Ratschlag geht, nämlich um grundsätzliche Veränderungen.
Ich mache in jedem Unternehmen von Beginn an meine Rolle klar, schon deshalb, damit auch keine falschen Erwartungen entstehen. Dass ich als Arbeitspsychologin psychische Belastungen evaluiere, dass ich zu menschengerechten sinnstiftenden Arbeitsbedingungen etwas zu sagen habe und Auskunft darüber geben kann, wie Kommunikation konstruktiv gestaltet werden kann, wird relativ bald verstanden. Ich helfe Mitarbeitenden dabei zu erkennen, was sie brauchen, um sich in ihrer Arbeit entfalten zu können. Und natürlich bin ich immer noch die klassische Klinische und Gesundheitspsychologin. Last but not least kann ich sagen, dass auch meine Arbeit in Unternehmen für mich sehr sinnstiftend ist.

3. Wertschätzung fördern – Aufgaben einer Behindertenvertrauensperson

Susanne Kogler ist Behindertenvertrauensperson für rund 4.000 Mitarbeitende des Versicherungsunternehmens Generali in Österreich. Die Generali hat viele Standorte. Die Tätigkeiten sind breit gefächert und umfassen Außendienste, Innendienste, Schadensbesichtigung, Immobilienverwaltung, Vermögensverwaltung und sogar Betriebsküchen.

Renate Czeskleba: *Du bist Behindertenvertrauensperson und leitest auch das Team von zwölf weiteren Behindertenvertrauenspersonen Deines Unternehmens. Ich würde gerne wissen, wie Du aus dieser Position heraus das Thema Sinnhaftigkeit der Arbeit wahrnimmst.*

Susanne Kogler: Die Arbeit der Behindertenvertrauensperson ist vergleichbar mit den Schwerstbehindertenbeauftragten in Deutschland. Ich bin auch Betriebsrätin für einen Bereich der Generali. Ich bin ausgebildete IT-Expertin und habe vor einigen Jahren eine Ausbildung zur Lebens- und Sozialberaterin abgeschlossen.

Die Generali-Versicherung ist ein großes Unternehmen und in viele Gesellschaften unterteilt. Das macht schon was mit Mitarbeitenden, die unterschiedliche Aufgaben und auch unterschiedliche Rahmenbedingungen haben. Eine gefühlte Gerechtigkeit und Gleichbehandlung decken sich dabei nicht unbedingt. Mit dieser Aussage bin ich bereits in Joachim Bauers 3. Dimension, wo es auch um soziale Zugehörigkeit und Hierarchien sowie Konkurrenz geht – alles Einflussfaktoren für die gefühlte Sinnhaftigkeit in der Arbeit. Aber Mitarbeitende haben auch einen Blick auf die Arbeit selbst – die zweite Dimension – und beurteilen wohl jeder, jede für sich, wie zufriedenstellend sie ihre Arbeit mitgestalten können. Und dann gibt es seitens der Mitarbeitenden immer auch den Fokus auf die oberste Hierarchieebene und deren sichtbare Wertschätzung für die Arbeit, die geleistet wird. So gesehen haben auch die Geschäftsführung und der Vorstand die Möglichkeit, Resonanz zu erzeugen und zur Wahrnehmung von Sinnhaftigkeit beizutragen. Besonders wichtig scheint mir die Arbeit selbst zu sein. Ich habe über viele Jahre die Erfahrung gemacht, dass Mitarbeitende mit direktem Kundenkontakt leichter ihre Arbeit als sinnvoll empfinden als Innendienstmitarbeitende in der Verwaltung oder im IT-Bereich. Eine Kundin oder ein Kunde gibt mit Worten, aber auch mit Mimik und Gestik Rückmeldung, sodass die Wirkung der Arbeitsleistung auf Kunden fühlbar wird. Vielleicht nicht so intensiv, aber dennoch fühlbar können auch automatisierte Rückmeldungen von Kunden per Bewertung mit Knopfdruck oder wörtlichen Messages für die Mitarbeitenden sein.

Was Außendienstmitarbeitende dennoch immer wieder ernüchtert, sind Arbeitsanweisungen und Vorgaben zur Arbeit seitens der obersten Führung, die den Fokus mehr auf Produkte zur Gewinnvermehrung des Unternehmens als auf Produkte, die die Zufriedenheit der Kunden und Kundinnen erreichen, legen. Laufend mitgeteilt zu bekommen, wie sehr man auf den Unternehmensgewinn und die Kundenzufriedenheit

Rücksicht nehmen muss bzw. kann, macht Stress. Die Sinnhaftigkeit kann damit auf längere Sicht auch leicht ins Wanken geraten.

Wie nimmst Du Dich selbst in Deiner Rolle als Behindertenvertrauens-person zur Frage der Sinnhaftigkeit von Arbeit wahr?
Ich bin in erster Linie Ansprechperson von Mitarbeitenden mit Behinderungen. Aber natürlich bin ich auch im ständigen Austausch mit dem Personalverantwortlichen und dem Vorstandsvorsitzenden des Unternehmens. Wertekonflikte zu lösen, ist in erster Linie die Aufgabe der Führung des Unternehmens. Dass ich das so sehe, ist meinen Führungsansprechpartnern bewusst. Gern reflektiere ich mit Mitarbeitenden ihre Konflikte bezüglich ihrer Vorgehensweise der Produktbewerbung. Ziel sollte aus meiner Sicht immer sein, dass sie mit ihren Entscheidungen auch leben können. Entscheidungsfreiräume sind sehr wichtig, um den Sinn der eigenen Tätigkeiten zu spüren. Je enger die Spielräume sind, desto weniger Sinn hat die Arbeit für den Mitarbeitenden. Ich biete schon deshalb Beratungen und Coachings für Behindertenvertrauenspersonen an, damit sie ihren eigenen Handlungsspielraum besser reflektieren können und mit ihren Entscheidungen im Einklang sein können. Denn die eigenen persönlichen Werte wahrnehmen und sie mit den Vorgaben des Unternehmens abgleichen zu können, ist eine Voraussetzung dafür, Sinnhaftigkeit der eigenen Arbeit wahrzunehmen und im besten Fall auch zu genießen. Arbeit vermittelt Sinn, wenn sie mit den persönlichen Werten übereinstimmt!
Eigentlich wäre Unterstützung dazu auch die Aufgabe der direkten Vorgesetzten. Jedoch leiten diese den Handlungsspielraum, den die oberste Führung freigibt, nicht ausreichend an ihre Mitarbeitenden weiter.
Es ist aus meiner Sicht die Aufgabe von Behindertenvertrauenspersonen und Betriebsräten, dafür einzustehen, dass Handlungsspielräume für Mitarbeitende größer werden. Das ArbeitnehmerInnenschutzgesetz fordert dies zumindest indirekt ein, indem es bei der Arbeitszuteilung ein Zusammenpassen der Arbeit mit der jeweiligen Konstitution, den Kompetenzen und dem Alter von Mitarbeitenden einfordert. Auch ist das Fördern, Erhalten und Wiederherstellen von Arbeitsfähigkeit der Mitarbeitenden vorgegeben.[7]

---

[7] §§ 3 und 81 des ArbeitnehmerInnenschutzgesetzes; www.ris.bka.gv.at/ GeltendeFassung.wxe?Abfrage=Bundesnormen&Gesetzesnummer=10008910;

Was sind aus Deiner Sicht weitere Aufgaben der Behindertenvertrauens-
personen und Betriebsräte, um Sinnstiftung der Arbeit zu unterstützen?
Als Behindertenvertrauensperson gilt es für mich, Probleme in der
Arbeitsorganisation und in der Kommunikation im Unternehmen aufzuzeigen und gemeinsam mit Führungskräften an Lösungen zu arbeiten.
Dazu gehören Haltungen wie Fairness und Wertschätzung untereinander und Arbeit in einem guten Unternehmensklima, die Weiterentwicklung zu arbeitsfähigkeitsfördernder Arbeitsorganisation sowie ausrei-
chende Mitgestaltung und Handlungsspielraum für die Mitarbeitenden.

In der Corona-Krise wird in Österreich in Unternehmen großzügig
Kurzarbeit und Homeoffice ermöglicht. In den ersten sechs Monaten
wurden die Gehälter von Beschäftigten – wenn Aufträge zurückgingen
– bis zu 90 Prozent aus öffentlichen Geldern bezahlt. Vergleichbare
Unterstützungsleistungen für Mitarbeiterinnen und Mitarbeiter, die trotz
Kurzarbeit vom Staat Gehalt erhalten, werden ab September 2020 für
weitere sechs Monate fortgesetzt. Ziel dieser für den Staat finanziell sehr
aufwändigen Maßnahme ist es, Arbeitsplätze zu erhalten und Arbeitslosigkeit systematisch vorzubeugen. In der Generali, die aus verschiedenen Gründen nicht auf die finanzielle Unterstützung durch den Staat
zugreift, gab und gibt es eine transparente und zeitnahe Kommunikation mit allen Mitarbeiterinnen und Mitarbeitern, erreichbare Ansprechpartner und einen Umgang untereinander mit unterschiedlichsten Medi-
en. Dies hat zu einer stärkeren Motivation zur Zusammenarbeit geführt.
Von 4.000 Mitarbeitenden haben sich von vormals nur 7% innerhalb von
drei Wochen fast 100% für Telearbeit entschieden, Ausnahmen waren
Techniker und Technikerinnen, die vor Ort sein mussten. So gesehen
können Krisen-Situationen zu Probeläufen beitragen, um Neues zu
lernen und vielleicht stolz darauf zu sein, Arbeitsweisen zu erweitern.

Wenn ich meine Rollen als Behindertenvertrauensperson und
Betriebsrätin zusammenfassen müsste, würde ich sagen: Verhandlungen zur Arbeitssituation und ständiger Kontakt mit allen Führungskräf-
te-Ebenen sind meine Aufgaben, dies jedoch ausschließlich auf Basis
der Kommunikation mit möglichst vielen Mitarbeitenden und auf Basis
von Know-how über Maßnahmen zur Förderung der Arbeitsfähigkeit.
Führungskräfte müssen die Perspektiven der Mitarbeitenden im Auge
haben, wenn sie erfolgreich führen möchten. Daher kommuniziere
ich diese Perspektiven kontinuierlich. Die Praxis zeigt – so meine

---

abgerufen am 18.6.2020

Erfahrungen –, dass Außensicht lebendig macht und Monotonie der Feind von Sinn-Empfinden ist. Sinnhaftigkeit verändert sich ständig – so wie auch die Arbeitsanforderungen in einem steten Wandel sind. Sinnhaftigkeit braucht ständig neue Nahrung. So gesehen sind Veränderungen Herausforderung und gleichzeitig die Möglichkeit, Neues wahrzunehmen.

Eine letzte Frage – wie kommunizierst Du mit Mitarbeitenden?
Ich telefoniere und nehme Termine wahr. Das persönliche Gespräch hat Vorrang und ist am wirksamsten. Ich wahre Vertraulichkeit und achte auf sorgfältige Begleitung meinerseits. Optimismus hat für mich Vorrang vor Pessimismus. Ich kommuniziere so offen wie möglich und versuche so viel zu kommunizieren, wie es braucht, um zu Lösungen zu kommen. Wenn eine Lösung für mich keine Lösung ist, bleibe ich geduldig, aber hartnäckig. Ich mag meinen Job.

4. Stolz auf die eigene Arbeit fördern – Erfahrungen im Zentralen Einkauf einer Behörde

Jelka Erika Fröhlich ist Vorsitzende des Dienststellenausschusses (Betriebsratsausschuss im öffentlichen Dienst) und Leiterin des Kundinnen- und Kundenmanagements der MA54, der Magistratsabteilung für den Zentralen Einkauf der Stadt Wien. Die MA54 besteht aus einer Zentrale und einem Logistikcenter. In letzterem arbeiten 65 der 125 Kollegen und Kolleginnen. Die Zentrale übernimmt Vergaben und Einkäufe für diverse Magistratsabteilungen, wie z. B. Schulen, Kindergärten und Gesundheitseinrichtungen. Hygieneartikel, Büroartikel und persönliche Schutzausrüstungen bis zu Einrichtungen und Dienstleistungen werden nach den Kriterien Qualität, Umweltfreundlichkeit und Preis getestet und ausgewählt.

Renate Czeskleba: *Was trägt aus Deiner Sicht dazu bei, dass Kolleginnen und Kollegen einen Sinn in ihrer Arbeit sehen?*
Jelka Erika Fröhlich: Ich bin seit 31 Jahren im Zentralen Einkauf tätig. Als Personalvertreterin bin ich stolz, dass ich Kollegen und Kolleginnen unterstützen darf, z.B. was die Erhaltung von Gesundheit, aber auch dienstrechtliche Themen anbelangt. Ich nehme schon viele Jahre wahr, dass Kolleginnen und Kollegen stolz sind, ein Teil der Stadt zu

sein und mit ihrer Arbeit die Stadt unterstützen zu können. Direkt und indirekt profitieren alle Bewohner und Bewohnerinnen Wiens davon. Ich habe schon immer mit Kolleginnen und Kollegen über das, was wir leisten, gesprochen. Daher weiß ich auch, dass Stolz auf die eigene Arbeit bei jedem auf die eine oder andere Weise vorhanden ist. Jetzt habe ich – nachdem die Pandemie nachzulassen scheint – das Gefühl, dass der Stolz in den letzten Monaten zugenommen hat. Es war und ist einfach ein gutes Zusammenarbeiten – wir wissen, dass wir gebraucht werden, wir kaufen alle Hygieneartikel ein und die Magistrate werden damit versorgt. Auch das Verantwortungsgefühl für seriöses Arbeiten trägt dazu bei, in der Arbeit einen Sinn zu sehen. Wir haben im Kopf, dass wir mit dem Steuergeld sorgsam umgehen müssen! Und es wird bei uns auch sehr geschätzt, dass die Stadt Wien – schon vor der Corona-Krise – für alle Magistrate mehr Eigenverantwortung zugelassen hat bzw. zulässt. Bei uns ist das z.B. die Produktauswahl. Selbst entscheiden zu müssen, bedeutet auch, selbst entscheiden zu dürfen. Und das bringt einen auch dazu, sich zu bemühen und in der Folge auf die Erfolge stolz zu sein. Ich glaube, dass dies einer der Wege zum Finden von Sinnhaftigkeit ist.

Wir bewältigen auch die Herausforderungen der digitalen Entwicklung und erleben, dass digitales Arbeiten die Administration erleichtert. Es ist damit möglich, schneller zu arbeiten. Weniger Administration bedeutet auch, dass mehr Zeit für andere Tätigkeiten freigesetzt werden kann. Dadurch, dass andere Abteilungen (Magistrate) der Stadt Wien auch selbstbestimmter arbeiten müssen bzw. dürfen, entsteht Kommunikation und Zusammenarbeit auf Augenhöhe zwischen den verschiedenen Abteilungen (Behörden). Vor wenigen Jahren hatten wir noch Vorgaben, was wir als Zentraler Einkauf zu bestellen hatten. Heute können wir selbst Muster bestellen und diese testen. Unsere Expertise ist gefragt, und wir bestellen selbst die richtigen und gleichzeitig günstigsten Artikel. Wir schauen darauf, dass Qualität und Kosten in guter Relation sind, bevor wir Artikel bestellen. Wir können dabei die Umwelteinflüsse der Artikel berücksichtigen und entsprechend einkaufen. Das Wegwerfen reduziert sich zunehmend. Wenn etwas an Möbeln übrigbleibt, können wir die Möbel an andere Magistratsabteilungen weitervergeben.

Wege, Überforderung zu vermeiden

Wie geht es den Kolleginnen und Kollegen dabei, negativen Stress zu vermeiden?

Das ist in erster Linie die Aufgabe von unseren Führungskräften – nämlich darauf zu schauen, dass die Arbeitsaufteilung so gestaltet wird, dass niemand überfordert ist. Das ist nicht so leicht, weil ja auch Kolleginnen und Kollegen unterschiedliche Fähigkeiten und Herausforderungen haben, die bei der Arbeitsverteilung berücksichtigt werden müssen, um Disstress, also als negativ empfundenen Stress, zu vermeiden. Es ist bei jeder Veränderung der Arbeit nötig, von Neuem drauf zu schauen, dass die jeweiligen Herausforderungen auch mit den Fähigkeiten der Kolleginnen und Kollegen zusammenpassen. Führungskräfte müssen aus meiner Sicht auch zulassen, dass Kolleginnen und Kollegen ohne Sorge sagen können, was sie nicht leisten können – zum Beispiel, weil sie körperlich eingeschränkt oder schlicht mit anderen Aufgaben überlastet sind. Ich bin neben meiner Funktion als Personalvertreterin auch die Leiterin einer Einheit im Zentralen Einkauf. Und ich muss einen Blick darauf haben, wieviel jede/jeder leisten kann. Dass Kolleginnen und Kollegen selbst auch Eigenverantwortung tragen und für ihre Gesundheit sorgen, ist für mich selbstverständlich. Es hilft vielen Kolleginnen und Kollegen darauf stolz zu sein, dass sie für sich selbst Verantwortung übernehmen. Auch das ist sinnstiftend!

Was fordert Kolleginnen und Kollegen aus Deiner Sicht noch besonders?

Naja, ich denke, nicht jede/jeder kann mit Neuerungen gleich gut umgehen. Da gibt es zum Beispiel ganz banale Möglichkeiten, Papier und Ordner auf das Nötigste zu reduzieren. Manche Kolleginnen und Kollegen in der Verwaltung haben da oft mehr Probleme, sich auf andere Formen der Aufbewahrung umzuorientieren.

Was auch fordert, ist, sich selbst zu disziplinieren und Pausen einzuhalten. Immerhin geht es dabei um die eigene Gesundheit. Auch hier verorte ich gleichzeitig die Eigenverantwortung und die Unterstützung der Führungskräfte. Das Ziel muss eine Ausgeglichenheit zwischen Anforderungen und Entlastung sein. Nur dann kann es auch Pausen geben, in denen man mal über eigene oder gemeinsame Arbeitserfolge reflektiert und dadurch auch leichter den Sinn der Arbeit spürt.

Ich habe selbst ein neues Team zu dem bereits bestehenden Team dazubekommen. Und die neuen Kolleginnen und Kollegen waren nicht so begeistert. Sie haben ihre Arbeit brav fortgesetzt, vielleicht waren sie ängstlich, aber sie haben nichts Neues angefasst. Dann habe ich eines Tages gesagt:»Wir starten neu, und ich mache euch Vorschläge zum Arbeitsablauf, damit wir mehr Service bieten können.« Sie waren plötzlich sehr still. Das hat mir zu denken gegeben, und ich habe zu einem Frühstück eingeladen. Und sie haben gegessen, während ich ihnen meine Ideen vorgestellt habe. Es hat funktioniert – wir konnten gemeinsam klare Aufträge formulieren und gemeinsam eine Struktur schaffen, die für jetzt alle verstehbar ist. Was ich von den neuen Kolleginnen und Kollegen gelernt habe: Die Arbeit macht Sinn, wenn man spürt, dass man auch wirklich benötigt wird und der Arbeitsablauf dazu beiträgt, Herausforderungen gut bewältigen zu können.

Gibt es weitere Zugänge und Sichtweisen Deinerseits, die erfahrungsgemäß von Deinen Kolleginnen und Kollegen gern angenommen werden?
Ja – ich bringe gerne Optimismus und Elan in die Arbeit mit, wenn es besondere Herausforderungen gibt. Klare Ziele garantieren den Erfolg. Wir haben auf diese Weise den Service für die Magistratsabteilungen am ersten Höhepunkt der Pandemie bestens bewältigt. Auch sage ich den Kolleginnen und Kollegen gerne:»Ein leerer Tisch bedeutet, es ist alles abgearbeitet, was ich vorgehabt habe!« Wenn Kundinnen positive Rückmeldungen bringen, wird dieses Feedback an alle 125 Kolleginnen und Kollegen weitergeleitet. Ich selbst denke mir oft: Geld ist schön, aber es ersetzt nie die Sinnhaftigkeit meiner Arbeit. Und in der Früh zu spüren, dass man tagsüber Wichtiges zu erledigen hat, macht den Arbeitstag sinnvoll.

Was rätst Du Deinen Führungskräften – top down natürlich?
Schön finde ich, dass ich mit dem Leiter unserer Magistratsabteilung eine gute Zusammenarbeit habe. Mit ihm wird in unseren Jour fixes sehr aufgeschlossen diskutiert und gearbeitet. Von Führungskräften, auch von mir selbst, fordere ich generell ein, dass Veränderungen rechtzeitig transparent gemacht werden müssen, und es braucht dazu immer eine direkte Wissensweitergabe. Diese sollte immer auch schriftlich kommuniziert werden. Dies ist nötig, damit andere die Arbeit weiterführen können, wenn Kolleginnen und Kollegen ausfallen. Wissen weiterzugeben ist immer auch ein Geschenk und macht daher Sinn. Es bedeutet, Wissen nicht zu besitzen, sondern es zu nutzen und nutzen zu dürfen. Wissen weiterzugeben, erleichtert auch, weil andere meine

Arbeit erledigen, wenn ich selbst nicht da sein kann. Der Stresspegel kann damit im gesunden Bereich bleiben.

Es gibt da noch ein Gesundheitsthema, das ich nicht auslassen möchte. Als Personalvertreterin habe ich immer drauf geschaut, dass es einen Raum für Kollegen und Kolleginnen gibt, in dem sie sich entspannen können: zum Beispiel mit Shiatsu, Massagen, die dort angeboten werden und anderen Entspannungsübungen. Wir haben auch Begegnungsfelder, das sind Infopoints – jeder Infopoint besteht aus zwei Stehtischen und zwei Informationstafeln (Personalvertretung und Dienststelleninformationen), wo man pausieren und sich austauschen kann. Im Personalvertretungszimmer gibt es auch Veranstaltungen, wo Infos weitergegeben und Flyer zu Gesundheitsthemen ausgeteilt werden. Oft wundere ich mich noch immer, wie wichtig Kuchen und Kaffee sind, um miteinander ins Gespräch zu kommen. Also sorge ich immer wieder für Süßes und kleine Give-aways und verteile sie unter den Kolleginnen und Kollegen.

Als Personalvertretung besuche ich immer wieder die Kolleginnen und Kollegen an ihren Arbeitsplätzen. Ich gratuliere auch zu Geburtstagen und bringe ein kleines Präsent mit. Wenn es ein Personalvertretungstreffen gibt, werden Protokolle geschrieben – die bekommen dann alle Mitglieder des Dienststellenausschusses (Betriebsrat). Auch das ist eine Form der Wertschätzung, zu informieren, wie ich die Anliegen der Kolleginnen und Kollegen vertrete. Ganz wichtig ist es, Versprochenes einzuhalten und Informationen weiterzugeben, egal ob diese positiv oder negativ sind. Alle Kolleginnen und Kollegen sollen wissen, was für sie getan wird und sich auch mit Wünschen und Vorschlägen an die Personalvertretung wenden können. Ich sehe es zum Beispiel auch als meine Pflicht an, zu Themen wie »Alternsgerechtes Arbeiten« Experten einzuladen. Es ist ein Thema, das viele von uns betrifft. Und ich setze mich erfolgreich für Coaching-Angebote ein. Abschließend möchte ich betonen, dass Fehler machen zu dürfen, die Voraussetzung für konstruktives Lernen ist!

Sinn erleben:
ganz persönlich

Christiane Wirtz
Wieso »Purpose« für jeden, und heute natürlich auch für Unternehmen, relevant ist

Auf den ersten Blick könnte es so aussehen, als ob das, was ich hier zur Diskussion beitragen möchte, nicht wirklich in einen Kontext gehört, der ein Thema aus der Arbeitswelt zum Gegenstand hat. Denn diese Geschichte, meine Geschichte, und die Bedeutung, die ich ihr gegeben habe, erscheinen zunächst wie eine höchst persönliche, vielleicht auch wie eine Krankheitsgeschichte. Ja, sie ist persönlich und ja, sie ist auch, je nachdem wie sie betrachtet wird, eine Krankheitsgeschichte. Aber sie hat auf verschiedenen Ebenen mit Sinn und »Purpose« zu tun, und da ich mich schon seit einigen Jahren mit systemischen Ansätzen beschäftige, weiß ich natürlich, auch über neuere theoretische und wissenschaftstheoretische Überlegungen, dass meine Geschichte in einen größeren Zusammenhang eingebunden ist, dass ein einzelner Mensch in einem Kontext zu betrachten ist.

Unerwünschte Ereignisse im Leben als Hinweis

Ich erzähle also kurz aus meinem Leben, um darzustellen, wie ich zu meinem Verständnis von Sinn, Aufgabe und »Mission« gefunden habe (Letzteres ist nicht fundamentalistisch gemeint). Es war ein langer, teilweise schwieriger Weg, aber ich halte Herausforderungen auf alle Fälle rückblickend und hielt sie zeitweise auch schon während der Krisen für unumgänglich, um an ein echtes Lebensziel, eine echte Lebensaufgabe heranzukommen, an einen persönlichen Sinn, an die Frage, warum wir hier auf der Welt sind und was wir hier einzubringen haben. Ja, ich würde soweit gehen, das als eine Art Verpflichtung zu bezeichnen, der man im Verlauf des Lebens auf die Spur kommen sollte, ohne Druck und Zwang, und dass diese Suche Menschen eine klare Richtung gibt und letztlich aus den schlimmsten Situationen, Krankheiten, Schwierigkeiten herauskatapultieren kann. Sie erkennen an einem bestimmten Punkt in Ihrem Leben, meistens am vermeintlich absoluten Tiefpunkt, wer Sie wirklich sind, Sie erkennen die Würde und die Großartigkeit Ihrer selbst an, wenn es im Dienst der Aufgabe steht, die alleine Sie, und zwar nicht alleine im Sinne von Nicht-Kooperation und »unterwegs auf einsamen Wegen«, sondern alleine im Sinne von Einzigartigkeit, vollbringen können. Es wäre eine Verweigerung nicht nur Ihnen selbst gegenüber, sondern auch gegenüber den anderen, diese Chance, dieses Angebot nicht anzunehmen.

Persönliche Geschichte

Bis Ende meiner vierziger Jahre habe ich als Hörfunkjournalistin für öffentlich-rechtliche Rundfunkanstalten gearbeitet, in verschiedenen Funktionen, als »Festangestellte« – das ist ein fast beamtenartiges Arbeitsverhältnis – sowie als freie Journalistin. Dabei habe ich nicht wirklich meinen Platz gefunden. Zwar glaube ich, dass ich keine schlechte Journalistin war, und ich hatte in meiner letzten Funktion beim Jugend- und Wissensprogramm des Deutschlandfunks, früher DRadio Wissen, heute Deutschlandfunk Nova, auch Kolleginnen und Kollegen gefunden, die ein wirklich freundliches und anregendes Arbeitsklima schaffen konnten. Die Themen, die wir bearbeitet haben, waren spannend und inspirierend. Doch ahnte ich schon, dass ich einen Erfahrungsbereich aus meinem Leben unbedingt verarbeiten und einbringen musste: Es handelte sich um eine Diagnose, ein psychiatrisches Phänomen, das gängig als Psychose bezeichnet wird und das Zustände beschreibt, in denen Menschen nicht wirklich Herr*in über sich selbst sind, in denen sie die Kontrolle verlieren und seltsame, »irre« Dinge tun. Die Diagnose lautete »schizophren« beziehungsweise »schizoaffektiv«.

Ich habe mich damals noch nicht getraut, diese Auseinandersetzung letztlich mit allen Konsequenzen einzugehen. Zwar war ich seit Mitte der 2000er Jahre damit beschäftigt, meine Erfahrungen – das erste Mal hatte ich Anfang der 2000er Jahre mit diesen Phänomenen zu tun gehabt – in Worte zu fassen, plante sogar einen Roman. Letztlich gab es einen Entwurf, den ich an zwei Verlage schickte, von denen ich Absagen kassierte. Aber im Roman waren meine Erfahrungen verbrämt, außerdem war er rückblickend betrachtet nicht wirklich ausgereift, weil meine Persönlichkeit, so sehe ich es heute, nicht wirklich ausgereift war. Nun ist das so eine Sache mit der echten Reife, es lässt sich schwer feststellen, wann die erreicht sein soll. Heute würde ich sagen, fragen Sie das

Leben, Sie erhalten von ihm schon eine Antwort, eine Rückmeldung. Testen Sie das vorsichtig aus.

Wie auch immer, jedenfalls kam mir 2013 noch einmal eine solche Psychose dazwischen – auch zwischen meine schönen Pläne, die schon das Vorhaben enthielten, zukünftig als Coach und Beraterin tätig sein zu wollen. Tatsächlich wollte ich meinen Wunsch, unabhängig von Psychopharmaka zu sein, die vor allem auf Dauer teils schwere Nebenwirkungen mit sich bringen können, so richtig »durchboxen«, notfalls auch alleine. Denn ich hatte, nachdem ich 2010 aus der Region Trier nach Köln gezogen bin, keinen niedergelassenen Psychiater in Köln gefunden, der mich bei diesem Projekt unterstützen wollte. Zugegebenermaßen habe ich es nur mit zweien versucht, dann war meine Geduld aufgebraucht und ich gab gegenüber mir selbst die wütende Parole aus: Dann mache ich es halt alleine!

Jetzt hat das natürlich etwas für sich, ab und zu auch einmal alleine stehen zu können – im Sinne von: Ich traue mich was. Die Aktion im Frühjahr 2013 erwies sich in ihren Konsequenzen allerdings als verheerend: Für zweieinhalb Jahre geriet ich in einen traumartigen Zustand und verlor in dieser Zeit und danach viele Dinge und Beziehungen, die ich mir aufgebaut hatte und die mein bisheriges Leben ausgemacht hatten: Job, Eigentumswohnung, Lebensversicherung, Freunde, Bekannte. Viele Menschen mit ähnlichen psychiatrischen Diagnosen kennen diese Spirale nach unten. Nach einer gerichtlich angeordneten Zwangseinweisung kam ich vier Monate in eine psychiatrische Klinik, wurde dazu genötigt, Medikamente einzunehmen, und landete danach ziemlich unsanft auf dem Boden: Ich war sogar von Obdachlosigkeit bedroht, weil wegen diverser Schufa-Einträge zuzeiten von Wohnungsnot in der Großstadt Köln niemand auf ein Mietverhältnis gerade mit mir gewartet hatte.

Krisen als Chance

In Köln sagt man: »Es hat noch immer jot jejange – es ist noch immer gut ausgegangen.« Dass das letztlich bei mir so zutraf, war natürlich auch viel Glück. Über Beziehungen gelangte ich an eine, wenn auch dürftig ausgestattete, aber günstige Wohnung. Ich schaffte es, noch aus der Klinik heraus, wieder an einen Job zu kommen, dieser war zwar befristet und keine Dauerlösung, aber immerhin. Ich wurstelte mich mehr schlecht als recht durch weitere befristete Arbeitsverhältnisse, immer in Erinnerung an das, was ich einmal erreicht hatte und was ich auch an Geld verdient hatte. Aber am Tiefpunkt der Krise, in der Klinik, in den Tagen, als mir dämmerte, nach der Einnahme der Medikamente, was ich da angestellt hatte, welch ein Chaos ich verursacht hatte, was ich verloren hatte, meldete sich eine Instanz in mir (es gibt verschiedene Begriffe dafür, je nach Betrachtungs- und Blickweise: Höheres Ich, Höheres Selbst, authentisches Selbst). Es war vielleicht meine klarste Stimme, die Stimme, die jeder hat, die nur leider häufig überlagert wird von nutzlosen Gedanken und gesellschaftlichen und individuellen Abwertungen, und die mir freundlich, aber bestimmt vermittelte: du Depp. Du hast aus deinen Fähigkeiten überhaupt nicht das gemacht, was du hättest machen können. Selbstmitleidig hast du deine Wunden gepflegt, statt sie zu heilen und voranzuschreiten. Setze endlich deine Idee um, dieses Phänomen Psychose zu erklären und all denen, die ebenfalls darunter leiden, eine Stimme zu verleihen und anderen die Angst diesem Symptom gegenüber zu nehmen, sie jedenfalls zu verringern. Leiste deinen Beitrag. Nutze deine kommunikativen Fähigkeiten dafür, mach' was draus.

Und diesen Appell an mich selbst habe ich beherzigt, auch wenn der Alltag schon noch phasenweise ganz schön schwierig war. Ich habe diesen Auftrag seitdem nicht mehr aus den Augen verloren. Heute bin ich selbständig und arbeite sowohl als Journalistin, gelegentlich für den öffentlich-rechtlichen Hörfunk, als auch als Coach und Beraterin. Ich gebe Seminare und engagiere mich für das Thema psychische Erkrankungen und Krise und Scheitern als Chance. Dabei setze ich mich dafür ein, dass eine Psychose nicht als Stigma angesehen wird, sondern als ein Entwicklungskrisenphänomen, das Solidarität verdient und das uns mit allen Menschen mit existenziellen Krisenerfahrungen verbindet, wie immer diese auch aussehen. Letztlich ist mein Anliegen, dass wir alle in der Gesellschaft und in der Arbeitswelt unser Scheitern als Lernerfahrung sehen und, um »Glatte-Fassaden-Propheten« den Wind aus den Segeln zu nehmen, dies auch kommunikativ so vertreten.

Was sagt die Krise über mich aus? Was gilt es, nachzujustieren? Wo liegen meine Potenziale?

Einen Punkt möchte ich noch näher ausführen, denn er schlägt jetzt die Brücke zur Arbeitswelt und der Frage nach dem Sinn, der in der Arbeit gesehen wird. Ich bin als Kind – im Gegensatz zu vielen anderen – herzlich gerne in die Schule gegangen und war schon damals hungrig nach Wissen, nach Neuem, nach Interessantem, nach der »großen weiten Welt«. Nun muss ganz bestimmt nicht jeder so sein, jeder hat eine andere Grundpersönlichkeit, aber bei mir war das so. Als ich 2015/16 in der psychiatrischen Klinik war, riet mir der zuständige Sozialarbeiter, ich solle mich frühverrenten lassen. Das tat er aus seiner Erfahrung heraus, dass ich mit Ende Vierzig kaum noch Chancen auf dem Arbeitsmarkt haben würde und mit dieser Diagnose und meiner möglichen Anfälligkeit dafür erst recht nicht. Er gab nicht so wirklich einen Pfifferling auf mich. Aber er wusste ja eben auch nicht, wie ernst ich meine Aufgabe nahm und welche Kraft sie mir verleihen würde. Damit hatte er nicht gerechnet, die Schönheit, Würde und Bedeutung meiner Vision nicht erkannt.

Wie auch immer, ich habe diese Urteile – und noch einige andere – teilweise ein wenig trotzig, aber manchmal ist das eben so, genutzt, um Widerstandskraft zu entwickeln. Ich und Frühverrentung – was hätte mir das um Himmels willen bringen sollen? Den Rest meines Lebens, das ja in gewisser Hinsicht gerade erst begonnen hatte, in irgendwelchen Selbsthilfe-Einrichtungen und Cafés herumhängen und eine Depression nach der anderen schieben – was meiner Auffassung nach fast eine logische Konsequenz dieser Aussonderung aus gesellschaftlichen Zusammenhängen bedeutet hätte? Und das bei einem so leistungsorientierten und interessierten Menschen wie mir? Ich bitte hiermit alle, für die Frühverrentung eine gute Lösung ist, um Entschuldigung, weil ich diese Auffassung nicht als Standard hinstellen möchte und weil jede/r schauen sollte, was das individuell (und möglicherweise kollektiv) Beste und Mögliche für ihn oder sie ist. Nur: Für mich war das einfach nichts, ich hatte ja meinen Sinn gefunden und bewege mich heute noch dort und fühle mich aufgehoben durch und mit ihm.

Schließlich hat er mir auch die Kraft gegeben, nachdem ich als ersten Schritt in diese Richtung zunächst ein Hörfunk-Feature unter einem Pseudonym veröffentlicht habe, mit meinem Klarnamen und einem ersten Buch an die Öffentlichkeit zu gehen. Das Buch, es heißt »Neben der

Spur«, wurde 2018 ein Bestseller. Öffentlichkeit kann ein Raum sein, der gefährlich ist, in dem gleißendes Licht verbrennen kann. Doch ich kannte mich nicht nur mit Öffentlichkeit aus, ich war auch durch meinen Sinn geschützt. Er verlieh mir ein neues Immunsystem, einen Resilienz-Schild, den ich ohne den Sinn niemals hätte entwickeln können. Ich glaube, dieser Sinn und die schriftliche Verarbeitung meiner Erfahrungen plus die freundliche Aufnahme in der Öffentlichkeit haben wesentliche Heilungsprozesse für mich persönlich möglich gemacht. Und vielleicht haben sie sogar auch schon für andere etwas bewirken können. Selbst wenn mit dieser Anfälligkeit für Psychosen nicht zu spaßen ist, Heilung und Genesung ist eben sehr wohl möglich, anders als Expert*innen in der Psychiatriewelt und der Pharmaindustrie es bis heute postulieren.

Purpose und Sinn als spirituelle Dimension

Sinn ist die spirituelle Dimension, die letztlich (wieder) Einzug hält in die Gesellschaft und die – nachdem viele diese nicht mehr in den traditionellen Formen, also in den verschiedenen Weltreligionen finden und praktizieren möchten, auf andere Weise nach Verwirklichung, Umsetzung, Materialisierung ruft. Das kann ein »Ruf«, ein »Calling« eben auch für moderne Unternehmen sein, die meiner Meinung nach in unserer ungewissen, sich ständig transformierenden Welt untergehen könnten, wenn sie nicht hinhören oder hinhören wollen. Natürlich sind individuelle Prozesse mit Organisationen wie Unternehmen nur bedingt vergleichbar. Doch es gibt durchaus Parallelen zwischen individueller und Organisationsentwicklung. Und deshalb werden Firmen wesentlich größere Chancen haben, nicht nur zu überleben, sondern auch gut zu bestehen, wenn sie nicht nur einen wirtschaftlichen Zweck erfüllen, sondern wenn sie auch einen gesellschaftlichen Sinn stiften können. Damit zeigen sie auch, dass sie besser wahrgenommen haben, was heute tatsächlich gebraucht wird.

Literaturempfehlungen

Frankl, Viktor E. (2018): Trotzdem Ja zum Leben sagen. Ein Psychologe erlebt das Konzentrationslager. München (Erstausgabe 1946).

Scharmer, C. Otto (2009): Theory U. Leading from the Future as It Emerges. San Francisco.

Simon, Fritz B. (2019): Einführung in die systemische Organisationstheorie. 7. Aufl., Heidelberg.

Beuys, Barbara (2009): Denn ich bin krank vor Liebe. Das Leben der Hildegard von Bingen. Frankfurt a.M./Leipzig.

Wirtz, Christiane (2019): Das Katzenprinzip. Immer auf den Füßen landen – sieben Wege aus der psychischen Krise. Bonn.

Klaus Leuchter
Sinnhafte Arbeit und Werte im Leben leben

Mein eigenes Arbeitsleben ist rückschauend betrachtet ein Beispiel für das sinnhafte Erleben der Arbeit, mit sporadisch auftretenden Zweifeln und mit guten und schlechten Zeiten. Ich kenne das Gefühl, dass die Arbeit nicht mehr wertgeschätzt wird, und kann aus heutiger Sicht beschreiben, wie daraus eine Veränderungsbereitschaft entstehen kann – mit durchaus negativen Folgen für Unternehmen.

Arbeit für Krankenkassen

Nach einer vierjährigen Ausbildung zum Sozialversicherungsfachangestellten bei einer Krankenkasse war ich dort fast 20 Jahre in einem beamtenähnlichen Arbeitsverhältnis tätig. Ich erreichte die Position eines stellvertretenden Abteilungsleiters und übernahm dann die Verantwortung für den Bereich »Information und Gesundheit«. Die Entscheidung für meine Berufswahl hatte ich in Gesprächen mit meinen Eltern getroffen. Mein Vater war Tischler im Schiffbau. Meine Mutter war nicht berufstätig. Ich konnte zwischen der Stadtverwaltung, dem Finanzamt und der Krankenkasse wählen. Meine Eltern plädierten für die Krankenkasse, die sie als eine verlässliche und sehr sinnvolle Einrichtung ansahen. So traf ich bereits mit 16 Jahren die Entscheidung für eine »sinnvolle Arbeit«. Ich konnte mich für Menschen einsetzen, die gewissermaßen einen Unterstützungsbedarf hatten.

In den letzten acht Jahren bei dieser Krankenkasse wirkte ich im Personalrat mit, vier Jahre als stellvertretender Vorsitzender und weitere vier Jahre als Vorsitzender. Die Kolleginnen und Kollegen hatten mich gebeten, mich im Personalrat zu engagieren, als ich in einer Personalversammlung das Wort ergriffen hatte und den Chef darauf aufmerksam machte, dass er einigen Kollegen zu Unrecht Vorwürfe machte. Auch in diesem Zusammenhang hatte ich das Gefühl, etwas Sinnvolles zu tun.

Meine Arbeit wurde wertgeschätzt und eigentlich fühlte ich mich dort wohl und sicher. Was fehlte, war die entsprechende Bezahlung. Meine Vergütung wurde auf dem Weg in die Führungsebene nicht angepasst.

Als junger Familienvater bewarb ich mich auf eine Stellenausschreibung einer anderen Krankenkasse, die mir für eine gleichartige Tätigkeit eine erheblich höhere Bezahlung anbot. Dafür gab ich die »beamtenähnliche« Sicherheit meines bisherigen Arbeitsplatzes auf – vielen Warnungen zum Trotz. Ich musste eine Probezeit akzeptieren. Bereut habe ich es nie.

Durch den Arbeitsplatzwechsel und die Tätigkeit im Bereich »Marketing und Gesundheit« kam ich in Kontakt zu Handwerksbetrieben, die bei dieser Krankenkasse die Hauptzielgruppe für Service- und Gesundheitsangebote waren. Ich bekam Einblick in die Strukturen des Handwerks mit dem Innungswesen und dem Werdegang »Lehrling – Geselle – Meister«. Diese Betriebe unterschieden sich in ihrer Größe erheblich von den Unternehmen, die ich durch die vorherige Tätigkeit kannte. Oftmals erlebte ich, dass es in den Kleinbetrieben mehr Wertschätzung gegenüber den Beschäftigten gab. Ein Meister brachte es zum Beispiel mit dieser Aussage auf den Punkt: »Wenn die in der Werkstatt gefertigten Möbelteile zum 400 km entfernten Kunden gebracht und dort eingebaut werden müssen, habe ich ein Problem. Die Möbelteile kann ich dort nicht allein in das Haus des Kunden bringen. Auch für den Einbau brauche ich meine Gesellen und die müssen mit mir dort drei oder vier Tage bleiben. Ich muss mich um meine Gesellen bemühen und dafür sorgen, dass sie bereit sind, die Trennung von ihrer Familie und die körperlich anstrengende Arbeit in Kauf zu nehmen. Dafür muss ich einen Ausgleich schaffen. Geld allein hilft dann nicht, da mein Geschäft es nicht ermöglicht, den Lohn über das Niveau der anderen Betriebe hinaus anzuheben.«

Überbetriebliche Suchtberatung

Im Rahmen meiner Tätigkeit initiierte ich mit einem Freund, der beim Kirchlichen Dienst in der Arbeitswelt arbeitete, den Handwerker-Fonds Suchtkrankheit e.V.

Mit diesem Verein gelang es uns, für Handwerksbetriebe Unterstützung zu organisieren, wenn ein Mitarbeiter ein Suchtproblem hatte. Wir wollten erreichen, dass die guten Erfahrungen, die Industrieunternehmen mit der Betrieblichen Suchtarbeit gemacht hatten, auch in den Kleinbetrieben zu Veränderungen führten. Meldete sich ein Betrieb wegen eines Suchtproblems, führten wir ein Gespräch vor Ort im Betrieb mit dem Chef und seinem suchtauffälligen Mitarbeiter. Ziel der Beratung war, dass der Beschäftigte in die Entgiftung und möglichst nahtlos in die Rehabilitation ging oder zumindest einen schnellen Termin in einer Suchtberatungsstelle bekam. Der Betrieb erhielt von dem Verein einen finanziellen Zuschuss zu den Kosten der Entgeltfortzahlung, die im Gefolge der stationären Suchtbehandlung vom Betrieb zu leisten war. Dieser Zuschuss sollte kleine Betriebe motivieren, das innerbetriebliche Problem anzugehen.

Einige Jahre später gründeten wir mit der Handwerkskammer Lübeck einen gleichartigen Verein. Seitdem gibt es dieses Angebot zur Suchthilfe in Handwerksbetrieben im ganzen Bundesland Schleswig-Holstein. Jetzt liegt die erste der beiden Vereinsgründungen mehr als 30 Jahre zurück. Ich bin immer noch als Vorstandsmitglied und ehrenamtlicher Geschäftsführer in die Vereins- und Beratungsarbeit eingebunden. Der Bedarf für diese Unterstützung der Klein- und Kleinstbetriebe besteht nach wie vor. In Veranstaltungen erlebe ich, dass für Betriebe dieser Größenordnung (Handwerksbetriebe in Schleswig-Holstein haben im Durchschnitt fünf bis sechs Beschäftigte) angemahnt wird, dass sie bei Mitarbeiterproblemen Hilfe brauchen, da sie anders als Großbetriebe keine entsprechende Struktur aufbauen können.

Bei dem Thema Sucht wird der Unterschied besonders deutlich: Großbetriebe schulen ihre Führungskräfte, setzen »trockene« Mitarbeiter als innerbetriebliche Ansprechpartner ein und regeln den Umgang in einer Betriebsvereinbarung. Führungskräfte in Kleinbetrieben entscheiden sich nur dann für eine Schulung zum Thema Sucht, wenn sie einen Problemfall im Betrieb haben. »Vorbeugend« nimmt sich kaum ein Meister die Zeit für ein Seminar. Für eine Betriebsvereinbarung braucht man einen Betriebsrat als Partner. In Kleinstbetrieben fehlen in der Regel die Betriebsräte, und einen »trockenen« Mitarbeiter, den man an Gesprächen beteiligen und als Ansprechpartner anbieten kann, findet man kaum, wenn der Betrieb nur fünf Mitarbeiter hat. Wir organisierten mit der Selbsthilfe Handwerker-Arbeitskreise Sucht, in denen wir Menschen fanden, die sich überbetrieblich für Beratungsgespräche zur Verfügung stellten. Damit hatten wir auch den betrieblichen Ansprechpartner aus der Industrie in unser Kleinbetriebsmodell eingebaut.

Mein ehrenamtliches Engagement im Bereich Sucht im Handwerk war der Hauptgrund für die Bundesverdienstmedaille, die mir am 27. November 2007 vom Ministerpräsidenten des Landes Schleswig-Holstein verliehen wurde. Viel mehr wert sind für mich aber die Erfahrungen, die ich in dieser Arbeit machen durfte, das Erleben der Klein- und Kleinstbetriebe im Umgang mit ihren Mitarbeitern in diesen Problemsituationen und bei der Rückkehr an ihren Arbeitsplatz nach der Therapie. Von den Handwerksbetrieben habe ich sehr viel lernen können. Aber auch die Aktivitäten zu Gesundheitsthemen in Berufsschulen habe ich in guter Erinnerung. Die Auszubildenden (im Handwerk häufig noch Lehrlinge genannt) aus den verschiedenen Gewerken reagierten sehr unterschiedlich auf die Themen. Bereits damals fielen mir die Tischlerlehrlinge auf. Sie zeigten das größte Interesse und beteiligten sich aktiv. Sie liebten die Arbeit mit Holz und sahen es als etwas Wertvolles und als ein »lebendes« Material an.

Mein Eindruck ist, dass dieser Aspekt des Arbeitsmaterials bereits bei der Berufswahl und dann später in der Arbeit dazu führt, dass in dem Gewerk mehr über den Sinn der Arbeit nachgedacht wird und dass Tischler vielfach das Gefühl haben, eine sinnvolle Arbeit zu leisten. Bei den von uns ausgeschriebenen Foto- und Videowettbewerben reichten meistens Tischlerlehrlinge Arbeiten ein und zählten dann zu den Preisträgern. Auch wenn die von mir erwähnten Wettbewerbe jetzt über 20 Jahre zurückliegen, so habe ich damals im Kontakt mit Jonas Bartel erlebt, dass meine damalige Einschätzung noch heute gilt. Ich freue mich, dass Jonas bereit war, seine Gedanken zur sinnvollen Arbeit für dieses Buch niederzuschreiben (siehe dazu den folgenden Beitrag von Jonas Bartel, Sinnhafte Arbeit?)

Durch meine Tätigkeit kam es auch zu weiteren Vereinsgründungen. Bei allen ist der Zusammenhang von Arbeit und Gesundheit der Grund, warum ich nach wie vor dort aktiv mitarbeite.

Meine Tätigkeit wurde von den Betrieben, aber auch von meinem Arbeitgeber wertgeschätzt und ich dachte viele Jahre nicht an eine berufliche Veränderung. Die kam dann aber durch die weitere Entwicklung der gesetzlichen Krankenversicherung. Ich erlebte einige Fusionen, mein Aufgabengebiet und mein Tätigkeitsort änderten sich mehrmals. In der Folge verlor ich die emotionale Bindung an meine tägliche Arbeit. Woran lag das?

Die oben beschriebenen von mir initiierten Vereine zum Thema Arbeit und Gesundheit und andere ähnliche Präventionsangebote verloren durch die Fusionen und die damit einhergehenden Organisationsveränderungen sowie den Wechsel der verantwortlichen Personen an Bedeutung, wurden infrage gestellt oder fanden hausintern nur noch wenig Beachtung und Zustimmung. Gleichwohl fielen durch die Betreuung dieser Vereine und die damit ausgelösten Beratungen Arbeiten an, für die ich mich verantwortlich fühlte und die ich selbstverständlich nicht vernachlässigen wollte.

Einige Jahre später änderte sich das wieder. Ich wurde Leiter einer Abteilung, in die ich diese Beratungsarbeit integrieren konnte. Das Gefühl, eine sinnvolle Arbeit leisten zu können, stellte sich wieder ein. Ich hatte gute und sehr engagierte Mitarbeiter, die ebenfalls sehr daran interessiert waren, eine sinnvolle Arbeit leisten und das Thema auch in Betrieben vermitteln zu können.

Doch nach einigen Jahren führten erneute Organisationsveränderungen dazu, dass ich meine leitende Stellung verlor, die von mir geschätzten Angebote wieder diskutiert wurden und ich den Wert meiner Arbeit nicht mehr erkennen konnte.

Als im Jahr 2004 der Gesetzgeber das Betriebliche Eingliederungsmanagement (BEM) einführte, hatte ich gleich die Vorstellung, dass sich daraus Vorteile für Betriebe und Beschäftigte ergeben. Ich engagierte mich sehr für das Thema und bekam durch das Sozialministerium des Landes Schleswig-Holstein die Chance, ein Projekt zum »BEM im Handwerk« durchzuführen, das vom Integrationsamt gefördert wurde. In der Folge beendete ich mein bisheriges Beschäftigungsverhältnis. Diese Entscheidung für die sinnhafte Tätigkeit habe ich bis heute nicht bereut, auch wenn mir damals viele Menschen in meinem Umfeld sagten, ich solle die Sicherheit auf keinen Fall aufgeben. Mein neuer Arbeitgeber wurde der als Projektträger von mir initiierte »Verein zur Förderung der Betrieblichen Eingliederung im Handwerk e.V.«. Nach insgesamt drei Projekten im Zeitraum von 2008 bis 2016 gründeten wir durch die Übernahme einer gemeinnützigen GmbH die neue »Gesund leben und arbeiten in Schleswig-Holstein gGmbH«, die von 2017 bis 2019 für ein weiteres Projekt zum BEM im Handwerk eine Förderung erhielt. In diesem Projekt war ich wegen des Erreichens des Rentenalters selbst nicht mehr als Berater, sondern nur als Geschäftsführer des Trägers involviert.

Heute bin ich 68 Jahre alt und habe die Geschäftsführung des Vereins zur Förderung der Betrieblichen Eingliederung – esa e.V. (Name und Satzung geändert im Jahr 2016), der Betriebe und Beschäftigte zum BEM berät und dazu eine »BEM-Akademie« gebildet hat. Unter dem Label der BEM-Akademie führen wir Seminare und betriebsinterne Schulungen durch, beraten Betriebe und Beschäftigte und moderieren oftmals BEM-Gespräche.

Gleichzeitig bin ich einer der beiden Geschäftsführer der »Gesund leben und arbeiten in Schleswig-Holstein gGmbH«. Diese Einrichtung führte ein dreijähriges Projekt im Auftrag der Deutschen Rentenversicherung Nord durch. Für Rehabilitanden, die aus der Reha-Sucht entlassen werden, wurden Arbeitsplätze im Handwerk gesucht und die Eingliederung in den neuen Betrieb begleitet. Nach Ablauf der dreijährigen Projektphase wird die Arbeit weitergeführt und im Wege einer Einzelfallabrechnung von der DRV Nord finanziert. Die Kooperation mit den beiden Handwerker-Fonds Suchtkrankheit e.V. ist in dieser Arbeit sehr wertvoll.

Oft werde ich gefragt, warum ich mir »das im Alter von 68 Jahren noch antue«. Die Vergütung als geringfügige Beschäftigung ist sicher nicht der Grund. Ich habe die meisten meiner Arbeitsjahre als eine sinnvolle Tätigkeit erlebt, die mein Leben bereichert und nicht belastet hat. Meine Hoffnung ist, dass es mir jetzt gelingt, die durch meine Initiativen entstandenen Einrichtungen dauerhaft finanziell und personell zu sichern. Bis das erreicht ist, möchte ich meine Erfahrungen und Wertvorstellungen weitergeben.

Es wäre für mich ein gutes Gefühl, wenn sich andere Menschen in diesen Einrichtungen nach meinem Ausscheiden weiterhin für die Ziele stark machen. Damit hätte ich selbst in meinem Arbeitsleben sinnhafte Arbeit erlebt und auch neue Arbeitsplätze geschaffen, an denen wieder sinnhafte Arbeit geleistet wird.

Jonas Bartel
Sinnvolle Arbeit?
Tischlern als Beruf

Wie sinnvoll oder nicht sinnvoll Arbeit sein kann, ist in allen Kreisen ein immer wiederkehrendes Thema. Egal ob von Freunden, Verwandten oder flüchtigen Bekannten: Alle haben schon mal die Frage gestellt bekommen, was man denn mal werden möchte. Die erste Antwort, die mir in den Kopf kommt, ist:»glücklich«. Doch ist damit natürlich die Frage nach dem Berufswunsch gemeint. Wie sich das Berufsleben bei mir seit dem Schulabschluss ergeben hat und was die möglichen Hintergedanken bei manchen Entscheidungen waren, versuche ich in diesem Beitrag anhand der Antworten auf einige Fragen zu verdeutlichen. Ich werde dabei einige Details als Beispiele nutzen, um meine Gedanken zu sinnhafter Arbeit auszudrücken.

Wie hat sich mein Leben nach dem Abitur entwickelt?

Ich bin 1996 in Kappeln geboren und in einer sehr ländlichen Region aufgewachsen. Abgesehen von der Landwirtschaft ist alles wirklich in kleinem Stil gehalten. Nachdem ich also das örtliche Gymnasium verlassen habe, wollte ich mehr von der Welt sehen und plante nach Neuseeland zu fliegen, um auf Work-and-Travel-Reise zu gehen. Anschließend war geplant, nach Singapur und von dort aus über Bangkok wieder nach Hause zu fliegen. Somit war das Beantworten der Frage, was ich denn nach der Schule machen möchte, erfolgreich um ein Jahr aufgeschoben. Doch die Vorliebe für den Werkstoff Holz und eine Tendenz zu einem handwerklichen Beruf war schon recht deutlich. Deshalb habe ich einfach das Ausbildungsangebot der benachbarten Tischlerei angenommen, nachdem ich dort zwei Wochen ein Praktikum absolviert hatte. Die Entscheidung habe ich relativ unüberlegt und kurzfristig getroffen, da einige Tage später der Flieger nach Neuseeland ging. Es fühlte sich aber sehr gut an, etwas Verbindliches für die Zeit nach der Reise zu haben.

Im Nachhinein fiel mir auf, dass ich von sechs Monaten in Neuseeland tatsächlich fünf gearbeitet habe. Ich fand es erst merkwürdig, da ich ja

eigentlich die Freiheit hatte, alles Mögliche zu tun. Die Jobs haben die
Tendenz zum Handwerklichen definitiv bestätigt, da ich zwei Wochen
lang geholfen habe, ein Haus zu bauen, zwei Wochen in einer Gärtne-
rei gearbeitet und dann vier Monate lang bei einer Renovierung eines
alten Farmhauses geholfen habe. Besonders beim Renovieren des
Farmhauses und dem Zusammenleben mit der dazugehörigen Familie habe ich viel lernen können, und wir haben auch lange und ausführlich über den Sinn in der Arbeit gesprochen. Dort entwickelte ich
die Einstellung, dass es keine guten oder schlechten Jobs gibt, sondern nur solche, die erledigt werden müssen. Es gibt reichliche Beispiele für schlecht angesehene oder undankbare und vielleicht auch
unangenehme Tätigkeiten, doch gäbe es keine Notwendigkeit für diese,
existierten diese Aufgaben gar nicht erst. So ist zumindest die Idealvor-
stellung. Auf der Farm haben wir teilweise sehr anstrengende und dre-
ckige Aufgaben erledigt, doch immer die Notwendigkeit dahinter gesehen. Dadurch waren wir am Ende von zum Teil wirklich langen Tagen
zwar erschöpft, aber sehr glücklich und erfüllt durch unser Tagewerk.
Dabei führen einem handwerkliche Jobs das Geleistete so dankbar
vor Augen, dass es leichtfällt, Befriedigung zu verspüren, wenn man
abends zum Beispiel vor dem Stapel frisch aufgesägtem Bauholz steht
und sieht, wieviele Kubikmeter Holz man bewegt hat.

Eine andere Sache, die sehr befriedigend sein kann, ist Sorgfalt.
Auch das lernte ich beim Arbeiten auf der Farm. Da wir dort nur zu zweit
gearbeitet haben, war relativ klar, wer für verlegtes Werkzeug oder eine
verschnittene Platte verantwortlich war, und dieser direkten Verantwortung kann ich viel abgewinnen. Dadurch habe ich sogar im Aufräumen
einen Sinn finden können und gucke auch bei Kleinigkeiten genauer
hin. Wenn ich eine Aufgabe erledige, dann erledige ich sie auch gleich
so gut ich es eben kann, da es ansonsten sowieso nochmal gemacht
werden muss. Dieser Gedanke entsteht eigentlich aus reiner Faulheit
heraus, man will nur Mehraufwand verhindern, obwohl gründliches
Arbeiten natürlich etwas länger dauert. Und selbst wenn etwas nicht
geklappt hat, kann ich mir nichts vorwerfen, solange ich es so gut wie
ich konnte versucht habe. Ich denke, dass diese direkte Verantwortung
für das eigene Handeln bei größeren Betrieben oder Baustellen leider
schnell verloren gehen kann, jedoch wirklich gewinnbringend ist, allein
für das eigene Gewissen und die Zufriedenheit.

Da wir fast ausschließlich mit Holz gearbeitet haben und ich der Arbeit
viel abgewinnen konnte, habe ich die Zeit dort sehr genossen. Doch

besonders die Möglichkeit, jeden Morgen zum Sonnenaufgang surfen zu gehen und ganz flexibel mit der Arbeit anzufangen und aufzuhören, hat viel zu meiner Zufriedenheit beigetragen. Dadurch hatte ich nie das Gefühl, arbeiten zu müssen, weil es eine bestimmte Uhrzeit ist. Stattdessen bestimmten wir freiwillig den richtigen Zeitpunkt, um anzufangen und arbeiteten einfach weiter, bis ein Arbeitsschritt auch wirklich abgeschlossen war. Es gefiel uns beiden besser, eine Arbeit abzuschließen, auch wenn es manchmal länger ging, anstatt etwas halb fertig liegen zu lassen, nur weil eine bestimmte Uhrzeit erreicht war.

Von diesem sehr flexiblen Arbeitsverhältnis kam ich dann zur klassischen 40-Stunden-Woche in der benachbarten Tischlerei in Deutschland. Ich fing sogar vor dem offiziellen Ausbildungsbeginn an dort zu arbeiten, da ich mich auf den nächsten Abschnitt freute. Dann musste ich leider sehen, wie dort wirklich leidenschaftslos eine Baustelle nach der nächsten abgearbeitet und die Jobs nur so gründlich wie nötig erledigt wurden. Ich war erst bemüht, es mir dort schön zu reden und mich durchzubeißen, da ich nicht direkt abbrechen wollte. Doch da auch die Abwechslung fehlte, es nach kurzer Zeit immer die gleichen Abläufe waren und es auch menschlich leider nicht passte, fasste ich den Entschluss, mich nach einem neuen Betrieb umzusehen.

Bald telefonierte ich bereits mit meinem jetzigen Chef und begann direkt ein Praktikum dort. Somit konnte ich meine Ausbildung fortsetzen und voraussichtlich bis zum Herbst 2020 beenden. Ich entschloss mich entgegen den Erwartungen vieler Menschen nicht dazu, die Ausbildung zu verkürzen, da ich mich zum einen nicht unnötig hetzen möchte und ich keine steile Karriere oder Ähnliches anstrebe, weshalb ich unbedingt an Zeit sparen müsste. Auch sehe ich die Ausbildung als gute Zeit an, um Erfahrungen zu sammeln und natürlich auch mal Fehler zu machen, die jedoch als Lehrling leichter entschuldbar sind. Vor allem aber wollte ich nicht verkürzen, weil mich von meinem jetzigen Betrieb einfach nichts weglockt und ich mich dort vollkommen wohlfühle.

Wie sieht mein Arbeitsalltag aus?

Grundsätzlich gefällt mir das Arbeiten in meinem Betrieb so sehr, da wir hauptsächlich mit Vollholz arbeiten und das Arbeitsklima einfach stimmt. Mein Chef, Matthias John, ist 38 Jahre alt. Dadurch sind wir nah genug beieinander, um über die gleichen Dinge zu lachen, und haben wirklich eine Menge Spaß bei der Arbeit. Es wird nie Zeitdruck ausgeübt, sondern mehr Wert auf ein gutes Ergebnis gelegt. Dadurch, dass man mit seinem Chef häufig Hand in Hand arbeitet, ist auch Verständnis dafür da, wenn manche Aufgaben doch etwas mehr Zeit in Anspruch nehmen. Diese Ruhe bei der Arbeit ist natürlich für den Lernprozess sehr förderlich und ein lockeres Gespräch oder ein Wortspiel zwischendurch sorgen immer für gute Laune.

Unsere Pausen legen wir ungefähr zur gleichen Uhrzeit ein, jedoch flexibel genug, um einen Arbeitsschritt abzuschließen und dementsprechend Pause zu machen. Allerdings finden sich auch gerne mal Gelegenheiten für einen Kaffee zwischendurch. Diese Freiheiten können wir uns erlauben, da wir überwiegend in der Werkstatt arbeiten, jedoch kommt dieser lockere Umgang auch bei Kund*innen sehr gut an. Häufig kommt es mir so vor, während des Tages hauptsächlich Spaß zu haben und mit Matthias über Dinge zu lachen, während wir zusätzlich auch produktiv sind.

Besonders dadurch, dass wir nur zu zweit arbeiten, bekomme ich jedes Projekt von der Planung bis zur Fertigstellung mit, was erstmal viel Freude bereitet und auch hilft, selbständig die nächsten Arbeitsschritte zu überlegen. Im Gegensatz dazu höre ich von anderen Auszubildenden aus größeren Firmen, dass sie häufig zwischen verschiedenen Projekten hin- und herwechseln und selten ein Stück von Anfang bis Ende bauen. Bei manchen Möbeln sind die Gestaltungsmöglichkeiten relativ begrenzt oder schon vorgegeben, doch kommt es auch häufig vor, dass wir uns zusammen verschiedene Möglichkeiten der Gestaltung und Funktionsweise überlegen und wirklich auf Augenhöhe die Gedanken austauschen. Mich freut besonders, dass mir die Gelegenheit geboten wird, auch bei der Gestaltung Einfluss zu nehmen. Manchmal kommt es sogar vor, dass ich nochmal nach meiner Meinung zu manchen Ideen gefragt werde, was eine tolle Form der Wertschätzung ist. Es hilft außerdem, eine klare Vorstellung des Ergebnisses zu haben, um die nächsten Schritte zu wissen und sich mögliche Fragen selbst beantworten zu können.

Selbst wenn ich einen Fehler mache oder etwas falsch verstanden habe, versuchen wir möglichst zielgerichtet weiterzuarbeiten, anstatt uns über etwas aufzuregen, das wir nicht mehr ändern können. Und selbst wenn etwas für dieses Projekt dann nicht mehr zu gebrauchen ist, findet sich an anderer Gelegenheit immer wieder eine Verwendung für solche Stücke, weshalb der wirkliche Verlust selten dramatisch ist.

An sich arbeiten wir hauptsächlich im ländlichen Umkreis der Tischlerei und bauen überwiegend Möbel, jedoch führen wir auch verschiedene Restaurationsarbeiten durch und arbeiten alte Möbel wieder auf. Es fällt nicht schwer, einen Sinn dahinter zu sehen, denn wir alle brauchen Möbel und freuen uns über ein repariertes Gartentor, anstatt ein komplett neues zu benötigen. Besonders Restaurationsarbeiten fühlen sich sehr sinnvoll an, da sie zum einen nachhaltig sind und es zum anderen weniger Aufwand bedeutet, nur kleine Überarbeitungen vorzunehmen, anstatt so lange zu warten, bis etwas doch komplett ausgetauscht werden muss. Diese Gründe motivieren uns immer wieder, Projekte umzusetzen, da wir durch unser Fachwissen und unsere Fähigkeiten in der Lage sind, Menschen zu helfen, die manche Dinge vielleicht nicht in der Form bewältigen könnten. Dabei steht es für mich eher im Hintergrund, dass dabei Geld verdient wird, denn vor allem wollen wir Dinge reparieren und erhalten und verspüren viel Freude am Bauen schöner Möbel. Der finanzielle Aspekt dabei beruht nun mal auf den wirtschaftlichen Gesetzmäßigkeiten, die wir uns leider nicht aussuchen können. Aber die Aufträge, die wir ausführen, sind grundsätzlich Dinge, die benötigt werden, weshalb der Sinn dahinter, wie gesagt, leicht zu erkennen ist.

Wie geht es weiter?

Da die Ausbildung im Sommer 2020 abgeschlossen sein wird, überlegen Matthias und ich, wie das Arbeitsverhältnis weitergehen wird, denn wir sind uns einig, dass es auch weiterhin gut zusammenpassen wird und wir zusammenarbeiten wollen. Noch nicht genau geklärt ist, in welcher Form, denn eine klassische 40-Stundenwoche ist nicht das Konzept, das ich anstrebe. Da ich zusätzlich noch einen relativ weiten Fahrweg habe, möchte ich gerne mehr Freizeit, um mich anderen Dingen als nur Arbeit widmen zu können. Wenn ich mir mein Leben jetzt angucke, dann möchte ich weder meinen Wohnort noch die Arbeitsstätte ändern, aber gerne mehr Flexibilität im Leben. Deshalb überlege ich häufig, wie sich das gestalten lassen könnte, und komme entweder zu der Variante, dass ich gerne nur drei volle Tage arbeiten möchte, um meinen doppelt verplanten Terminkalender etwas zu entzerren. Dabei wäre ich dafür bereit, von Woche zu Woche die drei Arbeitstage so flexibel zu legen, dass es am sinnvollsten zu den Terminen und Projekten passt. Eine andere Idee wäre, eine feste Stundenanzahl zu vereinbaren von zum Beispiel 25 Stunden, die dann abgearbeitet werden, sodass sich die Arbeitszeit spontaner einteilen lässt. Jedoch ist so eine flexible Lösung bestimmt oft schwer zu vereinbaren mit Terminen und Tagesbaustellen, aber vielleicht lässt sich eine Möglichkeit finden, die zumindest in die Richtung dieser Idee geht. Doch wie genau sich das Arbeitsverhältnis entwickelt, wird sich im Laufe der Zeit zeigen und mit mehr Arbeitserfahrung lassen sich Projekte auch selbständiger und dadurch flexibler erledigen.

Bastien Theisen
Arbeit mit Sinn – Innenansichten eines Polizeibeamten

Sokrates galt als fragender Philosoph und rät: Erkenne den Sinn Deines Lebens! Erkenne Dich selbst! Wisse, wer Du bist! Was meinen wir eigentlich, wenn wir von Sinn sprechen?

Vielleicht auch deswegen habe ich mir als Polizeivollzugsbeamter die Frage nach dem Sinn des Lebens und der Arbeit gestellt – eingehender tatsächlich aber erst in den letzten zwei Jahren. Wenn ich Kolleginnen und Kollegen bat, z.b. ihre Ideen zum Sinn der Arbeit zu beschreiben, erntete ich merkwürdige Blicke. Einer fragte gar, auf welchem Trip ich sei. Andere wichen aus und erzählten Beispiele aus ihrem Berufsalltag, in denen ihnen ihre Arbeit vermeintlich einen Sinn gab. Über die Frage nach dem Sinn der Arbeit hatten viele vermutlich noch nie nachgedacht oder sie wollten sich nicht damit beschäftigen. Vielleicht wollten sie auch einfach nicht in den offenen Austausch gehen. Die Gründe für ihre Wortlosigkeit können vielschichtig sein. Trotzdem halfen mir die Mitstreiterinnen und Mitstreiter durch ihr Erzählen, Schweigen und Achselzucken ins Thema zu finden.

Ich habe angefangen, vieles zum »Sinn«-Begriff in Beziehung zu setzen. Der Begriff wird offensichtlich sehr unterschiedlich gedeutet und deshalb glaube ich, dass die Frage nach dem Sinn oft unbeantwortet bleibt. Wie schade, denke ich bei mir, schaffe ich es dann auch nicht, den Sinn meiner Arbeit zu erkennen? Oder ist einfach alles sinnvoll, was mir guttut? Eines aber ist mir bewusst geworden, der Fragenkanon rund um den »Sinn« hat meinen Horizont erweitert.

Ein Treffen mit einem geschätzten Kollegen, der mir von seiner Tätigkeit an der Hochschule für Polizei und öffentliche Verwaltung erzählte, regte mich zu den nachfolgenden Gedanken an.

Was macht die Arbeit eines Polizeibeamten sinnvoll?

Als Staatsdiener der »vollziehenden Gewalt« werde ich mit den Begriffen Macht, Gewalt, Autorität und Respekt konfrontiert. Das geschieht permanent, wenngleich nicht immer ganz bewusst und in unterschiedlicher Gewichtung. Die Deutung der Begriffe könnte als ein Gerüst dessen dienen, was die Arbeit des Polizeivollzugsbeamten sinnvoll erscheinen lässt. Meine Berufsgruppe ist dem Recht und Gesetz verpflichtet. Damit wird uns Macht im Amt verliehen. Autorität fällt nicht vom Himmel, sondern wird uns von anderen zugesprochen und will im weitesten Sinne erarbeitet sein. Respekt allerdings setzt die lebenslange, auch kritische Beschäftigung mit sich selbst und seiner Umwelt voraus und braucht meines Erachtens die Haltung, die ich einem Menschenfreund zuschreiben würde. Das Zusammenspiel dieser von mir nur skizzierten Bedeutungen mag ausreichend sein, eine Haltung zum Beruf und zur Tätigkeit zu entwickeln, die ein ganzes Berufsleben und sicher darüber hinaus andauert. Wenn sich diese Haltung zum Beruf manifestiert, bin ich überzeugt, dass sie trägt und die Arbeit als sinnvoll und lohnenswert erlebt wird. Folglich stellt sich denen, die im Einklang mit sich und der Ausübung ihres Berufes stehen, die Frage nach dem Sinn der Arbeit seltener.

Aber was kann dazu führen, im »Einklang« zu sein? Ich denke, es ist die Summe des emotional Erlebten. Es ist das Gefühl, das sich einschleicht und mir zeigt, dass etwas einen Nutzen hat, dass etwas stimmig ist und mir guttut. Für all diese Wahrnehmungen braucht es nur mich und nicht zwingend einen anderen Menschen. Denn z.B. die Klänge in der Natur, der Sonnenaufgang an einem besonderen Ort können mir besondere Sinnerlebnisse vermitteln.

In den ersten Berufsjahren war für mich die Tätigkeit als Polizist sehr interessant und brachte täglich neue, neugierig machende, schöne, aber auch belastende und Schreck einflößende Momente mit sich. Der Fokus lag damals auf der Bewältigung von Einsatzlagen und den Herausforderungen im täglichen Dienst, vor allem dann, wenn ich mit den Niederungen menschlichen Zusammenlebens konfrontiert wurde. Den Sinn der Arbeit hätte ich damals vermutlich ganz einfach definiert. »Das ist mein Job als Polizist. Dafür werde ich bezahlt! Ich möchte Freund und Helfer sein!«

Später standen das Gründen der Familie und der »Nestbau« auf dem Programm. Das Planen einer rosigen Zukunft und des Schönen im Leben mit meiner Frau und unseren Kindern ließen Glücksgefühle wie von selbst wachsen.

Arbeit wurde mehr und mehr als Mittel zum Zweck angesehen. Das Familieneinkommen sicherzustellen und in gewissem Maße für die Familie Wohlstand zu erarbeiten und zu bewahren, hatte Priorität.

Mit der »(Teil-)Zielerreichung« und des »Auf das Gleis Setzens« im Privaten begann die Suche nach neuen Herausforderungen. Für mich war wichtig, mich im Beruf und im Nebenberuf zu entwickeln, durchzusetzen und zu qualifizieren. Beides gelang mir gut.

In 17 Jahren Kriminalprävention formte ich eine persönliche Haltung zu einigen gesellschaftlichen Themen, insbesondere im Feld der Gewaltpräventionsarbeit. Ich war überzeugt, dass Gewalt gegen Gewalt zu setzen, sie eskalieren lässt, dass Gewalt kein Mittel der Konfliktlösung ist, dass nicht Macht, sondern Machtmissbrauch Menschen zu Opfern werden lässt und dass das »Gewinnen wollen« und »Recht haben wollen« in den Hintergrund treten sollte. Heute weiß ich, es ist ein langer, steiniger Weg. In der Tätigkeit der Gewaltprävention jedoch wurde ich eins mit meiner Überzeugung. Den respektvollen Umgang mit Menschen anzustreben und zu pflegen, war mir selbstverständlich. Menschen in meiner Umgebung motivierten mich, meine Botschaften zu verbreiten, meine Geschichten rund um das Thema »Gewalt« aus persönlicher wie dienstlicher Sicht zu erzählen und mit meinen Zuhörerinnen und Zuhörern, Seminarteilnehmerinnen und -teilnehmern gemeinsam im Themenfeld Gewaltprävention sogar körperliche Erfahrungen zu machen. Andere verändern zu wollen, verwarf ich früh. Stattdessen konfrontierte ich sie mit sich selbst und bot ihnen Alternativen an.

Eines ist mir über die Jahre klar geworden. Was wäre all das aus meiner Sicht sinnvolle Schaffen und Wirken ohne die Menschen, die sich mit mir auf den Weg machten und die mir aufmerksam zuhörten. Die mit mir kritisch diskutierten, mich zum Nachdenken anregten und mich oft auch rast- und ratlos zurückließen. Diejenigen, die mich unterstützten, an mich glaubten, mich motivierten, mich Neues ausprobieren ließen, die vieles mit mir ertragen und manches aushalten mussten. Die mir geniale Momente der Erkenntnis ermöglichten, mir Rückmeldungen und wie selbstverständlich das Gefühl der Anerkennung gaben.

Ohne diese Menschen wäre mir in meiner Arbeit einiges weniger sinnvoll vorgekommen. Das Sinnerleben in der Arbeit geschah genau zu dieser Zeit. Diese sehr subjektiv empfundene Verbundenheit mit Menschen und die Übereinstimmung mit ihnen in Gesprächen und Situationen machten mich zutiefst glücklich und ließen mich mein Wirken in jeder Hinsicht bejahen.

Wir sind als Menschen soziale Wesen und streben nach Verbundenheit. Ein gelungenes und auch so wahrgenommenes Leben ist meines Erachtens erst dann sinnvoll und beglückend, wenn wir Kommunikationszeit mit anderen verbringen, und zwar mit der Familie, Freunden, Bekannten, Kollegen, aber auch mit Fremden. Die eben erwähnte Verbundenheit und Übereinstimmung hat mir persönliches Wohlbefinden beschert, hat meine Lebenszufriedenheit erhöht und mich glücklich gemacht.

Der Sinn bestand tatsächlich ganz einfach darin, »Ja« sagen zu können. Kann so etwas die Arbeit sinnvoll werden lassen? Ich denke schon.

Anstöße zum Nachdenken über den Sinn der Arbeit

Warum ich mich erst im fortgeschrittenen Alter auf die Suche nach dem Sinn der Arbeit mache, wird mir langsam klar. Es liegt daran, dass ich weiser geworden bin. Aber es kann auch sein, dass diverse Brüche im privaten wie beruflichen Leben mich über den Sinn des Lebens und des Daseins überhaupt nachdenken lassen. Dass ich die Erfüllung in meinem Beruf nur schwer finde, hat wohl damit zu tun, dass ich die gesetzten Ziele doch nicht, wie einst gewünscht, erreicht habe. Ist mir das bedingungslose Bejahen nach Jahren eindrücklicher Erfahrungen mit Menschen nicht mehr so leicht möglich? Die wenigen bis gar keinen beruflichen Entwicklungsmöglichkeiten sind gepaart mit der Erkenntnis, auch noch zu viel Zeit mit gefühlt Unnützem verbringen zu müssen.

Helfen würde mir vielleicht, mehr Anerkennung im Job zu bekommen. Eines aber weiß ich, das Heil der Sinnhaftigkeit in der (modernen) Arbeitswelt ist nicht nur in der Arbeit selbst zu suchen. Als Beauftragter für das Gesundheitsmanagement in einer kleinen Kreispolizeibehörde treiben mich derzeit die eben formulierten Fragen um, hier zusammengefasst zu »Was habe ich bisher gemacht und wo will ich noch hin?«

Meine Erfahrung ist, dass wir in meiner Behörde jene Kolleginnen und Kollegen, die bereits »den Kopf unter dem Arm tragen«, nur schwer identifizieren. Sie sehen den Sinn der Arbeit vermutlich nur noch in der Erfüllung der Beamtenpflichten. Lebensälteren Mitarbeiterinnen und Mitarbeitern bietet sich die Perspektive, die Pension sicher, behütet und ohne nennenswerte Störung zu erreichen. Das kann aus Sicht eines

Arbeitgebers nur inakzeptabel sein. Der Wert der Anerkennung von Geleistetem verblasst, wenn am eigenen Leib erfahren wird, von heute auf morgen austauschbar zu sein. Dies wird meines Erachtens niemandem gerecht, im Übrigen auch nicht den Beschäftigten, die nachfolgen. Aber: »Das Handtuch schmeißen, ist keine Sportart«, so ein Aufkleber an der Bürotür eines Kollegen, macht doch wunderbar deutlich, dass zur Sinnsuche eine gehörige Portion Motivation gehört. Das ist aber auch symptomatisch für die oft zielgerichtete, polizeiliche Arbeit. Dazu passt auch Folgendes, was sich in meiner Behörde ereignete.

Die massenhaften, zerstörerischen Geschehnisse im »Kriminalfall Lügde« haben den sexuell misshandelten Kindern unendliches Leid und sehr wahrscheinlich einen Schaden fürs Leben zugefügt. Die Polizeibehörde, in der ich Dienst versehe, ist wegen Fehlern und Versäumnissen in wenigen Arbeitsbereichen in diesem Kriminalfall zu Recht in die öffentliche Kritik geraten und letztlich durch den Innenminister des Landes als Dienstherr quasi unter Aufsicht und Bewährung gestellt worden.

In dieser immer noch andauernden Phase stieg vor Monaten neben dem öffentlichen auch der politische Druck auf diese Polizeibehörde. Eine Organisationsüberprüfung jagte die nächste Umstrukturierung, gefolgt von nicht enden wollenden Berichtspflichten, und die Entwicklung fand auf der politischen Bühne ihren Höhepunkt in einem parlamentarischen Untersuchungsausschuss im nordrhein-westfälischen Landtag. Der Arbeitsdruck in den Dienstzimmern der Kreispolizeibehörde wurde immer größer, das Controlling immer feingliedriger. Die Geschäftsprozesse werden immer effizienter und die meisten Dienstanweisungen sind auf den Prüfstand gestellt worden. Das Misstrauen gegenüber Mitarbeitenden war und ist deutlich spürbar und der Umgang untereinander ist maximal formell, um sich keine Nachlässigkeit nachweisen zu lassen. Wer hätte mehr Grund, nach dem Sinn der Arbeit zu fragen als wir in dieser Behörde? Arbeiten in diesen Zusammenhängen ist für viele von uns von dem Sinn getragen, den Ruf der Behörde wiederherzustellen.

In der Überzeugung aber, dass das Miteinander ein wesentlicher Teil von Lebens- und Arbeitszufriedenheit ist, bedarf es mehr denn je der Führungskräfte, die in der Lage sind, ein gutes Krisenmanagement zu betreiben. Nur was braucht es dafür?

Der Sinn der Arbeit, insbesondere in der Beamtenschaft, ist schon lange nicht mehr damit zu erreichen, dass der Job sicher scheint und gut bezahlt ist. Das allein ist vor allem in »Krisenzeiten« viel zu kurz gesprungen. Es braucht die Anerkennung und den Respekt, die jedem und jeder von uns so guttun, um Zufriedenheit zu erlangen.

Die Sinnhaftigkeit der Arbeit bemisst sich am Erfüllungsgrad dessen, was wir eigenmotiviert aus tiefer Überzeugung tun, wie wir selbst die Kultur des »Miteinander(n)s« mitentwickeln, und lebt vor allem davon, wie respektvoll und wertschätzend der Umgang untereinander gepflegt wird.

Die Einführung eines Change-Managements mag einer so unter Druck geratenen Behörde helfen, »Quick-Wins« vielleicht auch. Das sind allgemein schnelle Resultate, die mit wenig Aufwand erzielt werden können. Aber die Gesunderhaltung der Mitarbeiterschaft muss im Auge behalten werden. Es ist viel wichtiger, Mitarbeiterinnen und Mitarbeitern Vertrauen zu schenken. Vor allem benötigen sie Zeit für gelingende Veränderungen.

Das Wichtigste ist jedoch, dass ihnen zugehört wird. Den Führungskräften sollte eines bewusst sein: Die Mitarbeitenden tragen das geballte Wissen dieser Welt, zumindest aber dieser Polizeibehörde, in sich. Dies ist ein unschätzbares Potenzial. Diese Menschen wollen Verantwortung oft auch über ihren engen Dienstbereich hinaus übernehmen. Sie haben es immer schon kraft Amtes ihr ganzes Dienstleben lang getan. In den vergangenen Monaten mussten sie trotz vieler Anfeindungen als Mitarbeiterinnen und Mitarbeiter einer in die öffentliche Kritik geratenen Behörde beweisen, dass sie immer noch gut sind. Alle in der Behörde geben nach wie vor ihr Bestes, und zwar das, wozu er oder sie zum entscheidungserheblichen Zeitpunkt in der Lage war oder ist.

Aus diesem Grund muss eine verantwortungsvolle Leitung ihre Führungsaufgabe der »echten« Partizipation von Mitarbeiterinnen und Mitarbeitern in Entscheidungs-, Entwicklungs- und Planungsprozessen widmen. Im Übrigen steht ein hierarchisches und auf Gehorsam angelegtes Führungsverhalten meinem Wunsch nach Transparenz und Gleichwertigkeit, vor allem in einer Krise, diametral gegenüber.

Das Einbeziehen der Beschäftigten in erhebliche und sie betreffende Entscheidungen und Prozesse ist meines Erachtens die am ehesten Sinn stiftende und deshalb zu kultivierende Aufgabe in einer Krisensituation. Nur wenn das gelingt, kann Arbeit in unserer Behörde in Gegenwart und Zukunft vom Einzelnen als sinnvoll, gelungen und glücklich machend empfunden werden.

Der gerechte Lohn für Führungskräfte und Beschäftigte sind die sich einstellenden Gefühle von Glück, Zufriedenheit und Zugehörigkeit, die Menschen brauchen, um die Arbeit als für sich sinnvoll bewerten zu können.

Aber schon Aristoteles sagte: »Das Ganze ist mehr als die Summe seiner Teile.« Das alles verbindende und Sinn gebende Element ist der Mensch selbst, und zwar mit seiner Art zu denken, zu fühlen, zu handeln und Beziehungen zu pflegen. Ohne eine abschließende Aufzählung vornehmen zu wollen, kommt es bei der Sinnsuche am Ende doch auf mich selbst an.

Evelyn Sonnberger
Sinnhafte Arbeit als Schwerbehindertenvertretung

Ob die Arbeit der Schwerbehindertenvertretung (SBV) sinnhaft ist oder nicht, hängt vor allem von der persönlichen Integrität und vom Umfang des Engagements der beteiligten Personen ab.

Ein Großteil der Arbeitgeber würde sagen, dass eine SBV unnötig ist, da man ohnehin gesetzestreu und im Sinne der Mitarbeiterinnen und Mitarbeiter handle. Ein Großteil der Beschäftigten findet die Arbeit mehr als sinnhaft, ja oft existenzsichernd. Vor allem jene, die eine Behinderung haben, die sich oft verbal nicht dazu äußern können und/oder emotional nicht dazu in der Lage sind. Diese Meinung teilt auch der Gesetzgeber.

Wie kam ich zum Amt der Schwerbehindertenvertretung?

Es war im Jahr 2011. Zu diesem Zeitpunkt wurde unsere Behörde eigenständig, somit mussten Gremien aufgestellt und gewählt werden. Der bereits gewählte Personalrat rief eine Wahlversammlung ein. An dieser nahm ich teil, weil ich persönlich darum gebeten wurde und ich neugierig war. Ohne konkrete Vorstellungen und schon gar nicht mit dem Wunsch, mich für ein Amt aufstellen zu lassen, ging ich dahin. Der Schwerbehindertenstatus wurde mir erst kurz vorher zugesprochen und ich hatte bis zu diesem Zeitpunkt noch keine Berührung mit dem Schwerbehindertenrecht.

Ich wurde ohne Gegenkandidaten gewählt. Wahrscheinlich, da ich mich schon immer für Kolleginnen und Kollegen eingesetzt habe, und mich viele immer wieder als Person ihres Vertrauens zu Personalgesprächen mitgenommen hatten. Ich nahm das Amt der Schwerbehindertenvertretung an.

Mir war damals nicht bewusst, was auf mich zukommen würde und welche Aufgaben und Herausforderungen auf mich warteten. Kurz nach Amtsantritt – sogar schon am selben Tag – durfte ich bereits im Amt der SBV agieren und Entscheidungen fällen. In diesem Augenblick wurde mir klar: Ohne gute Schulung geht hier gar nichts!

Also suchte ich mir einige Anbieter heraus, entschied mich für einen Kursanbieter, der eine ansprechende Webseite vorweisen konnte und meldete mich zum Grundlagenseminar SBV Teil 1 an. Ich hatte ja keine Ahnung, wie sich mein Leben danach verändern würde! Während des Seminars wurde es mir mulmig, da mir dort bewusst wurde, welche Verantwortung und welche Auseinandersetzungen auf mich zukommen würden. Für mich gab es zu diesem Zeitpunkt eigentlich nur eine Alternative, um dieses Gefühl zu umgehen: vom Amt der SBV zurückzutreten. Aber wollte ich das? »Nein« war ganz klar meine Antwort, da ich wusste, dass wir viele Kolleginnen und Kollegen in der Behörde hatten, die auf Hilfe angewiesen waren. Klar war mir aber auch: Ohne »Kampf« wird es nicht ablaufen.

Erste Erfahrungen mit dem SBV-Engagement

Unsere Behörde, bei der ich seit 1992 beschäftigt bin, erscheint sehr unflexibel, ist streng hierarchisch aufgebaut und wirkt zugeschnürt, wie in einem Korsett. Ohne Anweisungen von oben nach unten, ohne Einbeziehung der Hierarchien, bewegt sich hier nichts.

Ich bin von Natur aus so gestrickt, dass ich, wenn ich etwas anpacke oder anfange, versuche, es hundertprozentig zu tun. Halbe Sachen gibt es bei mir nicht. Dass meine Haltung auf unglaublich große Widerstände stoßen würde, konnte ich damals nur im Ansatz erahnen.

Als wir mit einer Tarifvereinbarung zwischen der Gewerkschaft und meinem Arbeitgeber nicht einverstanden waren, verfasste ich eine Resolution im Namen meiner Kollegen und mir. Nach vielen Gesprächen und umfangreichem Schriftverkehr mit meinem Arbeitgeber und der Gewerkschaft bekamen wir in unserer Behörde und etwas später auch auf Bundesebene die geforderte Zulage, die sich finanziell gut bemerkbar machte.

Das hat einiges Aufsehen hervorgerufen und in der Folge wurde ich 2011 auf Landesebene als Landessprecherin Rheinland-Pfalz gewählt. Kurz danach fand auch auf Bundesebene eine Wahl des Bundesvorstandes bzw. des geschäftsführenden Bundesvorstandes statt. Dort präsentierte ich mich, so wie immer: authentisch und bodenständig. Ich schilderte, dass die Arbeit der SBV reine Herzensangelegenheit, ich aber noch unerfahren sei. Ich bekam die meisten Stimmen bei der Wahl zur Bundesvorsitzenden. Die Wahl nahm ich allerdings aufgrund meiner zu diesem Zeitpunkt vorhandenen Wissenslücken und noch fehlenden Erfahrung nicht an. Für die Position der stellvertretenden Bundesvorsitzenden war ich aber bereit und nahm dieses Amt an.

Als ich voller Stolz in meiner Behörde meinem Arbeitgeber mitteilte, dass ich nicht nur Landessprecherin von Rheinland-Pfalz für die Vertrauenspersonen der Behörde sei, sondern auch die stellvertretende Bundesvorsitzende, wurde mir in scharfem Ton geantwortet, ich hätte erst einmal fragen müssen, ob ich das überhaupt werden dürfe. Mir fehle die Erlaubnis meiner Vorgesetzten.

Da wurde mir so richtig bewusst, dass ich mich noch besser und noch schneller schulen lassen muss. Das SGB IX wurde zu meiner Bettlektüre. Die Aneignung der Gesetze und Aufgaben konnte nicht nur während meiner Arbeitszeit erfolgen, dafür sind diese zu umfangreich. So habe ich viele Gesetztestexte und Lektüren mit nach Hause gekommen und nach Feierabend viel gelesen. Es wurde mir immer deutlicher, dass es sehr viele Gesetze gibt, die man kennen sollte, um das Ehrenamt SBV verantwortungsvoll ausüben zu können.

Ich ging auf viele Seminare, Schulungen und Fachtagungen. Es gab zusätzlich auf Bundesebene etliche Termine, die ich wahrnehmen musste. Zugleich musste ich auch noch die Kolleginnen und Kollegen vor Ort betreuen. Hier hatte ich eine phantastische Stellvertreterin, die während meiner Abwesenheit alles organisierte und die vielen Aufgaben wahrnahm. Im Laufe der Zeit wuchsen mein Aufgabengebiet und auch meine Kenntnisse im SGB IX und weiterer Gesetze. Da ich viel unterwegs war, wuchs aber auch der Unmut meines Arbeitgebers und der meiner Kolleginnen und Kollegen meines Teams. Zudem konnte ich meine reguläre Tätigkeit nicht in vollem Umfang ausüben, da ich das SBV-Amt, das es vorher in unserer Behörde nicht gab, vom Grunde auf aufbauen durfte. Hinzu kamen meine Tätigkeiten auf Landes- und Bundesebene. Auch hier mussten wir uns als SBV finden und uns Gehör schaffen. Dies war nur möglich, indem wir viele Konferenzen abhielten.

Das ganze Wissen und die Erfahrungen, die ich gewonnen habe, kamen selbstverständlich meinen Kolleginnen und Kollegen vor Ort zugute, sie nahmen es zu diesem Zeitpunkt gleichwohl noch nicht umfassend wahr.

Meinem Arbeitgeber waren meine Aktivitäten gar nicht so recht. Er fühlte sich durch mich »überwacht«. Ich baute eine starke SBV auf, nahm im Rahmen meiner Ämter auf Landes- und Bundesebene Termine in Ministerien, bei Staatssekretären und im Bundeskanzleramt wahr.

Somit verbrachte ich die ersten Jahre viel Zeit mit Seminaren, mit Konferenzen auf Bundesebene, mit Arbeitskreisen, Fachtagungen, ohne dass ich erkannte, dass nicht nur mein Arbeitgeber und mein Team sauer auf mich waren, sondern auch meine Familie eindeutig zu kurz kam. Bis heute absolviere ich dennoch regelmäßig – wenn auch etwas weniger häufig – Seminare, Schulungen und Fachtagungen, da die Kenntnis der aktuellen Rechtslage ein wichtiger Bestandteil der Arbeit der SBV ist. Nur so kann ich die mir anvertrauten Schwerbehinderten und Gleichgestellten entsprechend begleiten und ihnen zur Seite stehen und ihre Rechte einfordern, wenn dies erforderlich ist.

Erfolge und Schattenseiten der SBV-Arbeit

Vielen Kolleginnen und Kollegen konnte durch die SBV-Intervention ihr Arbeitsplatz erhalten werden. Es fanden beispielsweise Umsetzungen innerhalb der Behörde statt, zahlreiche Hilfsmittel wurden angeschafft und sehr viele Gespräche auf verschiedenen Ebenen geführt.

Die Teilnahme am Betrieblichen Eingliederungsmanagement (BEM) kristallisierte sich als wichtige Aufgabe in meinem Tätigkeitsfeld heraus. Hier kann die SBV ihren ganzen Wissensschatz einsetzen und die Arbeitsbedingungen und Arbeitsfähigkeit für die Kolleginnen und Kollegen verbessern. Gerne wird versucht, die nicht mehr leistungsfähigen Kolleginnen und Kollegen zu »entsorgen«. Das gilt weniger in unserer Behörde, das muss ich dieser zugestehen, hier werden zum Glück erst viele Möglichkeiten ausprobiert, bevor eine krankheitsbedingte Kündigung im Raum steht.

Seit ich das Amt übernommen habe, wurde in unserer Behörde niemandem wegen seiner gesundheitlichen Einschränkungen gekündigt. In drei Fällen konnte ich eine solche Kündigung vom Tisch bekommen, was ein hartes Stück Arbeit war und viele Verhandlungen mit sich brachte. Darauf bin ich sehr stolz und freue mich bis heute, wenn ich diese Kolleginnen und Kollegen im Hause sehe.

Das BEM ist ein unabkömmliches Instrument, um Kolleginnen und Kollegen erfolgreich wieder zu integrieren und ihnen zu helfen, ihre Arbeitskraft wieder zu erlangen. Das Gute am BEM ist, dass man auch noch weitere Teilnehmerinnen und Teilnehmer außerhalb der Behörde oder des Betriebs hinzuziehen kann, wenn das Verfahren stagniert. Wir hatten mehrere Male das Integrationsamt, Betriebsärzte und Technische Berater mit ins Boot genommen. In solch einer Runde ergeben sich neue Blickwinkel und Ideen – alles zum Wohle der BEM-Berechtigten. Wenn es uns gemeinsam glückt, den Arbeitsplatz zu erhalten oder einen neuen Arbeitsplatz anzubieten, freue ich mich unbändig. Es ist gut zu wissen, dass man auch mal krank werden darf, ohne Angst haben zu müssen, seine Existenz zu verlieren!

Es ist nicht immer leicht, sich blitzschnell auf alle Situationen, die sich in einem solchen Verfahren ergeben können, einzustellen. Um ein gutes Ergebnis zu erzielen, sind Kraft, Schlagfertigkeit und manchmal auch ein »Pokerface« nötig.

Ab und an benötigen die Kolleginnen und Kollegen einfach nur ein offenes Ohr, um über ihre Sorgen und Nöte sprechen zu können. Nicht immer hatte ich in meiner Laufbahn eine passende Antwort oder eine spontane Lösung parat. Das war auch nicht immer erforderlich. Das Reden alleine hat schon oftmals einigen Kolleginnen und Kollegen ein wenig Last von den Schultern genommen und ihnen geholfen, Luft abzulassen.

Meinem Arbeitgeber war es gar nicht klar, dass dies alles im Hintergrund lief und die SBV dadurch sehr viel Gutes für die Behörde, für die Teams und für die Führungskräfte tun konnte. Da ich meine Schweigepflicht sehr ernst nehme und niemals Gespräche oder Daten nach außen gegeben habe, konnte ich das Vertrauen der Kolleginnen und Kollegen immer mehr gewinnen.

Vertrauen muss man sich über einen langen Zeitraum erarbeiten und verdienen. Es ist mittlerweile so groß, dass manche Kolleginnen und Kollegen keinen Termin mit ihren Vorgesetzten ohne mich wahrnahmen. Kein Betriebsarztbesuch oder sonstige Termine wurden angenommen, ohne mich im Boot zu haben.

Der Unmut und die Ungeduld meines Arbeitgebers wuchsen. Unter der Belegschaft galt die Meinung, dass man durch die Unterstützung der SBV, zum Beispiel bei Beurteilungsgesprächen, mindestens eine »Note« erhalten würde. Mitunter wurde ich im E-Mail-Verkehr automatisch von Kolleginnen und Kollegen ins CC gesetzt, egal ob ich in die Fälle involviert war oder nicht. Den Teamleitern sollte dies signalisieren: »Wehe, du tust mir was, die SBV ist informiert und bereits in Kampfstellung.« Mein Ruf ging mir voraus und ich wurde als »Fels in der Brandung«, aber auch als »Kampfmaschine« betitelt.

2016 fanden Personalratswahlen statt, hier wurde ich mit Dreiviertelmehrheit gewählt. Es hatte sich herumgesprochen, dass ich mich bei der Geschäftsführung, den Bereichs- sowie bei den Teamleitungen sehr gut durchsetzen kann und viel erreiche. Somit wurde ich Personalratsvorsitzende. Dieses Amt führte ich bis 2018 aus, danach übernahm ich die Rolle der Stellvertreterin, die ich bis heute innehabe. So kann ich beiden Aufgaben gerecht werden. Durch die Ämter, die ich vertrat, ging es dann so weit, dass Teamleiter regelrecht Angst vor mir hatten. Oft kam es vor, dass bei der Planung eines Personalgesprächs der Wunsch formuliert wurde, bitte nicht die SBV bzw. die stellvertretende Personalratsvorsitzende mitzubringen. Einerseits fand ich das amüsant, auf der anderen Seite sah ich die Gefahr, dass hier keine konstruktive Zusammenarbeit mehr möglich war.

Ich war in meinen Funktionen stark und sattelfest sowie mittlerweile überaus sachkundig. Der Geschäftsführung und den Teamleitern ist im Laufe der Zeit deutlich geworden, dass sich die Gesprächskultur veränderte. Ein Abspeisen und Abwimmeln sowie unsachliche Gespräche mit den Mitarbeiterinnen und Mitarbeitern waren nicht mehr möglich. Die Gespräche mussten gut vorbereitet, die Argumente gut durchdacht werden. Das passte meinem Arbeitgeber ganz und gar nicht. So wurden in meinen Augen einige Versuche gestartet, mich mürbe zu machen und letztendlich loszuwerden. Ich bekam beispielsweise wegen meiner SBV-Tätigkeiten unerwartet eine Reihe völlig unbegründeter und konstruierter Abmahnungen und Ermahnungen. Es wurden schriftliche Anhörungen des Arbeitgebers zu mir persönlich nach Hause gebracht, überreicht von mir unbekannten Mitarbeitern in schwarzer Kleidung und mit zwei schwarzen SUVs. Einige dieser Einschüchterungsversuche sind vor Gericht gelandet und teilweise noch nicht entschieden.

Ich selbst bin schwerbehindert, mitunter sitze ich, je nach Krankheitsschüben, im Rollstuhl. Da meine Gesundheit nicht so robust ist, trat ich 2019 vom geschäftsführenden Bundesvorstand zurück, da es mir persönlich zu viel wurde und ich das Gefühl hatte, nicht mehr adäquat unterstützend wirken zu können.

Es gibt auch Schattenseiten, wenn man sich sehr engagiert und versucht, so gut wie möglich das Ehrenamt als SBV auszuführen. Man wird immer auf Widerstand stoßen. Wie dieser sich äußert, hängt von der Integrität und dem Anstand der handelnden Personen ab.

Das Verständnis für die Sinnhaftigkeit der Tätigkeiten einer SBV ist nicht immer gegeben, egal ob in einer Behörde oder in der Wirtschaft. Die SBV gilt als Kostentreiber und Störenfried, z.B. durch ihre Möglichkeiten, in personelle Maßnahmen sowie in Bau- und Umbaumaßnahmen einzugreifen. Ein Einfluss, der nicht gerne gesehen wird. Ebenso ist die Tatsache, dass ein untergebener Angestellter in Ausübung des Amts der SBV plötzlich auf Augenhöhe mit der Geschäftsführung ist, ist für viele gewöhnungsbedürftig.

Dabei kann eine SBV eine große Bereicherung sein. Arbeitgeber können die Ressourcen der SBV nutzen und sie mit in die Verantwortung nehmen. Damit könnten alle gewinnen, und die Inklusion und die Unterstützung der Arbeitsfähigkeit jedes Einzelnen könnte somit wahrhaftig gelebt werden. Es bleibt die Frage, wieso diese Bereicherung oft nicht gesehen wird.

Meiner Einschätzung nach liegt es vor allem auch an der Unwissenheit, welche Aufgaben die SBV nach dem Gesetz eigentlich übernehmen muss. Aber auch an Befürchtungen auf der Arbeitgeberseite, »Macht« zu verlieren und der SBV zu große Einblicke zu geben, sodass dann »Fehler« aufgedeckt werden. Und das geschieht ja auch. Jedoch ist dies in einer demokratischen Gesellschaft, in der gegenseitige Kontrolle vorgesehen ist, auch als eine Chance zu sehen.

Arbeitgebern muss es bewusst sein, dass die SBV eingebunden werden muss, sobald irgendeine Entscheidung Schwerbehinderte betrifft, ob als einzelne Personen oder als Gruppe. Dieser Schritt ist für viele Arbeitgeber ungewohnt. Sie können nicht autark handeln, wenn es eine SBV gibt. Deren Aufgabe ist es schließlich, den Umgang mit schwerbehinderten oder gleichgestellten Kolleginnen und Kollegen zu überwachen und den Handelnden »auf die Finger« zu schauen.

Am Beginn meiner Amtszeit sind mir viele Anfängerfehler unterlaufen. Nach jedem Seminar versuchte ich mein neu gewonnenes Wissen ohne Vorwarnung sofort umzusetzen und durchzusetzen – das musste für meinen Arbeitgeber wie eine regelrechte Kriegserklärung gewirkt haben. Auch ich musste erst verstehen, dass auch die andere Seite etwas lernen musste: Da gibt es jetzt eine Instanz, die nicht übergangen werden darf. Dies anzuerkennen und zu respektieren, kostet viel Überwindung und erfordert auch eine unwahrscheinliche Größe seitens des Arbeitgebers. Es kann Jahre dauern und im schlimmsten Fall wird dies nie geschehen. Das alles kostet sehr viel Kraft, was ich sehr schade finde.

Meine bisherigen Erlebnisse als SBV waren emotional sehr berührend, vielseitig, manchmal motivierend und des Öfteren auch deprimierend. Es zeigte sich, dass die Gespräche und Aufgaben nicht nur am Schreibtisch erledigt werden konnten. Einige Kolleginnen und Kollegen müssen auch zu Hause besucht bzw. begleitet werden, z.B. wenn Hilfsmittel besorgt werden müssen. Wenn ein Bürostuhl für adipöse Kolleginnen und Kollegen angeschafft werden muss, fahren wir zu den Firmen und probieren so lange die Stühle aus, bis wir einen passenden gefunden haben. Dies sind Tätigkeiten, die Freude bereiten. Wenn die Augen des Gegenübers strahlen und ich ein Lächeln ins Gesicht zaubern konnte, weil es endlich möglich ist, bequem in einem Stuhl zu sitzen, ohne sich reinquetschen zu müssen, und ohne die Gefahr, dass die Gasfeder kurz danach bricht. Ehrlich gesagt, gibt es sehr viele schöne Momente, die die Tätigkeit der SBV erfüllen, es lohnt sich, nicht aufzugeben, sondern weiterzumachen, auch wenn man manchmal an seine Grenzen stößt.

Die SBV-Tätigkeit ist wie ein bunter Blumenstrauß. Dieser besteht aus so vielen verschiedenen Facetten und ist für mich in meinem Leben eine wahrhafte Bereicherung, auch wenn nicht alles rosig war und ist.

Meine Familie hat sich mittlerweile daran gewöhnt, dass die SBV-Tätigkeit mir sehr wichtig ist und mein Herz an dieser Berufung liegt. Ich habe ihre volle Unterstützung.

Eines Tages vielleicht auch die meines Arbeitgebers?

Susanne Müller
Werte und Lebenserfahrung als Schlüssel für das eigene Sinnerleben

Meine Arbeit macht mir Spaß und viel Freude, denn sie hat für mich einen hohen Sinn. Diese Sinnstiftung im eigenen Tun birgt einen Schutzfaktor für mich vor dem Ausbrennen. Diese Gefahr besteht, wenn man die Arbeit sehr engagiert macht, vor allem im sozialen Sektor. Wie heißt es immer: Nur wer brennt, kann auch »ausbrennen«!

Es gibt inzwischen Untersuchungen zur »interessierten Selbstgefährdung« (z.B. Krause u.a. 2012) oder dem »Arbeitskraftunternehmer« (Voß/Pongratz 1998; Pongratz 2000). Mit diesen Überlegungen sollte man sich kritisch auseinandersetzen, um sich bei aller Freude und Sinnhaftigkeit an der eigenen Arbeit auch vor den Gefahren zu schützen. Ein »gesunder Egoismus« ist angebracht, und nur wer gut für sich selber sorgt, kann auch anderen helfen. Es sollte sich beim Helfen immer um die Hilfe zur Selbsthilfe handeln, die Respekt wahrt vor dem Willen und der Persönlichkeit der zu unterstützenden Person.

Aber zurück zum Sinn:

Wer wann und wofür Sinn erlebt, das hängt sehr stark von der jeweiligen Person, ihren Lebenserfahrungen und vor allem ihren Werten ab.

So konnte ich mich niemals dafür begeistern, die Produktionszahlen, Umsätze und Gewinne für Produkte zu steigern, die ich als umweltschädigend (z.B. Pestizide), lebensverachtend (z.B. Waffen) oder als reine Luxusgüter (z.B. Golfausrüstung, Luxusautos) einstufe.

Was sind meine Werte? An erster Stelle würde ich den Respekt vor allem Leben und der Würde eines jeglichen Lebens nennen. Hierzu zähle ich auch Tiere, Pflanzen, Bäume und Insekten. Es ist ein zutiefst empfundener Respekt vor der Schöpfung – denn wir sind ein kleiner Teil davon und brauchen alles andere, um leben zu können.

An zweiter Stelle kommt für mich Menschlichkeit, Verständnis und Rücksichtnahme für andere Menschen. Jegliches menschliche Handeln sollte sich daran orientieren! Wir wirtschaften und arbeiten für Menschen – und nicht umgekehrt! In meiner Kindheit hörte ich sehr oft den Satz:»Was Du nicht willst, was man Dir tu, das füg auch keinem

anderen zu!« Würden alle Menschen nach diesem Leitsatz handeln, die Welt wäre ein Ort voller Harmonie und Frieden ...
Wichtig ist mir, über mein Leben selbst und frei zu bestimmen und unabhängig zu sein. Und das gestehe ich auch jedem anderen Menschen zu. Aber ich bin auch leistungsorientiert. Nichts wäre für mich schlimmer und weniger auszuhalten, als nichts zu tun, mich den größten Teil meines Arbeitstages zu langweilen, weil keine Arbeit da ist. Boreout! Übrigens eine sehr beliebte Strategie, unbeliebte Beschäftigte loszuwerden.

All diese Werte verknüpft mit meinen Lebenserfahrungen, meiner beruflichen Vita, Ausbildung, Studium und Fortbildungen, lassen mich in meiner Tätigkeit eine tiefe Sinnhaftigkeit erleben.

Meine berufliche Vita beginnt mit einer Verwaltungsausbildung in der Justiz und dem Nachholen der Hochschulreife. Es folgten eine Stabsstelle in einem Unternehmen der Verpackungsindustrie, das spätere Studium des integrierten Studiengangs »Sozialpädagogik/Sozialarbeit mit Schwerpunkt Rehabilitation und Gesundheitswesen«, und die Tätigkeit im Hartz IV-Bereich im Fallmanagement, aber auch im Arbeitgeberservice. Aus all diesen Bereichen nehme ich mein Wissen, verbinde es und habe es durch weitere Fortbildungen [CDMP (Certified Disability Management Professional), Fachfrau Betriebliches Gesundheitsmanagement (Industrie- und Handelskammer), Präventionsberaterin und Employability (Hochschule Bonn-Rhein-Sieg) sowie viele andere Schulungen und Zertifikate] ständig erweitert.

Es handelt sich um eine Tätigkeit in der sozialen Verwaltung, die aber auch damit verbunden ist, menschliche Ressourcen, Bedürfnisse, Interessen und gesundheitliche Einschränkungen mit den Anforderungen an den jeweiligen Arbeitsplätzen und den Interessen der Arbeitgeber so weit wie möglich in Einklang zu bringen.

Die Arbeit erfordert nicht nur ein umfangreiches Fachwissen auf vielen Rechtsgebieten, das Wissen um Krankheiten/Behinderungen und mögliche Hilfen, die menschliche Psyche, sondern in einem hohen Maß auch Empathie und gute kommunikative Fähigkeiten.

Das alles verknüpft mit einem gesunden Pragmatismus: Denn mein Handeln, meine Entscheidungen sollen dazu beitragen, möglichst einfache und schnell umzusetzende, aber auch nachhaltige Lösungen für die betroffenen Menschen und ihre Arbeitgeber zu finden.

Mit meinen Beratungen, Entscheidungen und Bewilligungen von Leistungen trage ich dazu bei, die Arbeitsplätze behinderter Menschen zu sichern. Falls das nicht mehr umzusetzen ist, sorge ich dafür, einen »sozialverträglichen Ausstieg«, z.B. durch eine Erwerbsminderungsrente oder eine Teil-Erwerbsminderungsrente, zu ermöglichen.

Ich hatte eingangs auch die Lebenserfahrungen erwähnt, die ebenfalls wichtig sind, um in einer Tätigkeit Sinn zu erfahren. In meinem Fall ist es die Begleitung meines Sohnes von der Diagnose seiner unheilbaren Erkrankung im vierten Lebensjahr bis zu seinem Tod mit knapp 14 Jahren. In dieser Zeit musste ich seinen körperlichen Verfall miterleben, seinen schleichenden Tod ertragen, ihn psychisch begleiten.

Ich musste die Pflege leisten, die Beschulung und Hilfsmittel organisieren oder besser gesagt: für ihn erstreiten. Ich hatte, in dieser Zeit überwiegend als alleinerziehende und voll berufstätige Mutter, schwere Kämpfe mit der Krankenkasse und dem Schulamt auszufechten. Ich musste erfahren, wieviel Kraft man in diesen Ämterkämpfen verliert, die man dringend bräuchte, um den Alltag mit einem schwerkranken Kind mit all seinen Belastungen durchzustehen. Immer wieder musste ich gegen die Haltung der Mitarbeiterinnen und Mitarbeiter dieser Ämter ankämpfen, mir oder meinem Sohn »Vorteile zu verschaffen«, z.B. durch die Beantragung eines elektrischen Rollstuhls. Dabei wäre mir nichts lieber gewesen, als ein gesundes Kind zu haben und keinerlei Hilfe durch irgendwelche Kassen oder Ämter in Anspruch nehmen zu müssen.

Ich war in dieser Zeit auch in der Selbsthilfe aktiv, habe Gesprächskreise für Familien, Kinder und auch betroffene Erwachsene aufgebaut und andere Betroffene für die Arbeit in der Selbsthilfegruppe begeistern können. Für meine jetzige Tätigkeit habe ich aus dieser Zeit mitgenommen, dass ich die Bewilligungen von Leistungen gemäß den Vorschriften prüfe, aber auch meinen Ermessensspielraum positiv nutze. Ich versuche, die Bürokratie so gering wie möglich zu halten, und gehe bei meiner Vorgehensweise von einem positiven Menschenbild aus. Das bedeutet, dass die Antragsteller die Hilfen benötigen und sich die Leistungen nicht »erschleichen« wollen.

Wer vom Versorgungsamt eine Behinderung anerkannt bekommt, ist schon sehr stark kontrolliert und geprüft worden. Die Anträge haben nach meiner Auffassung daher ihre Berechtigung. Ich sehe meine Verantwortung vorrangig darin, Arbeitgeber*innen und Arbeitnehmer*innen umfassend zu beraten, Hilfen von Kostenträgern zu benennen und Lösungen aufzuzeigen, die möglichst lange und nachhaltig zu einer Sicherung des Arbeitsverhältnisses führen.

Auch Transparenz ist für mich von großer Bedeutung. Ich erkläre, warum ich was prüfen und anfordern muss. So können die Betroffenen die Vorgehensweise verstehen und nachvollziehen. Mir ist auch wichtig, dass ich persönlich erreichbar bin und für meine Entscheidungen und mein Vorgehen Rede und Antwort stehen kann. Das ist nicht immer einfach, gerade in den krankheitsbedingten Kündigungsfällen, wenn die ärztlichen Stellungnahmen eine negative Prognose beinhalten und ich der Kündigung zustimmen muss. Dies gilt auch bei schweren psychischen Erkrankungen und einer eindeutigen Suizidgefahr.

Mir wird gerade noch einmal deutlich, wie sehr ich diese Verantwortung auch aushalten muss ...

Ein großer Teil meiner Arbeit besteht in der Mediation zwischen Arbeitgeber*in und Arbeitnehmer*in. Für mich als Außenstehende ist es einfacher zu vermitteln und Missverständnisse zu klären, die oft ein positives Ende bzw. eine gütliche Einigung verhindern. Meist gehört hier eine Würdigung des vom Arbeitnehmer bzw. der Arbeitnehmerin bisher Geleisteten durch den Arbeitgeber dazu. Gerade für die ehemaligen Leistungsträger im Betrieb ist es kaum zu akzeptieren, dass sie aufgrund schwerer Erkrankungen nicht mehr arbeiten können – die meisten wollen gerne weiterarbeiten! Als »Minderleister« aussortiert und in die Arbeitslosigkeit entlassen zu werden, ist mit dem bisherigen Selbstbild dieser Menschen meist nicht zu vereinbaren. Hier ist m.E. unerlässlich, einen Austausch zwischen Arbeitgeber*in und Arbeitnehmer*in herbeizuführen, der mit Wertschätzung und Dank gegenüber dem Arbeitnehmer zu einem Annehmen der neuen Situation führt. Erst dann kann sich der leistungseingeschränkte Mitarbeiter seinem eigenen Wohlergehen oder dem letzten Lebensabschnitt zuwenden.

Seit zehn Jahren arbeite ich in diesem Bereich und bekomme viele positive Rückmeldungen und Danksagungen für meinen Einsatz, sowohl von Arbeitnehmer*innen als auch von Arbeitgeber*innen, Rechtsanwält*innen, Betrieblichen Interessenvertretungen und Schwerbehindertenvertretungen. So viel Wertschätzung und Anerkennung habe ich bisher noch nie in meiner beruflichen Laufbahn erhalten. Das macht Freude, bestärkt mich in meinem Tun und zeigt mir, wie sinnvoll meine Arbeit ist!

Literatur

Krause, Andreas/Dorsemagen, Cosima/Stadlinger, Jörg/Baeriswyl, Sophie (2012): Indirekte Steuerung und interessierte Selbstgefährdung: Ergebnisse aus Befragungen und Fallstudien. Konzequenzen für das Betriebliche Gesundheitsmanagement. In: Badura, Bernhard/Ducki, Antje/Schröder, Helmut/Klose, Joachim/Meyer, Markus (Hrsg.), Fehlzeiten-Report 2012. Gesundheit in der flexiblen Arbeitswelt: Chancen nutzen – Risiken minimieren. Berlin: Springer, S. 191-202.

Pongratz, Hans J. (2000): Arbeitskraftunternehmer als neuer Leittypus? Deutsches Institut für Erwachsenenbildung. Verfügbar unter: www.diezeitschrift. de/12001/positionen3.htm.

Voß, G. Günter/Pongratz, Hans J. (1998): Der Arbeitskraftunternehmer. Eine neue Grundform der Ware Arbeitskraft? In: Kölner Zeitschrift für Soziologie und Sozialpsychologie 50, 131158.

Erfolgsfaktoren und unterstützende Ressourcen

Klaus Berg
»Runde Tische« – ein sinnvolles Instrument im Betrieblichen Eingliederungsmanagement

Ob es sich um Verwaltungen, Behörden des öffentlichen Dienstes, das Handwerk oder Unternehmen aus dem Verarbeitenden oder Dienstleistungsgewerbe handelt, »Runde Tische« bieten für alle Arbeitgeber*innen regionale Unterstützungsstrukturen bei der Umsetzung eines geregelten Betrieblichen Eingliederungsmanagements (BEM). Die gesetzliche Vorschrift des § 167 Abs. 2 SGB IX fordert vom Arbeitgeber die Initiative zur Einleitung und Durchführung des BEM. Diesen im Gesetz definierten Klärungsprozess führt der Arbeitgeber bzw. die Arbeitgeberin zusammen mit der zuständigen betrieblichen Interessenvertretung durch. Er gilt für alle Beschäftigten, die innerhalb eines Jahres länger als sechs Wochen ununterbrochen oder wiederholt arbeitsunfähig sind. Die Vorschrift formuliert Mindestanforderungen für die Qualität des Verfahrens und für Maßnahmen der Beschäftigungssicherung. Maßnahmen, Hilfen und Leistungen sind dann geeignet, wenn sie den Gesundheitszustand so stabilisieren und fördern, dass die laufende Arbeitsunfähigkeit möglichst überwunden, erneuter Arbeitsunfähigkeit vorgebeugt und der Arbeitsplatz erhalten werden kann. Die Durchführung obliegt den drei zentralen Verfahrensbeteiligten – dem Arbeitgeber als Initiator des BEM, der betrieblichen Interessenvertretung, gegebenenfalls der Schwerbehindertenvertretung und natürlich dem/der Betroffenen selbst.

Als Vorgehensweise definiert das Bundesarbeitsgericht in seiner laufenden Rechtsprechung das BEM als einen rechtlich regulierten, verlaufsoffenen Suchprozess, der durch individuell angepasste Lösungen Anpassungen und Änderungen an dem bestehenden Arbeitsplatz vornimmt oder alternativ die Suche nach einem anderen geeigneten Arbeitsplatz organisiert.

Das BEM ist ein Hilfsangebot, mit dem Teilhabe von allen Seiten aktiv hergestellt wird. Bevor jedoch das BEM durchgeführt werden kann, ist der Arbeitgeber verpflichtet, die/den BEM-Berechtigte*n über das Verfahren zu informieren. Die/der BEM-Berechtigte ist sowohl über die Ziele des BEM, also die Beendigung der laufenden Arbeitsunfähigkeit, Vorbeugung einer erneuten Arbeitsunfähigkeit und Sicherung des Arbeitsplatzes zu unterrichten, als auch über Art und Umfang der im Rahmen des BEM zu erhebenden Daten. Zur Informationspflicht gehört auch, dass der/die Arbeitgeber*in darauf hinweist, dass der/die Mitarbeiter*in zwischen der Durchführung eines BEM mit oder ohne Beteiligung der Interessenvertretung wählen kann.

Das BEM ist ein Managementprozess mit festen Abläufen und trotzdem flexiblen Handlungsspielräumen. Die besondere Herausforderung besteht für den Arbeitgeber, respektive das BEM-Team, darin, diesen Managementprozess mit entsprechender Sorgfalt, entsprechendem Sachverstand und Kommunikationsgeschick so umzusetzen, dass er den Zielen des BEM gerecht wird. Eine zentrale Bedingung für den Erfolg des BEM und das Erreichen der Präventionsziele ist es, die Bereitschaft und Motivation des betroffenen Arbeitnehmers bzw. der Arbeitnehmerin für das BEM-Verfahren zu generieren.

Zu den Mindeststandards im BEM gehört es auch, entsprechende externe Stellen, Ämter und Personen bei der Klärung geeigneter Teilha-

Abbildung 1: Beteiligte beim BEM-Verfahren

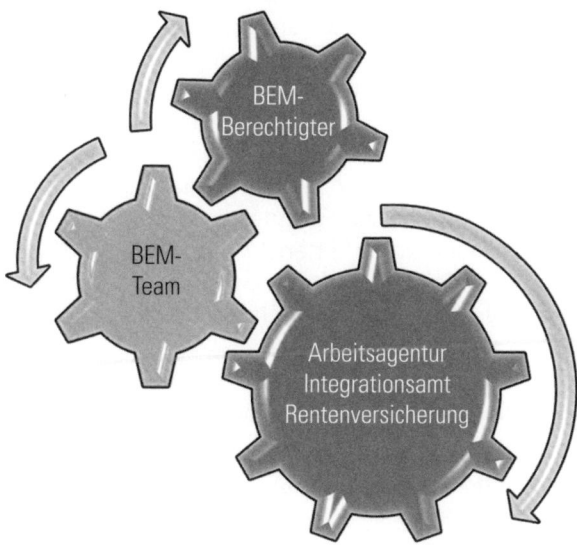

bemaßnahmen zu beteiligen. Der Arbeitgeber ist verpflichtet, die Rehabilitationsträger hinzuzuziehen, sofern Leistungen zur Teilhabe oder
begleitende Hilfen im Arbeitsleben in Betracht kommen. Dazu gehören
beispielsweise medizinische Rehabilitationsmaßnahmen, technische
Hilfsmittel, Weiterqualifizierungsmaßnahmen oder die Anpassung von
Arbeitsgeräten. Weiterqualifizierungsmaßnahmen dienen unter anderem dazu, bei einer innerbetrieblichen Umbesetzung den Leistungsanforderungen des neuen Arbeitsplatzes gerecht zu werden. Zuständige
Rehabilitationsträger können hier die Deutsche Rentenversicherung,
die Arbeitsagenturen oder auch die Berufsgenossenschaften sein.

Wenn es um die Sicherung eines bestehenden Beschäftigungsver-
hältnisses für schwerbehinderte oder gleichgestellte Beschäftigte geht,
kann auch das Integrationsamt Teil des BEM-Prozesses werden. So
können die Kosten einer Arbeitsassistenz übernommen werden, um
beispielsweise so den Arbeitsplatz eines körperbehinderten Beschäftigten zu sichern (siehe hierzu auch die Beiträge von Susanne Müller
und Evelyn Sonnberger in diesem Band).

Um diese Vielfalt an individuellen Teilhabeleistungen und sonstigen
Hilfen zu überschauen und zu koordinieren, bieten seit dem 1.1.2018
sowohl die Rehabilitationsträger als auch die Integrationsämter Hilfen
und Unterstützung in Form von »Ansprechstellen« an, diese lösen die
früheren »Rehaservicestellen« ab. Alle Arbeitgeber*innen sind gehalten, aktiv diese Stellen zur Koordinierung und Unterstützung des BEM-
Verfahrens zu nutzen.

Eine weitere Möglichkeit, externe Akteure in den BEM-Prozess mit
einzubinden, bieten die »Runden Tische«. Diese verstehen sich als ein
interaktives Netzwerk und bestehen aus Akteur*innen der Deutschen
Rentenversicherung, des Integrationsamts, der Agentur für Arbeit und
weiteren aktiven Partnern. Auch finden sich dort Betriebsärzte und
-ärztinnen sowie Suchtberater*innen. Im Rhein-Main-Gebiet sind zwei
»Runde Tische« bei der IKK Südwest Gesundheitsmanufaktur in Kooperation mit dem Institut für Arbeitsfähigkeit in Mainz und Wiesbaden
entstanden.[1]

»Runde Tische« sind ein sinnvolles Instrument für einen erfolgreichen Informationsaustausch zwischen Arbeitgeber*innen als auch

---

[1] Initiatoren und Durchführende dieser »Runden Tische« sind federführend
Marianne Giesert vom Institut für Arbeitsfähigkeit und Klaus Berg von der IKK
Südwest.

Vertreter*innen der einzelnen Rehabilitationsträger, wie die der Deutschen Rentenversicherung, des Integrationsamtes oder anderer Akteur*innen. Von Bedeutung sind dabei auch die anonymisierte Darstellung von Fallkonstellationen, Best-Practice-Beispielen und Strategien zu den unterschiedlichsten Vorgehensweisen im BEM-Prozess.

So trifft sich der »Runde Tisch« regelmäßig auch in größeren Unternehmen, um entweder »Geburtshilfe« beim Implementieren eines BEM-Verfahrens zu leisten oder den Unternehmen bei Fragen rund um das Thema BEM mit Rat und Tat zur Seite zu stehen. Dies ist eine gute und sinnvolle Unterstützung für kleinere und größere Unternehmen sowie BEM-Berechtigte.

Da das BEM-Verfahren unabhängig von der Betriebsgröße oder der Beschäftigtenzahl durchgeführt wird, ist es für den »Runden Tisch« ein besonderes Anliegen, gerade Klein- und Kleinstbetriebe bei der Durchführung eines regelkonformen BEM zu unterstützen. Zu diesem Zweck sind ab dem Jahr 2020 regelmäßig Beratungstage in den Gesundheitsmanufakturen der IKK Südwest in Mainz und Wiesbaden geplant. Dort werden Arbeitgeber*innen Beratung, Information und praxisnahe Handlungshilfen zur Verfügung gestellt.

Die Beteiligung an den »Runden Tischen« ist groß. Das gilt sowohl für die teilnehmenden Arbeitgeber*innen als auch für die Rehabilitationsträger und Institutionen. Sie werden als wirksames und sinnvolles Instrument für die erfolgreiche Arbeit im Betrieblichen Eingliederungsmanagement wahrgenommen.

Bruno Schmalen
Werte für Unternehmen –
Offensive Mittelstand
Präzise Expertise
und wirksames Netzwerk

Seit zwei Stunden sitzen wir am großen Tisch und sprechen über den Transfer von Forschungsergebnissen in der Personalentwicklung, der Vielfältigkeitsentwicklung und der Gesundheitsfürsorge. Wir, das sind 48 freie Beraterinnen und Berater, Verbandsvertreter*innen der Beraterverbände, Vertreter*innen der großen Sozialpartner. Allen ist der Erfolg von kleinen und mittelständischen Unternehmen (KMU) wichtig – und auch der eigene Erfolg. Jede/r, die bzw. der als Beraterin oder Berater der Offensive Mittelstand (OM) akkreditiert ist (inzwischen über 5.000), darf hier mitreden:

■ Hier trifft sich Expertise aus unterschiedlichen Bereichen und bewertet die Chancen, die die Forscher*innen in Form von Tools und Checks zur Verfügung stellen.
■ Hier werden Entscheidungen vorbereitet und das weitere Vorgehen abgestimmt.
■ Hier werden Erfahrungen ausgetauscht und Entwicklungen diskutiert.
■ Hier ist ein mächtiges Netzwerk entstanden, das sich einen Blick in die Zukunft der Beratung und der Mittelständischen Wirtschaft erarbeitet.

Wer ist die Offensive Mittelstand?

Die OM entwickelte sich aus der Initiative Neue Qualität der Arbeit (INQA), die durch das Bundesministerium für Arbeit und Soziales ins Leben gerufen wurde. Und so sitzt auch die Politik mit am Tisch, was für die Beteiligten einen direkten Austausch ermöglicht.

Die »Offensive Mittelstand – Gut für Deutschland« ist eine nationale Initiative und ein Aktionsbündnis von Organisationen und Verbänden, die den Mittelstand unterstützen und fördern. Ziel ihrer Aktivitäten ist es, die Kooperation der Partner zu verbessern, um die Qualität der Arbeit und eine wertschätzende Unternehmenskultur im Mittelstand zu fördern, damit möglichst viele kleine und mittlere Unternehmen den demografischen Wandel und die digitale Transformation der Arbeit als Chance nutzen können. Die OM versteht sich als Plattform, auf der alle Partner auf Augenhöhe und im Konsens gemeinsam fachlich überlegen und entscheiden, wie sie in Kooperation die KMU besser unterstützen können.

Die Offensive Mittelstand ist ein Projekt der gemeinnützigen Stiftung »Mittelstand – Gesellschaft – Verantwortung«. Sie ist das Transfernetzwerk von INQA für den Mittelstand sowie für weitere Initiativen für den Transfer von Forschungsergebnissen in den Arbeitsalltag von kleinen und mittleren Betrieben.

Eine ganzheitliche Beratung kleiner und mittlerer Unternehmen ist nur gemeinschaftlich umsetzbar und dazu ist das gegenseitige Verständnis und die enge Zusammenarbeit aller Partner der Offensive Mittelstand erforderlich.

Kleine und mittlere Unternehmen stellen einen großen Teil der sozialversicherungspflichtigen Arbeitsplätze in Deutschland. Sie sind damit eine der wichtigsten Säulen unserer Wirtschaft und des Gemeinwohls. Die Partner der Offensive Mittelstand verbindet das Ziel, KMU dabei zu unterstützen, dass sie wettbewerbsfähig bleiben und damit ihre Existenz und die Arbeitsplätze sichern. Dieses gemeinsame Ziel verfolgen die OM-Partner aus unterschiedlichen Motiven, zum Beispiel aufgrund gesetzlicher Aufträge, aus monetären Gründen oder aus gesellschaftlicher Verantwortung.

Der fortschreitende digitale Wandel und andere Megatrends in allen Bereichen der Wirtschaft und Gesellschaft erzeugen gerade bei KMU einen immer rasanteren Veränderungsbedarf. Erfolgreich werden die KMU sein, die sich als innovations- und anpassungsfähig erweisen.

Um KMU in diesem Prozess wirkungsvoll zu unterstützen, ist ein neues, gemeinsames und zeitgemäßes Beratungsverständnis aller OM-Partner notwendig. Das Beratungsverständnis ist geprägt vom Willen einer engen Zusammenarbeit und dem gemeinsamen Ziel, durch Bündelung aller Kompetenzen ganzheitliche Unterstützungsleistungen für KMU zu ermöglichen.

Die Fragestellungen in den KMU werden immer komplexer. Kein Partner allein liefert dafür umfassende Gestaltungsansätze und Lösungen, die die Wechselwirkung aller Faktoren auf die Ressourcen betrachten.

Offensive Mittelstand im Haus der Bundespressekonferenz
(Foto: CC 4.0 Katharina Schmalen)

Zum Wohle der KMU werden daher Beraterpotenziale planvoll und systematisch gemeinsam genutzt und nicht durch Parallelarbeit vergeudet. Die Akzeptanz und Glaubwürdigkeit beim Kunden wächst, wenn Berater*innen als Lotsen innerhalb eines Netzwerkes aus verschiedensten, kompetenten Beratungsexperten mit entsprechender Fachexpertise agieren und nicht separat in ihrem jeweiligen Feld handeln.

Vernetzung und hoch kompetente Weiterbildung

Wer ein solches Beratungspotenzial ins Spiel bringen will, der benötigt die Nähe zu den kleinen und mittelständischen Unternehmen. Ziel ist es, die Qualität von Arbeit und Führung im Mittelstand zu fördern. Grundlagen hierfür sind produktive, sichere, gesundheitsgerechte und umweltschonende Prozesse sowie eine mitarbeiterorientierte und aktivierende Unternehmenskultur. Was als Beratungsphilosophie daherkommt, wird in den Netzwerken konkret.

Natürlich gilt auch hier: Netzwerke leben vom Geben und Nehmen – nein, besser: vom Mitmachen und Mitmachen lassen. Sie werden lebendig im Wir-Gefühl, das ich erzeuge und zulasse. Und so gestalten auch in den regionalen Netzwerken freie Berater*innen gemeinsam mit Verbänden und Partnern den Austausch. Berater*innen mit unterschiedlichen Schwerpunkten und Ansätzen arbeiten zusammen.

Die Erfahrungen mit Praxisvereinbarungen (OM-Praxis-Checks zur Selbstbewertung) werden ausgetauscht, Beratungserfahrungen weitergegeben. So manche Idee zu neuen Angeboten für KMU sind entstanden und realisiert worden. Dabei geht es stets um die Frage: Wie können wir die KMU unterstützen, damit sie ihre Potenziale für eine erfolgreiche Unternehmensführung und wertschätzende Unternehmenskultur erschließen können und den digitalen und demografischen Wandel als Chance nutzen? Jedes Treffen ist Weiterbildung pur und effizient.

Qualität und Kundenperspektive für den Mittelstand

Wie wird Qualität deutlich? Wie verschafft sich der Unternehmer einen schnellen Überblick über die Fitness seines Unternehmens? Welche Partner können eingebunden werden, um zusätzliche Kompetenz einzukaufen? Wo findet er Infos über Digitalisierungsstrategien in KMU? Eine gut vorbereitete Agenda und zielorientiert moderiertes Meeting ist das eine, die informellen Gespräche dazwischen das andere. Im Netzwerk geschieht Kompetenzzuwachs oft informell, manchmal sogar ungeplant.

Die Arbeitswelt steht mit der digitalen Transformation und dem demografischen Wandel vor großen Herausforderungen und Umbrüchen. Über die OM-Praxis-Checks erreicht die Offensive Mittelstand den Mittelstand und unterstützt Betriebe darin, diese Herausforderungen und Umbrüche erfolgreich zu gestalten und den Menschen in den Unternehmen eine neue Qualität der Arbeit zu ermöglichen. Die Download-Seite der OM-Arbeitshilfen sind eine Schatzkiste für Unternehmer und Berater*innen gleichermaßen. Sie öffnen Türen für Berater*innen und zeigen Perspektiven für Verantwortliche in den Unternehmen. Auch hier wird das zentrale Anliegen der Offensive Mittelstand deutlich: Menschen zusammenbringen.

Studien und Erfahrungen aus der Beratungspraxis zeigen, dass gerade kleine und mittlere Unternehmen oftmals Vorbehalte und einen gewissen Mangel an Vertrauen gegenüber der freien Unternehmensberatung haben. Als Ursachen werden wiederkehrend benannt: »Die Intransparenz, die fehlenden Standards für die Qualifikation von Beratern und die Qualität der Beratungsleistung verhindern eine objektive Beurteilung von Unternehmensberatungsleistungen. Verschärft wird dieser Zusammenhang durch die oftmals beträchtliche Informationsasymmetrie zwischen Anbieter und Nachfrager.«

Veränderungsexpert*innen im Gespräch über Herausforderungen der digitalen Transformation (Foto: Andreas Dolle, BDVT e.V.)

Allerdings zeigen diese Studien und Erfahrungen auch, dass es keine grundsätzliche Ablehnung gegenüber den Unternehmensberatern gibt. Es ist also Aufgabe aller Berater und ihrer Verbände, gemeinsam das Vertrauen beim Klienten in die Qualität und Seriosität ihrer Leistungen zu fördern.

Die Partnerorganisationen der Offensive Mittelstand autorisieren ihre Berater als OM-Berater. Insofern ist es der OM und ihren Partnern ein Anliegen, eine hohe Qualität der Beratung zu ermöglichen und Berater*innen sowie kleinen und mittleren Unternehmen Hilfen an die Hand zu geben, mit denen diese die Qualität der Beratung einschätzen können.

Blickwinkel und Ansatzpunkt einer bedarfsorientierten und ganzheitlichen Beratung ist die Kundenperspektive. Die Offensive Mittelstand sensibilisiert die Kund*innen für die planvolle, nachhaltige und präventive Nutzung seiner Ressourcen und motiviert sie, sich damit auseinanderzusetzen. Die Berater*innen der OM überlegen in jeder Situation, welche speziellen Kompetenzen zur Problemlösung erforderlich sind, und welcher Beratungsexperte für die jeweils konkrete Fragestellung der geeignete Partner ist. Sie leiten die jeweiligen Beratungsinhalte aus der Perspektive des Kunden und den Vorteilen für das Unternehmen ab. Prozesse werden nicht monokausal betrachtet, sondern ganzheitlich in ihrem tatsächlichen Wirkzusammenhang.

Spannend wird es in der Offensive Mittelstand, wenn unterschiedliche Aufgaben sowie Rollenverständnisse zusammenkommen, um an Entwicklungen in KMU zu arbeiten. Beratung, Coaching, und Training gestalten sich je nach Aufgabe und Rolle der Beratungsinstitution in unterschiedlicher Weise für vielfältige Themen.

Die unterschiedlichen Rollen bleiben bestehen. Diese Vielfalt ist gemeinsame Stärke. Zum Rollenverständnis gehört, dass bei Bedarf die Expertise anderer Beratungsfelder hingezogen wird. Dabei nehmen die Berater*innen immer auch die Rolle eines Lotsen ein, der bedarfsorientiert und ganzheitlich den Weg aufzeigt.

Das Selbstbild ist, Teil eines Ganzen zu sein, sich als einen Bestandteil (»Puzzleteil«) eines ganzheitlichen Beratungsprozesses zu sehen.

Dem Kunden wird deutlich, dass ganzheitliche Lösungen durch Kooperation mit anderen Experten für seinen individuellen Bedarf passend sind.

Eine Bibliothek voller Entwicklungsinstrumente

Werte entstehen durch die Offensive Mittelstand aber nicht nur durch die Zusammenarbeit zwischen Unternehmen und Beratern. Die Offensive bietet inzwischen eine ganze Bibliothek von Instrumenten der unternehmerischen Weiterentwicklung an. Diese für die Unternehmen kostenfrei zur Verfügung gestellten Checklisten und Analysen stellen zusammengenommen ein ganzes Handbuch der Unternehmensführung dar.

Hier einige Beispiele aus dieser Liste:

■ INQA-Unternehmenscheck »Guter Mittelstand«
■ Potenzialanalyse Arbeit 4.0
■ INQA-Check »Gute Beratung«
■ INQA-Check Personalführung
■ INQA-Check »Vielfältigkeitsbewusster Betrieb«
■ INQA-Check Gesundheit
■ INQA-Check Wissen und Kompetenz
■ Potenzialanalyse »Betriebliche Bildung«.

Die Liste der Instrumente ist weit umfangreicher. Abgerufen werden können sie im Internet unter www.offensive-mittelstand.de/downloads. Hier finden Unternehmen, Führungskräfte und Mitarbeiter*innen wertsteigernde Hilfe in vielfacher Beziehung. Nicht nur die ökonomischen Aspekte sind Thema, sondern auch die Anliegen der Erhaltung und Steigerung der Arbeitsfähigkeit, die Aspekte der Unternehmenskultur und der Arbeitssicherheit.

Es ist angerichtet – machen Sie was draus!

Wieder sitzen und arbeiten viele Berater*innen zusammen. Konferenzraum ist diesmal der alte Girosaal der Deutschen Bundesbank. Es geht um Qualität, um innovative Workshopformate und um neue wissenschaftliche Ergebnisse des Transfers. Diskutiert wird über die Autorisierung von Beratern und Beraterinnen, Trainern und Trainerinnen sowie Coaches als »Berater Offensive Mittelstand«. Dadurch stellt die OM die Qualität der Beratung in kleineren und mittelständischen Unternehmen sicher. Methodische Vielfalt, didaktische Klarheit, aber auch Freude am Zusammenarbeiten werden verheiratet mit einem hohen Nutzen für die Kund*innen in Beratung. Freie Berater*innen tauschen sich mit institutionellen Beratungsorganisationen aus. Sie alle eint ein Gedanke: Werte schaffen für Unternehmen.

Ausblick

Tom Weinhold
Hoher Stellenwert
für den Sinn der Arbeit
Der Wunscharbeitgeber
der Generation Z

Das Smartphone als ständiger Begleiter, sinkende Konzentrations-
spannen durch zu hohen Medienkonsum und Influencer*innen als einzig wahre Vorbilder. Diese Schlagworte und viele mehr zeigen Vorurteile gegenüber der Generation Z. Ob sie zu Recht in diese Schubladen
gesteckt werden oder nicht, bleibt abzuwarten. Fest steht jedoch, dass
die sogenannten Z-ler, also die zwischen circa 1995 und 2010 Geborenen, gerade den Arbeitsmarkt betreten und teils signifikante neue
Wertemuster mit ins Berufsleben bringen. Ein Umdenken der Unternehmen und Personalverantwortlichen ist daher gefragt – sie können
viele Erkenntnisse, die sie durch die Vorgenerationen erlernt haben, ad
acta legen und sich auf eine neue Zielgruppe einstellen.

Ihren Namen erhielt diese Generation folgerichtig im alphabetischen
Bezug zu ihren Vorgenerationen X und Y,[1] jedoch lässt sich keine klare Aussage tätigen, wie viele Vertreter*innen der Z-ler gerade unmittelbar vor dem Eintritt in die Arbeitswelt stehen oder wie viele bereits
erste Erfahrungen sammeln konnten. Grund hierfür ist, dass für diese Alterskohorte noch kein festes Ende als Jahreszahl definiert wurde.
Dennoch zeigt schon die große Anzahl der zwischen 1996 und 2003
Geborenen in Höhe von 7.432.000 Millionen Personen deren Potenzial für die künftige Arbeitswelt (destatis.de, 2019).

Um die Generation Z kennenzulernen und einen Blick in deren
Gedankenwelt zu erlangen, fand im Jahr 2019 eine Interviewstudie
(Weinhold 2020) statt, in der die Einschätzungen und Bewertungen von
sechs Vertreter*innen dieser neuen Generation systematisch erfasst und
inhaltsanalytisch ausgewertet wurden. Es galt, die Zielgruppe selbst zu
Wort kommen zu lassen und deren Wertesysteme und Anforderungen
an künftige Arbeitgeber herauszukristallisieren. Keiner der Interview-

---

[1] Insbesondere zur Generation Y siehe den Beitrag von Regina Laudel in diesem Band.

teilnehmenden befand sich bis zum Befragungszeitpunkt in einem festen oder dauerhaften Arbeitsverhältnis, jedoch hatten alle bereits erste Erfahrungen und Eindrücke der Arbeitswelt durch Praktika oder Werkstudententätigkeiten erhalten. Um die individuellen Sichtweisen der Befragten hinsichtlich ihrer Präferenzen an die Arbeitswelt abzubilden, wurden sie zu den Themen »Mediennutzungsverhalten und Recruiting« sowie »Work-Life-Balance, Arbeitszeit und Arbeitsort« befragt. Darüber hinaus sollte der Wunscharbeitgeber frei beschrieben werden.

Wer ist die Generation Z?

Die Generation Z wächst als eine Generation heran, für die Globalisierung, Vielfalt in sämtlichen Bereichen des Lebens sowie Gleichstellung bereits zur Normalität gehören. Ebenso sind neue Medien und Technologien wie mobile Endgeräte und Touchscreens fest in das alltägliche Leben integriert und führen zum Teil zu starken Abhängigkeiten. Als eine Generation, die bereits komplett im digitalen Zeitalter aufgewachsen ist, gehört diese Verschmelzung der realen und Online-Welt jedoch einfach dazu, und so verwundert es nicht, dass Freundschaften vermehrt auf dem PC-Bildschirm oder am Smartphone geschlossen werden (Mangelsdorf 2015). Daher wird in vielen Blogs und auf Websites der Begriff »Technoholics« als Synonym für diese Generation verwendet. Google, YouTube und Wikipedia sind nur drei der bekanntesten Websites, mit denen die Generation Z groß wurde. Nicht mehr wegzudenken sind auch die scheinbar unzähligen Social Media Plattformen, die als Kommunikationsmedium dienen (Klaffke 2014). Laut der Elbdudler Jugendstudie zur Generation Z von 2018 steht dabei WhatsApp als tägliches Austauschmedium, das mehrmals die Woche genutzt wird, mit 95% an erster Stelle.

Auch das Konsumverhalten der Z-ler hat sich in den letzten Jahren stark durch die Verbreitung des Web 2.0. sowie durch die erhöhte Smartphone-Nutzung verändert. Individualisierte Angebote und erhöhte Produktvielfalt stehen als Sinnbegriff für den Wandel im Konsumentenbereich. Meinungen Dritter durch Bewertungs- und Social-Media-Plattformen sowie die Einsicht und Vergleichsmöglichkeiten bezüglich Preis, Qualität und Leistung sorgten zudem für zunehmende Markttransparenz und sind essenziell für die Generation Z. Resultierend aus dem Multi-Optionen-Konsum sinkt allerdings die Markenloyalität, was Unternehmen vor stetig größere Herausforderungen stellt (ebd.). Um die Generation Z vermehrt wieder an Marken zu binden, setzen Unternehmen daher vermehrt auf »Influencer«, die als Berater*innen oder Vorbilder zu verstehen sind und deren Meinung die Kaufentscheidung beeinflussen soll. On Demand-Dienstleistungen sind ein weiterer Kristallisationspunkt der letzten Jahre. Denn neben personalisierten Angeboten ist es diese Generation gewohnt, ständig und überall auf die Offerten der Unternehmen zugreifen zu können, wie bei YouTube, Netflix und Amazon zu sehen. Dreh- und Angelpunkt ist auch hier das Smartphone. Laut einer Studie von »Werben und Verkaufen« konsumieren 92% der nach 1996 Geborenen Filme und Serien on demand und dies bevorzugt kostenlos. Das Motto lautet hier: Was nicht mobil geht, funktioniert überhaupt nicht, und so wird nach und nach der klassische TV-Konsum abgelöst. Auch hier wird deutlich, dass das Handy die Schaltzentrale der Generation Z ist. Ein Begriff, der mit dem hohen Smartphone- und Medienkonsum allerdings einhergeht, ist die »Digitale Demenz«, die aktuell kontrovers diskutiert wird und vor allem die Konzentrationsprobleme der heutigen Jugend beschreiben soll. Laut Hirnforscher Manfred Spitzer sind die kürzeren Aufmerksamkeitsspannen vor allem Faktoren wie der hohen Informationsflut geschuldet. Die Expertenmeinungen gehen bei dieser Thematik jedoch weit auseinander (Spitzer 2012).

Doch während die Selbstverwirklichung im Web 2.0 sowie Instagram, Facebook und Co. den Alltag dominieren, gibt es eine weitere tragende Säule, die Einfluss auf das Selbstverständnis dieser Generation besitzt. Da deren Kindheit von Ereignissen rund um den Irak- und Afghanistan-Krieg, die Anschläge am 11. September sowie die Finanzkrise geprägt ist, wachsen sie in einer Zeit voller Unsicherheiten auf und suchen vermehrt Halt und Rat bei ihren Eltern. So erfährt die Familie wieder einen sehr hohen Stellenwert bei dieser Generation (Scholz 2014).

Wenngleich sich die Generation Z auf der einen Seite wieder vermehrt nach Orientierung, Sicherheit und Zugehörigkeit sehnt, besteht andererseits auch ein großes Bedürfnis nach Abwechslung und Lebensgenuss (Böhlich 2019). So ist es nicht verwunderlich, dass sich die Z-ler bewusste Auszeiten nehmen, um ihren künftigen Werdegang genau zu überdenken. Lange Auslandsaufenthalte nach der Schule oder Sabbaticals während des Erwerbslebens werden von dieser Generation künftig vermehrt in Anspruch genommen werden (Klaffke 2014). Sie profitieren zudem von einem bereits etablierten und breiten Bildungsangebot.

Unzählige Handlungsalternativen prägen die Bildungslandschaft und so stieg zugleich die Anzahl der Studenten in den letzten zehn Jahren deutlich von zwei auf über drei Millionen an (ebd.).

Die Begrifflichkeit »konsequenter Realismus«, die von Christian Scholz geprägt wurde, trifft die Grundhaltung dieser Generation. Scholz (2014) führt diese Eigenschaft zurück auf die transparente Informationsflut, die insbesondere durch das Internet gegeben ist. Die Generation Z hat sehr viel Bewusstsein über ihren Stand im Berufsleben, darauf, wie ihr Lebensstil die Umwelt tangiert, und wie Einschaltquoten und Klicks die Medienlandschaft beherrschen.

Die Erkenntnisse aus den Interviews

Das Smartphone als wichtigster Wegbegleiter der Z-ler ist bereits oben beschrieben. Aus ihrer Mediennutzung lassen sich daher Schlussfolgerungen für das Recruiting ziehen: Das Smartphone samt seinen Apps wie Facebook, Instagram und WhatsApp wird von den befragten Personen als bedeutender Kommunikationskanal betrachtet, wenn es darum geht, zukünftige Mitarbeiter*innen anzusprechen. Es ist ihnen bewusst, dass sich der Arbeitsmarkt für sie positiv von einem Arbeitgeber- in einen Arbeitnehmermarkt gewandelt hat und Unternehmen immer mehr gezwungen sind, aktiv auf die Suche nach gut ausgebildeten Arbeitskräften zu gehen. »Active Sourcing« ist hier der Fachbegriff. Dieser meint, dass Personalabteilungen bereits aktuell – und vermehrt auch zukünftig – die Generation Z auf Websites wie Xing, LinkedIn sowie Social-Media-Plattformen gezielt ansprechen werden.

Informiert sich die Generation Z hingegen selbst über potenzielle Arbeitgeber, ist die Unternehmens-Website nach wie vor als eine der ersten Adressen anzusehen. Jedoch sollten Unternehmen die Bedeutung von Bewertungsportalen in diesem Kontext nicht unterschätzen: Die Zielgruppe kann sich hier genauestens über die Firma informieren, Eindrücke aktueller und ehemaliger Mitarbeiterinnen und Mitarbeiter einsehen und sich daraus ihre eigene Einschätzung und Bewertung des zukünftigen Arbeitgebers bilden. Die Social-Media-Plattformen der Unternehmen werden hingegen kaum betrachtet, da hier laut den befragten Personen keine realitätsgetreue Abbildung der Firmen erwartet wird. Wichtig bei der Meinungsbildung und Attraktivitätseinschätzung sind die Authentizität, eine realistische Abbildung der Tagesabläufe

sowie der Eindruck zum Image und zur Außenwirkung des Unternehmens. Auch der Einsatz von Influencern steht und fällt mit deren Glaubwürdigkeit. Die Interviews zeigen, dass bereits eine große Sensibilität
gegenüber diesem Thema vorliegt. Es wird genau geprüft und hinter-
fragt, welche Beweggründe der Influencer für das Bewerben der jeweiligen Inhalte hat. Fehlt den Z-lern die Echtheit dieser Kampagnen, werden diese nur schwer Anklang bei der Zielgruppe finden.

Divergenzen liegen vor, wenn es um das Thema der Work-Life-Balance geht. In manchen Punkten wäre die Begrifflichkeit Work-Life-Se-
paration wohl passender, denn einerseits wird dieser Alterskohorte der
Wunsch nach einer strikten Trennung zwischen Privat- und Berufsleben
attestiert, in manchen Punkten freunden sich die Z-ler dennoch mit der
Verschmelzung an. So wird in den Interviews der Wunsch nach Arbeit
im Homeoffice vermehrt angesprochen, um sich besser konzentrieren
zu können. Auf der anderen Seite steht der Wunsch nach einem regelmäßigen Austausch mit Kolleg*innen und Vorgesetzen im Büro. Bei der
Arbeitszeit hingegen herrscht Einigkeit. Flexibel und anpassungsfähig an
das Privatleben der Generation Z lautet die Devise, anstatt strikten Vorgaben. Die Thematik der Arbeitszeitenreduktion gewinnt dabei zunehmend an Bedeutung und Aufmerksamkeit. Das Interesse richtet sich
auf weniger geleistete Stunden, dafür aber effektiveres Arbeiten, mit
weniger Pausenzeiten. Arbeitszeitmodelle wie diese sind bereits ver-
einzelt getestet worden und finden insbesondere in Skandinavien viel
Anklang. Inwieweit dieses Modell Akzeptanz bei der Grundgesamtheit
der Generation Z findet, bleibt jedoch abzuwarten. Der Arbeitgeber in
spe sollte daher Homeoffice je nach Aufgabengebiet und Bedarf ermöglichen und zugleich die Arbeitszeiten so offen wie möglich gestalten.

Bei der Frage nach dem Wunscharbeitgeber war die häufige Nennung
eines guten Betriebsklimas sehr auffällig. Einem angenehmen Teamge-
füge sowie einer guten Stimmung in der Firma wird in allen Interviews
auch immer mehr Gewichtung geschenkt als dem Gehalt. Das Gehalt
betreffend war den Interviewpartnern vor allem wichtig, dass gewisse
Lebensstandards gehalten werden können. Laut einer Umfrage der
Online-Jobbörse Stepstone unter 3.500 Studenten der Alterskohorte
der Generation Z liegt das Wunschgehalt zum Einstieg bei über 40% der
Befragten zwischen 36.000 und 40.000 Euro. 38 Prozent rechnen mit
einem Einkommen unter 35.000 Euro jährlich (stellenpakete.de 2018).

Der niedrigen Priorisierung des Einkommens stand ein positives
Image des Arbeitgebers gegenüber. Weiter scheint es, als sei ihnen

eine Bestätigung der Sinnhaftigkeit ihrer Tätigkeit von enormer Bedeutung. Denn für die Generation Z muss Arbeit einen Sinn ergeben und das Gefühl etwas zu bewegen, muss stets befriedigt werden. Der hohe Stellenwert einer Übereinstimmung der Arbeitstätigkeit mit den eigenen Werten sowie des Stolzes, für eine bestimmte Firma zu arbeiten und positives Feedback in den privaten Kreisen für den Arbeitgeber zu erhalten, konnte zudem den Aussagen der Z-ler entnommen werden.

Viel Gewicht schenkt diese Generation auch der Selbständigkeit, die dazu dienen soll, sich weiterzuentwickeln. Unterstützt werden soll die eigene Entwicklung durch Weiterbildungsmaßnahmen sowie durch die Führungspersonen. In der Befragung wurde diesbezüglich der Begriff »Mentor« ins Spiel gebracht, der auf Augenhöhe Feedback gibt und leitet. Gleichzeitig sind flache Hierarchien gewünscht sowie die Unterstützung und der rege Austausch mit den Kolleg*innen, um auch hier fördernden Input zu erhalten. So lautet das Ziel dieser Generation, wenn es um die tägliche Arbeit geht. Hier können Unternehmen bei der Gewinnung neuer junger Arbeitskräfte ansetzen und mit gezielten Maßnahmen, die das interne Klima sowie den innerbetrieblichen Austausch fördern, die Generation Z für sich gewinnen und sie an sich binden.

Ein weiterer wichtiger Aspekt hinsichtlich der Anforderungen dieser Generation an ihre zukünftigen Arbeitgeber ist die weltweite Vernetzung durch Social Media sowie Offenheit gegenüber Neuem. Daher verwundert es nicht, dass in den Interviews international handelnde Unternehmen überaus positiv bewertet werden. Aber auch hier steht die eigene Entwicklung im Vordergrund, da die Befragten beispielsweise durch firmenbezogene Auslandsaufenthalte ihre eigene Entwicklung und Karrieremöglichkeiten fördern wollen.

Darüber, ob Sicherheit beim Berufseinstieg ein wichtiges Kriterium ist oder nicht, kann aufgrund der vorliegenden Ergebnisse keine pauschale Aussage getroffen werden. Während einige Befragte beispielsweise Traditionsunternehmen eine höhere Sicherheit zuschreiben und sich daher eher für eine langjährig bestehende Firma entscheiden würden, empfinden andere diesen Aspekt nicht als entscheidend. Bei der gleichen Stellenausschreibung würden sie sich eher für ein innovatives Start-up entscheiden, um sich hier mehr entfalten zu können. Dass dieser Aspekt schwer ins Gewicht fällt, ist eher nicht zu erwarten, da dieser Generation attestiert wird, gerade in den ersten Arbeitsjahren alle drei bis fünf Jahre den Arbeitgeber zu wechseln.

Fazit

Ob Sicherheitstyp oder nicht, mit der Generation Z betritt eine Generation den Arbeitsmarkt, die einerseits von modernen Medien geprägt ist und dennoch viel Platz für altbewährte Traditionen und Denkweisen mit sich bringt. Da diese Generation mit dem Internet groß geworden ist, nutzt sie dieses als Informationsmedium und prüft potenzielle Arbeitgeber auf Herz und Nieren. Für Unternehmen ist es daher ratsam, sich transparent und authentisch auf allen Kanälen zu präsentieren. Gleichzeitig ist den Z-lern wichtig, einen Arbeitgeber vorzufinden, der sich nach außen und nach innen mit den gleichen Werten präsentiert wie sie. Image und Außenwirkung wird bei dieser Generation großgeschrieben und ihnen ist es wichtig, stolz auf die eigene Firma zu sein. Weiter zeigt sich, dass der Sinnhaftigkeit des eigenen Handelns im Erwerbsleben ein hoher Stellenwert zugeschrieben wird.

Neben dem Wohlfühlcharakter im Büro und dem regelmäßigen Austausch mit den Vorgesetzen und Kollegen sollte zudem die strikte Trennung von beruflichem und privatem Leben respektiert werden.

Es wird spannend, wie schnell diese Generation künftig dem Arbeitsmarkt ihren Stempel aufdrückt und wie schnell sich Unternehmen auf diese neue Zielgruppe einstellen.

Literatur

Böhlich, Susanne (2019): Generation Z denkt überraschend anders, 22.1. Online: www.wirtschaftspsychologie-aktuell.de/lernen/lernen20190122-lernen-von-susanne-boehlich-generation-z-denkt-ueberraschend-anders.html, abgerufen am 11.12.2019.
Elbdudler Jugendstudie (2018), online: www.jugendstudie.elbdudler.de; abgerufen am 11.12.2019.
Klaffke, Martin (2014): Millennials und Generation Z – Charakteristika der nachrückenden Arbeitnehmer-Generation. Generationen-Management. Konzepte, Instrumente, Good-Practice-Ansätze. Wiesbaden: Springer Gabler.
Mangelsdorf, Martina (2015): Von Babyboomer bis Generation Z. Der richtige Umgang mit unterschiedlichen Generationen im Unternehmen. Offenbach: Gabal Verlag.
Scholz, Christian (2014): Generation Z. Wie sie tickt, was sie verändert und warum sie uns alle ansteckt. Weinheim: Wiley-VCH.
Spitzer, Manfred (9.9.2012): Krude Theorien, populistisch montiert. Abgerufen

am 11.12.2019, von www.sueddeutsche.de/digital/bestseller-digitale-de-menzvon-manfred-spitzer-krude-theorien-populistisch-montiert-1.1462115

Startklar für den ersten Job: Was sich die Generation Z wünscht (18.6.2018). Online: https://stellenpakete.de/blogartikel/startklar-fuerden-ersten-job-was-sich-die-generation-z-wuenscht/, abgerufen am 11.12.2019.

Weinhold, Tom (2020): Die Anforderungen der Generation Z an künftige Arbeitgeber. (Unveröffentlichtes Manuskript), FOM Nürnberg.

Marianne Giesert/Tobias Reuter/ Anja Liebrich
Arbeit und Leben im Wandel – wie kann es uns gelingen?

Sinn bei der Arbeit ist ein komplexes Thema, dem wir uns aus unterschiedlichen Perspektiven in diesem Buch genähert haben. Fest steht, dass »sinnvolle« bzw. »nicht sinnvolle« Arbeit Einfluss auf die Gesundheit, Arbeitsfähigkeit und Motivation der Beschäftigten hat.

Die besondere Bedeutung des Themas zeigte sich, als Anfang 2020 der Corona-Virus auch in unser Land kam und mit einem Mal alles anders war. Er setzte innerhalb von drei Monaten vieles in unserer funktionierenden Welt außer Kraft. Die Corona-Pandemie stellte unseren gesellschaftlichen Alltag ebenso infrage wie die Unternehmensprozesse und unsere persönlichen Lebensweisen. Angesichts der Infektions- und Todeszahlen werden aber nicht nur Vorgehensweisen und Werte infrage gestellt, sondern sie machen auch neues Denken möglich. Welche kurzfristigen und langfristigen Auswirkungen hat unser Tun, welchen Zweck hat unser Handeln? Die Sinnfrage steht dadurch jetzt besonders im Fokus.

Diese einschneidende Corona-Krise birgt aber auch eine große Chance auf Veränderung. Wir haben durch die Pandemie erlebt, dass sich kurzfristig viel in unserer Gesellschaft, in den Unternehmen und auch auf der persönlichen Ebene verändern kann. Wir erfahren gerade, dass wir mit der Unsicherheit leben können, aber auch leben müssen.

Was ist also zu tun – gesellschaftlich, unternehmerisch und persönlich? Wir müssen wieder lernen, Vertrauen zu haben, um mit dieser Unsicherheit leben zu können. Doch dies stellt sich nicht automatisch ein. Wir können es nicht kontrollieren, nicht anordnen, nicht befehlen. Wie kann es uns gelingen?

Die Kultur einer Gesellschaft, einer Organisation oder einer Gruppe mit ihren Traditionen, Werten und Vorbildern hat prägenden Einfluss auf den Umgang mit den eigenen Gefühlen, auf das persönliche Wertebewusstsein und das gegenseitige Vertrauen. Dies wiederum hat Einfluss darauf, ob und wie wir die Welt als sinnhaft, verständlich und beeinflussbar erfahren.

Es ist also an der Zeit, unser Tun auf der gesellschaftlichen, Unternehmens- und persönlichen Ebene in diesem Sinne zu überdenken. Dabei müssen die sozialen, ökologischen und ökonomischen Bereiche auf den Prüfstein gestellt werden, um zu einer gemeinsamen sinnhaften und nachhaltigen Basis des Handelns zu kommen. Auf dieser Grundlage wird es uns möglich sein, Verantwortung für unser Tun zu übernehmen.

Gesellschaftliche Ebene

Die Digitalisierung erlaubt uns, Wissen jederzeit und überall zu nutzen, aus unserer Jackentasche heraus können wir mit der ganzen Welt kommunizieren. Sie hat Grundlagen für unseren Wohlstand und für viele fortschrittliche Entwicklungen geschaffen, leider aber auch unbewusste und ungewollte Nebenwirkungen mitgeliefert: Der Klimawandel wurde enorm beschleunigt, und in den Organisationsstrukturen wurden wir – nicht nur als Beschäftigte – in vielen Bereichen durch die Technik wegrationalisiert, teilweise auch entmündigt. Alles mit dem Ziel, größer zu werden und schneller weiterzukommen. Es ist höchste Zeit, die Welt und ihre Ressourcen als begrenzt und schützenswert zu realisieren. Ökonomie, Ökologie und Soziales müssen dabei in einer Gesamtheit betrachtet und bewahrt werden.

Wir werden insgesamt immer mehr in gesellschaftlichen Dimensionen denken müssen. Was ist der Wertbeitrag, der Sinn meiner Arbeit gegenüber der Gesellschaft? Die stetige Wachstumsökonomie wird in der jetzigen Form immer mehr infrage gestellt. Unternehmen, die Bestand haben wollen, müssen sich die Frage nach dem höheren Sinn stellen; denn eine langfristige Zukunft ist mehr wert als ein kurzfristiger Profit.

Unternehmensebene

Der Purpose, also der Zweck, der gesellschaftliche Nutzen, der Sinn eines Unternehmens und die zugehörige Leitmaxime des unternehmerischen Handelns, müssen die zentrale Basis für die Unternehmensexistenz sein. Es soll ökonomisch, ökologisch und sozial einen positiven Beitrag leisten und dadurch gleichzeitig attraktiv für die Kunden und Kundinnen sowie die Beschäftigten sein.

Jedes Unternehmen ist in der Verantwortung, sich Gedanken über das Wohlbefinden seiner Beschäftigten zu machen. Dabei ist die Frage relevant: Wie können die Mitarbeiter und Mitarbeiterinnen unterstützt werden, bei der Arbeit einen Sinn zu finden? Bei klassisch hierarchiegesteuerten Unternehmen erweist sich das oft als schwierig. Es benötigt einen Kulturwandel und offene Kommunikation. Notwendig ist ein transparenter, wertschätzender und partizipativer Umgang miteinander am Arbeitsplatz. Er stärkt das Gefühl der Zugehörigkeit sowie der Sinnhaftigkeit, steigert die Motivation und stärkt die Gesundheit.

Wer von den Beschäftigten in einem Unternehmen das Gefühl hat, an einer größeren Sache mitzuwirken, legt sich ganz anders ins Zeug als jemand, der sich als Erfüllungsgehilfe für die Ego-Ziele anderer sieht.

Mit folgenden Fragen können sich Unternehmen ihrer eigenen Purpose-Definition nähern und dies zur Grundlage ihrer unternehmerischen Entscheidungen machen:

- Was war am Anfang und was ist heute die Existenzberechtigung unseres Unternehmens?
- Was können wir besonders gut und tun es leidenschaftlich gern?
- Für welche Überzeugungen stehen wir ein?
- Welche Herausforderungen können wir gemeinsam bewältigen?
- Wie können Führungskräfte und Beschäftigte gleichberechtigt zusammenarbeiten?
- Wie kann die Geschäftsleitung eine sinnvolle Stabilität für das Unternehmen geben?
- Welche Werte schaffen wir für unsere Kundinnen und Kunden?
- Mit welchem Leitthema können wir Top-Talente und Fachkräfte für uns gewinnen?
- Was gibt uns einen sinnvollen Entwicklungsspielraum für die zukünftige Ausrichtung?
- Welchen gesellschaftlichen Beitrag können wir leisten?

Persönliche Ebene

Das Streben nach Sinnhaftigkeit des eigenen Lebens ist ein Kernmerkmal des menschlichen Selbst- und Weltbildes. Die Sinnerfüllung – ob beruflich oder allgemein – geht einher mit einem kohärenten und auf die Zukunft orientierten Lebensentwurf, dem Erleben von Zugehörigkeit und Bedeutsamkeit des eigenen Handelns.

Wer im Arbeitsleben die Möglichkeit hat, die persönlichen Ziele und Werte durch ausreichenden Entscheidungs- und Gestaltungsspielraum zu leben, kann die Arbeit nicht nur als sinnvoll, sondern sogar als sinnstiftend erleben.

Wenn wir unsere Tätigkeit als sinnvoll erfahren, arbeiten wir produktiver, kreativer, zufriedener und leidenschaftlicher und letztendlich ist Sinn auch ein Katalysator für Qualität.

Menschen können zwar auch ohne Sinn arbeiten. Nicht unbedingt schlechter, aber weniger leidenschaftlich und mit einer anderen Qualität. Gute Arbeit braucht einen Sinn. Wesentlich ist vor allem, einmal darüber nachzudenken, wie sinnerfüllt die eigene Arbeit ist. Denn der Sinn kann Richtschnur für unser Leben und unsere Arbeit in einer schnelllebigen Welt sein.

Die zentrale Frage, die wir uns stellen müssen, ist:

Was ist mein Beitrag im persönlichen Bereich sowie im Arbeitsleben für eine soziale, ökologische und ökonomische Gesellschaft, die eine lebenswerte Grundlage für den Erhalt einer gesunden Menschheit ist?

So kann es uns gelingen, die großen Herausforderungen dieser Zeit – sei es ein Virus oder etwas anderes – zu stemmen.

Das Leben selbst ist das Ungewisse, es mit Sinn und Menschenliebe zu leben, bedeutet, dieses Ungewisse anzunehmen. Vertrauen ermöglicht uns, mit dem Ungewissen zurechtzukommen.

Die Autorinnen und Autoren

 *Jonas Bartel,* Auszubildender im Tischlerhandwirt, ist kurz vor Beenden seiner Lehre und konnte auf Reisen viel über Arbeit lernen.

jonas-bartel@web.de

 *Klaus Berg* ist Krankenkassenfachwirt, Certified Disability Manager Professional (CDMP), Leiter der Gesundheitsmanufaktur der IKK Südwest in Mainz.

klaus.berg@ikk-sw.de

 *Christoph Beyer* ist Leiter des Inklusionsamtes des Landschaftsverbandes Rheinland mit Sitz in Köln. Seit 2016 ist er Vorsitzender der Bundesarbeitsgemeinschaft der Integrationsämter und Hauptfürsorgestellen (BIH). Er gehört u.a. zu den Autoren des Lehr- und Praxiskommentars zum Sozialgesetzbuch IX, hrsg. von Dirk H. Dau, Franz Josef Düwell, Jacob Joussen (Nomos-Verlag), und ist an der Erstellung der Handlungsempfehlungen zum Betrieblichen Eingliederungsmanagement der Landschaftsverbände Rheinland und Westfalen-Lippe maßgeblich beteiligt.

christoph.beyer@lvr.de

 *Mag.a Renate Czeskleba* ist Projektleiterin der fit-2work-Betriebsberatung im Auftrag der österreichischen Bundesregierung. Sie ist zudem Unternehmensberaterin zu Schwerpunkten wie Arbeitsfähigkeit, alternsgerechtes Arbeiten, BGM und Evaluierung psychischer Belastungen, darüber hinaus Geschäftsführerin der Arbeitsfähigkeiterhalten KG sowie Vortragende und Mitglied der Leitung des Universitätslehrganges »Arbeitsfähigkeits- und Eingliederungsmanagement« an der Medizinischen Universität Wien.

Czeskleba@mensch-und-arbeit.at

Die Fotos wurden von den Autorinnen und Autoren zur Verfügung gestellt.

Norbert Fröhndrich ist Diplom-Philosoph und hat einen Abschluss als Verwaltungsfachwirt. Von 1992 bis 2003 war er Leiter des Amtes für Soziales und Wohnen in der kreisfreien Stadt Brandenburg an der Havel. Seit 2004 ist er als Geschäftsführer der Senioren- und Pflegezentrum Brandenburg gGmbH (SPZ) tätig.

E-Mail: n.froehndrich@spz-brb.de

Arno Georg, Dipl. Sozialwissenschaftler, bis 2018 Koordinator des Forschungsbereiches Arbeitspolitik und Gesundheit an der Sozialforschungsstelle der TU Dortmund, Institutsleiter des Dortmunder Forschungsbüros für Arbeit, Prävention und Politik (DoFAPP).

georg@dofapp.de

Marianne Giesert, geschäftsführende Gesellschafterin und Direktorin der Institut für Arbeitsfähigkeit GmbH, Dipl. Sozialökonomin und Dipl. Betriebswirtin. Ihre Kernkompetenzen liegen im Bereich Beratung, Seminare, Tagungen, nationale und europäische Projekte, Publikationen, Aus- und Weiterbildungen mit Zertifikat. Sie ist Supervisorin, Coach und seit Ende 2000 als ECA-Business- und Management-Coach sowie als Lehrcoach tätig.

marianne.giesert@arbeitsfaehig.com

André Große-Jäger ist Leiter des Referats »Gesundheitliche Auswirkungen des Wandels der Arbeit« im Bundesministerium für Arbeit und Soziales (BMAS). Er absolvierte ein Studium an der Technischen Universität Berlin mit dem Abschluss Diplom-Ingenieur Umwelttechnik. Seit 1989 ist er im BMAS tätig.

andre.grosse-jaeger@bmas.bund.de

Kerstin Guhlemann, M.A. Soziologie und Medienwissenschaft, ist Koordinatorin des Forschungsbereiches Arbeitspolitik und Gesundheit an der Sozialforschungsstelle der TU Dortmund. Forschungsschwerpunkte: Biografisches Handeln und Auflösung biografischer Ungleichheiten, menschengerechte

Arbeitsgestaltung und Arbeitsmarktintegration; Mitarbeiterin des Dortmunder Forschungsbüros für Arbeit, Prävention und Politik (DoFAPP).

guhlemann@dofapp.de

Lisa Hennerkes (B.Sc.) ist Masterstudentin am Psychologischen Institut der Ruprecht-Karls-Universität Heidelberg. Ihre Schwerpunktbildung liegt im Bereich Organizational Behavior and Adaptive Cognition.

lisa.hennerkes@web.de

Regina Laudel ist gelernte Kauffrau für Bürokommunikation und studierte »Prävention und Gesundheitsförderung« (B.A.) an der Pädagogischen Hochschule in Heidelberg. Seit Abschluss ihres Studiums arbeitet sie als Referentin für Arbeitsfähigkeitsmanagement im Institut für Arbeitsfähigkeit. Ihre thematischen Schwerpunkte liegen bei der Gefährdungsbeurteilung psychische Belastung, der Anwendung des Work Ability Index (WAI) sowie dem Betrieblichen Eingliederungsmanagement (BEM).

regina.laudel@arbeitsfaehig.com

Reinhard Lenz, Dipl.-Ing. Maschinenbau, Lehramt SII, Kreativer Querdenker und Gestalter, Geschäftsführer der Institut Input GmbH * Beratung * Qualifizierung * Mediengestaltung, Kompetenzen: Realisierung von Sicherheits- und Gesundheitstagen, Prozessbegleitung zur Weiterentwicklung einer Sicherheits- und Gesundheitskultur, Gestaltung und Herstellung von Aktionsmedien und Erlebnisobjekten zum Anfassen, Beratung in Personalführung, Kommunikation, Beteiligung, Fehlerkultur, Teamentwicklung.

info@institut-input.de

Klaus Leuchter ist Disability Manager (CDMP), BEM-Berater und Leiter der BEM-Akademie des Vereins zur Förderung der Betrieblichen Eingliederung – esa e.V. Als Sozialversicherungsfachangestellter hat er langjährige Berufserfahrungen im Sozialversicherungsrecht. Seine Schwerpunkte sind die Beratung von

Betrieben, insbesondere Klein- und Kleinstbetrieben, zu den Themen Sucht und Arbeit sowie Umgang mit langzeiterkrankten Beschäftigten. Klaus Leuchter ist Mitbegründer und ehrenamtlicher Geschäftsführer des Vereins Handwerker-Fonds Suchtkrankheit e.V. sowie des Vereins zur Förderung der Betrieblichen Eingliederung esa e.V.

leuchter@esa-sh.de

Prof. Dr. Anja Liebrich, Diplom-Psychologin, Dr. rer. pol., ist geschäftsführende Gesellschafterin der Institut für Arbeitsfähigkeit GmbH sowie Professorin für Wirtschaftspsychologie an der FOM Hochschule für Oekonomie und Management am Standort Nürnberg. Ihre Schwerpunkte liegen in den Bereichen »Gefährdungsbeurteilung psychische Belastung«, »alterns- und gesundheitsgerechte Arbeitsgestaltung« sowie »Auswirkungen aktueller und zukünftiger Entwicklungen auf die Arbeitsgesellschaft – Arbeit 4.0«.

anja.liebrich@arbeitsfaehig.com

Die Autorin hat ihren Artikel unter einem Pseudonym verfasst und möchte anonym bleiben.

Susanne Müller, Mitarbeiterin eines Integrationsamtes (Sachbearbeiterin besonderer Kündigungsschutz nach dem SGB IX, Begleitende Hilfen und Mitarbeiterin im Schulungsteam).

Gerd Peter, Dipl. Pol. Rer. pol., Wissenschaftlicher Mitarbeiter 1976-1981 im Projektträger HdA (Humanisierung der Arbeit), Bonn, zuletzt stellv. Fachlicher Leiter; anschl. Sozialforschungsstelle Dortmund Landesinstitut, dort Gf. Direktor 1988 – 2002; Mitarbeiter von DoFAPP.

dr.gerd.peter@t-online.de

Tobias Reuter ist Diplom-Ökonom und geschäftsführender Gesellschafter der Institut für Arbeitsfähigkeit GmbH. Er verfügt über viele Jahre Erfahrungen im Bereich Arbeitswissenschaft, Personalentwicklung, Personalführung sowie Kommunikation und Gesprächsführung sowie in der Beratung von Unternehmen bei der Implementierung von Betrieblichem Gesundheitsmanagement. Seine

Schwerpunkte liegen bei den Themenfeldern Betriebliches Eingliederungsmanagement und gesundes und alternsgerechtes Führen.

tobias.reuter@arbeitsfaehig.com

Ina Riechert ist Diplom-Psychologin, psychologische
Psychotherapeutin, Disability Managerin (CDMP),
Supervisorin und Coach. Sie hat viele Jahre in der
beruflichen Wiedereingliederung und im Fallmanage-
ment von Menschen mit psychischen Störungen und
Beeinträchtigungen gearbeitet. Außerdem hat sie Füh-
rungskräfte, Personalverantwortliche und Interessenvertretungen zum
Thema »Psychische Störungen bei Mitarbeitern« geschult und dazu
publiziert. Sie gibt Seminare für BEM-Teams, arbeitet freiberuflich als
Trainerin und BEM-Fallmanagerin und unterstützt als Psychologin die
Arbeitsmediziner der G&S, Gesundheit und Sicherheit für Betriebe
GmbH in Hamburg.

ina.riechert.hamburg@gmail.com

Hans-Ueli Schlumpf ist dipl. Supervisor und Coach
ZHAW bso, Organisationsberater, Mediator ZHAW und
Fachbuchautor. Als Ausbildner und Berater in der Füh-
rungs-, Personal- und Organisationsentwicklung mit
Schwerpunkt Change Management ist er seit 1996
tätig, in selbständiger Praxis seit 2010. In seinem Buch
Dialog- und Lernkultur in Organisationen (Schäffer-Poeschel 2019)
bringt er die Synthese seiner breit gefächerten Berufslaufbahn und
»Erfahrungslernbiografie« zum Ausdruck. Hans-Ueli Schlumpf unterstützt Führungskräfte und Organisationen auf dem Weg zu agiler Selbstorganisation und achtsamem Selbstmanagement.

office@cciel.ch

Bruno Schmalen ist mit seinem Unternehmen SCHMA-
LEN-Kommunikation und Training Berater und Wei-
terbildner. Er ist Vertreter des BDVT e.V., des Berufs-
verbands für Training, Beratung und Coaching im
Strategiekreis der Offensive Mittelstand. Er beschäftigt sich mit Unternehmenskultur und Veränderung in
Unternehmen und Organisationen. CubaChange (Culture based Chan-
gemanagement) war auch der Titel einer Forschungsgruppe im Institut

für Unternehmenskybernetik an der RWTH Aachen, in der er als Forschungsbeirat mitarbeitet. Er begleitet Führungskräfte und Mitarbeitende in den Veränderungsprojekten der Unternehmen.

schmalen@schmalen-online.de

 *Evelyn Sonnberger* ist seit 1992 Mitarbeiterin bei einer großen Behörde. Seit 2011 Schwerbehindertenvertretung (SBV), Landessprecherin für die Vertrauenspersonen auf Landesebene, Mitglied im Bundesvorstand der SBV sowie stellvertretende Personalratsvorsitzende. Schwerpunkte: Psychische Überlastung, Betriebliches Eingliederungsmanagement (BEM), Gleichstellungen nach dem SGB IX, Antragsverfahren GdB (Grad der Behinderung), Gesundheit und Arbeit, Arbeitsplatzgestaltung, psychische Erkrankungen, Mobbing und Sucht, Arbeitsrecht, BGB (Bürgerliches Gesetzbuch), AGG (Allgemeines Gleichbehandlungsgesetz) und Rehabilitation.

evesonn22@t-online.de

 *Franziska Stiegler,* Studium der Sozialwissenschaften und Psychologie mit Abschluss Master in Berlin. Weiterbildungen zur systemischen Therapeutin und Organisationsberaterin. Als Beraterin und Trainerin arbeitete sie mehrere Jahre bei einer externen Mitarbeiterberatung. Seit 2016 ist sie Referentin in der Abteilung Gesundheitsförderung, Pflege und Rehabilitation des BKK Dachverbands und dort verantwortlich für das vom BMAS im Rahmen von INQA geförderte Projekt »psyGA – Psychische Gesundheit in der Arbeitswelt fördern«.

franziska.stiegler@bkk-dv.de

 *Bastien Theisen,* Polizeihauptkommissar, Dipl. Verwaltungswirt. Derzeit Mitarbeiter der Kreispolizeibehörde Lippe mit Tätigkeit im Direktionsbüro der Direktion Zentrale Aufgaben, u.a. verantwortlich für das betriebliche Eingliederungsmanagement, Geschäftsführer im behördlichen Gesundheitsmanagement, Mitbegründer der »Gewalt Akademie Villigst« (GAV), langjährige Tätigkeit als Lehrtrainer (GAV) und Gewaltdeeskalationstrainer.

bastien.theisen@gmx.de

 *Jürgen Walter* ist Dipl.-Psychologe und Geschäftsführer der Jürgen Walter Beratungsgesellschaft mbH. Er berät seit über 25 Jahren Unternehmen, Führungskräfte und Leistungssportler im In- und Ausland, ist Vorstandsbeauftragter der Landesgruppe NRW im Berufsverband Deutscher Psychologinnen und Psychologen e.V. (BDP) sowie stellvertretener Bundesvorsitzender im Verkehrsclub Deutschland e.V. (VCD). Er ist Produzent der 60-minütigen Dokumentation zur Praxis der Sportpsychologie »Alles geschieht im Kopf« mit Mats Hummels und weiteren bekannten deutschen Sportlern.

info@walter-beratung.de

 *Tom Weinhold* ist Wirtschaftspsychologe (B. Sc.) und Diplom-Kommunikationswirt. Seit 2006 ist er bei Sellwerk GmbH in den Bereichen Marketing und Vertrieb tätig. 2020 veröffentlichte er die Studie »Die Anforderungen der Generation Z an künftige Arbeitgeber«.

tom.weinhold@yahoo.de

 *Christiane Wirtz* ist selbständig als Journalistin, Autorin und Coach tätig. Sie studierte Geschichte, Politikwissenschaft und Jura (M.A.) in Mainz sowie kunstorientiertes Coaching an der Medical School Hamburg (MSH). Ihre Weiterbildung zur systemischen Beraterin absolvierte sie am Hamburgischen Institut für Systemische Weiterbildung (HISW). Nach fast 30 Jahren als Hörfunkredakteurin und -moderatorin bei öffentlich-rechtlichen Rundfunkanstalten kümmert sie sich nun, nach eigener Erfahrung mit psychischen Symptomen, um Menschen in Krisensituationen, in persönlicher Beratung oder Seminaren. 2018 erschien ihr Spiegel-Bestseller »Neben der Spur«, 2019 der Selbsthilfe-Ratgeber »Katzenprinzip«.

chrwirtz@outlook.com

 *Bruno Zwingmann* ist Geschäftsführer der Bundesarbeitsgemeinschaft für Sicherheit und Gesundheit bei der Arbeit e.V. (Basi).

bruno.zwingmann@bmas.bund.de

Institut für Arbeitsfähigkeit

Arbeitsfähig in die Zukunft

Arbeit sinnvoll und partizipativ gestalten durch
Beschäftigtenbefragungen
mit dem Work Ability Index

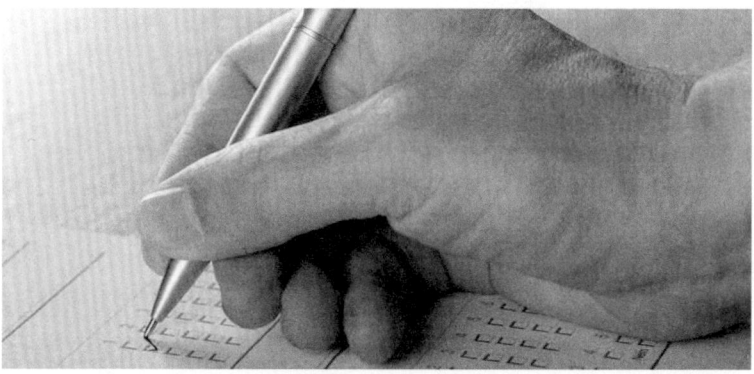

Zufriedene und produktive Mitarbeiterinnen und Mitarbeiter sind Voraussetzung für ein erfolgreiches Unternehmen. Um dies zu unterstützen und die Gesundheit und das Wohlbefinden zu stärken, muss zunächst die Ausgangssituation klar sein, um anschließend in partizipativen Verfahren geeignete Maßnahmen zu entwickeln und erfolgreich umzusetzen.

Wir unterstützen, begleiten und beraten Sie bei der Planung, Entwicklung und Durchführung Ihrer Beschäftigtenbefragung und der anschließenden Gestaltung „sinnvoller" Arbeit.

Wir beraten Sie gerne persönlich!

Institut für Arbeitsfähigkeit
Fischtorplatz 23, D-55116 Mainz
Tel. +49 (0)6131 603984-0
Fax. +49 (0)6131 603984-1
gutentag@arbeitsfaehig.com
www.arbeitsfaehig-in-die-zukunft.com
www.facebook.com/arbeitsfaehig

Weitere Informationen finden Sie unter **www.arbeitsfaehig-in-die-zukunft.com**

VSA: Arbeiten & gesund bleiben